应用型本科数理类基础课程系列教材

线性代数

主　编　毛立新　咸美新

副主编　吴业军　双冠成　杨芝艳

科学出版社

北　京

内 容 简 介

本书涵盖了教育部制定的大学本科线性代数的教学基本要求的内容. 全书共分5章,分别为行列式,矩阵,向量组的线性相关性与线性方程组的解法,特征值、特征向量与二次型,线性空间与线性变换. 全书内容深入浅出,层次简洁,注重应用. 每章后配有适量习题并按难易程度分类,并在书后附有习题参考答案或提示.

本书可供普通高等院校理工、经济管理等非数学专业的学生使用,也可供自学者及有关教师参考.

图书在版编目(CIP)数据

线性代数/毛立新,咸美新主编. —北京:科学出版社,2010
(应用型本科数理类基础课程系列教材)
ISBN 978-7-03-028171-5

Ⅰ.①线… Ⅱ.①毛… ②咸… Ⅲ.①线性代数-高等学校-教材
Ⅳ.①O151.2

中国版本图书馆 CIP 数据核字(2010)第 123791 号

责任编辑:刘俊来 姚莉丽 唐保军 / 责任校对:陈玉凤
责任印制:徐晓晨 / 封面设计:陈 敬

科学出版社 出版
北京东黄城根北街16号
邮政编码:100717
http://www.sciencep.com

北京中石油彩色印刷有限责任公司 印刷
科学出版社发行 各地新华书店经销
*
2010年7月第 一 版 开本:B5(720×1000)
2020年1月第三次印刷 印张:9 3/4
字数:190 000

定价: 19.00 元

(如有印装质量问题,我社负责调换)

前　言

线性代数是理工、经济管理等专业的大学生的一门重要的数学基础课程，是学生学习后续课程的基本工具. 近年来，随着我国的高等教育由精英教育转化为大众化教育，一大批应用型本科院校应运而生. 为了适应这一层次本科院校的人才培养目标，我们总结了多年来线性代数课程教学的经验，编写了本书.

本书涵盖了教育部制定的大学本科线性代数的教学基本要求的内容. 主要内容有：行列式，矩阵，向量组的线性相关性与线性方程组的解法，特征值、特征向量与二次型，线性空间与线性变换.

本书有如下几个方面的特点：

(1) 贯彻“强化概念，淡化理论，加强训练，学以致用”的原则，突出应用性，努力使学生学会应用数学思想、概念和方法去处理工程实践和经济管理中遇到的实际问题. 例如，前四章中通过增设“应用举例”这一节，选取一些实际问题中生动有趣的例子，让学生对线性代数应用的广泛性有所了解，学会将抽象的概念与具体的对象联系起来，并最终解决实际问题.

(2) 强调内容的实际背景与几何直观阐述，对基本概念的引入尽量采用启发式，力求理论推导简单明了，突出重点，分散难点，尤其对一些难度较大的定理略去了证明，另外在每一章的末尾附加了阅读小资料，以便读者了解相关知识的历史背景与来龙去脉，同时也能激发读者学习的兴趣.

(3) 每章后配有精选的习题，书末附答案或提示. 习题分为 A、B 两个层次：A 层次为基本题，供教师布置作业用；B 层次为综合引申题，有一定难度，供学有余力的学生选做.

本书的教学时数不得低于 32 学时. 如讲解加“*”号内容，则需增加课时. 本书可供应用型本科院校工科、经济管理等非数学专业使用.

本书共 5 章，编写分工如下：第 1 章由咸美新编写；第 2 章由杨芝艳编写；第 3 章由吴业军编写；第 4 章由双冠成编写；第 5 章由毛立新编写. 全书由毛立新和咸美新负责统稿. 在编写过程中，南京工程学院广大数学教师对本书的编写提出了不少有益的建议，南京大学丁南庆教授仔细审阅了本书，并提出了许多宝贵意见；科学出版社对此书出版给予了大力的支持. 编者在此一并表示由衷的感谢.

限于编者水平，疏漏之处在所难免，恳请读者批评指正.

编　者

2010 年 2 月于南京

目　　录

第 1 章

行　列　式

行列式是一种特定的算式,它是研究线性代数的一个基本工具.本章主要介绍行列式的定义、性质及其计算等内容.此外还要介绍用 n 阶行列式求解线性方程组的克拉默(Cramer)法则.

1.1　二阶和三阶行列式

1.1.1　二阶行列式

对于一个二元线性方程组

$$\begin{cases} a_{11}x_1 + a_{12}x_2 = b_1, \\ a_{21}x_1 + a_{22}x_2 = b_2, \end{cases} \tag{1.1.1}$$

利用消元法,当 $a_{11}a_{22} - a_{12}a_{21} \neq 0$ 时,求得解为

$$x_1 = \frac{b_1a_{22} - b_2a_{12}}{a_{11}a_{22} - a_{12}a_{21}}, \quad x_2 = \frac{b_2a_{11} - b_1a_{21}}{a_{11}a_{22} - a_{12}a_{21}}. \tag{1.1.2}$$

从二元线性方程组解的形式可以发现,如果引入记号

$$D = \begin{vmatrix} a_{11} & a_{12} \\ a_{21} & a_{22} \end{vmatrix} = a_{11}a_{22} - a_{12}a_{21}, \tag{1.1.3}$$

则(1.1.2)式可表示为

$$x_1 = \frac{\begin{vmatrix} b_1 & a_{12} \\ b_2 & a_{22} \end{vmatrix}}{\begin{vmatrix} a_{11} & a_{12} \\ a_{21} & a_{22} \end{vmatrix}}, \quad x_2 = \frac{\begin{vmatrix} a_{11} & b_1 \\ a_{21} & b_2 \end{vmatrix}}{\begin{vmatrix} a_{11} & a_{12} \\ a_{21} & a_{22} \end{vmatrix}}.$$

从而,二元线性方程组的解简洁明了.

定义 1.1 由 $a_{11},a_{12},a_{21},a_{22}$ 四个数构成的两行、两列的式子 $\begin{vmatrix} a_{11} & a_{12} \\ a_{21} & a_{22} \end{vmatrix}$ 称为**二阶行列式**，其值定义为 $a_{11}a_{22}-a_{12}a_{21}$，即 $\begin{vmatrix} a_{11} & a_{12} \\ a_{21} & a_{22} \end{vmatrix}=a_{11}a_{22}-a_{12}a_{21}$.

在二阶行列式 $\begin{vmatrix} a_{11} & a_{12} \\ a_{21} & a_{22} \end{vmatrix}$ 中，$a_{ij}(i,j=1,2)$ 称为这个行列式的第 i 行第 j 列的**元素**，元素 a_{ij} 的第 1 个下标 i 称为**行标**，表明该元素位于第 i 行，第 2 个下标 j 称为**列标**，表明该元素位于第 j 列.

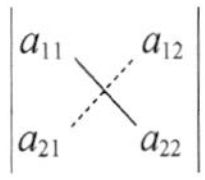

图 1.1

上述二阶行列式的定义，可用图 1.1 来记忆.

把 a_{11} 到 a_{22} 的实联线称为**主对角线**，a_{12} 到 a_{21} 的虚联线称为**副对角线**，于是二阶行列式便是主对角线上的两元素之积减去副对角线上两元素之积所得的差. 这一计算行列式的方法称为**对角线法则**.

利用二阶行列式的定义，若记

$$D_1=\begin{vmatrix} b_1 & a_{12} \\ b_2 & a_{22} \end{vmatrix}=b_1a_{22}-b_2a_{12},\quad D_2=\begin{vmatrix} a_{11} & b_1 \\ a_{21} & b_2 \end{vmatrix}=b_2a_{11}-b_1a_{21},$$

则(1.1.2)式可表示为

$$x_1=\frac{D_1}{D},\quad x_2=\frac{D_2}{D}. \tag{1.1.4}$$

需要注意的是：

(1) 这里的分母 D 是由二元线性方程组(1.1.1)的系数所确定的二阶行列式(称为**系数行列式**)，x_1 的分子 D_1 是用常数项 b_1,b_2 替换 D 中 x_1 的系数 a_{11},a_{21} 所得的二阶行列式，x_2 的分子 D_2 是用常数项 b_1,b_2 替换 D 中 x_2 的系数 a_{12},a_{22} 所得的二阶行列式.

(2) 公式(1.1.4)用行列式解线性方程组(1.1.1)的方法称为**克拉默法则**. 以后还要介绍 n 元线性方程组的克拉默法则.

例 1.1 求解二元线性方程组

$$\begin{cases} x_1+2x_2=0, \\ 3x_1+4x_2=1. \end{cases}$$

解 由于方程组的系数行列式

$$D=\begin{vmatrix} 1 & 2 \\ 3 & 4 \end{vmatrix}=4-6=-2\neq 0,$$

又因

$$D_1=\begin{vmatrix} 0 & 2 \\ 1 & 4 \end{vmatrix}=-2,\quad D_2=\begin{vmatrix} 1 & 0 \\ 3 & 1 \end{vmatrix}=1,$$

所以方程组的解为

$$x_1=\frac{D_1}{D}=1,\quad x_2=\frac{D_2}{D}=-\frac{1}{2}.$$

1.1.2 三阶行列式

定义 1.2 由 $3\times3=9$ 个数 $a_{ij}\ (i,j=1,2,3)$ 排成 3 行 3 列的式子 $\begin{vmatrix} a_{11} & a_{12} & a_{13} \\ a_{21} & a_{22} & a_{23} \\ a_{31} & a_{32} & a_{33} \end{vmatrix}$ 称为**三阶行列式**，其值定义为

$$a_{11}a_{22}a_{33}+a_{12}a_{23}a_{31}+a_{13}a_{21}a_{32}-a_{13}a_{22}a_{31}-a_{11}a_{23}a_{32}-a_{12}a_{21}a_{33},$$

即

$$\begin{vmatrix} a_{11} & a_{12} & a_{13} \\ a_{21} & a_{22} & a_{23} \\ a_{31} & a_{32} & a_{33} \end{vmatrix}=a_{11}a_{22}a_{33}+a_{12}a_{23}a_{31}+a_{13}a_{21}a_{32}-a_{13}a_{22}a_{31}-a_{11}a_{23}a_{32}-a_{12}a_{21}a_{33}. \tag{1.1.5}$$

由(1.1.5)可知，三阶行列式共有 6 项.每项均为不同行不同列的 3 个元素的乘积，其中 3 项的前面为正号，另外 3 项的前面为负号，可以用图 1.2 所示的对角线法则记忆：图 1.2 中每一条实线上的 3 个元素的乘积带正号，而每一条虚线上的 3 个元素的乘积带负号，所得 6 项的代数和就是三阶行列式的值.

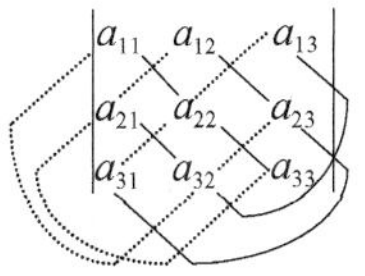

图 1.2

例 1.2 计算三阶行列式

$$D=\begin{vmatrix} 1 & 0 & 1 \\ -1 & 2 & 3 \\ 3 & 1 & 1 \end{vmatrix}.$$

解 按对角线法则，有

$$D=1\times2\times1+1\times(-1)\times1+0\times3\times3-1\times2\times3-1\times3\times1-0\times(-1)\times1$$
$$=-8.$$

需要注意的是：对角线法则只适用于二阶与三阶行列式，但对四阶及更高阶的行列式不适用.

为研究更高阶的行列式，先考察二阶和三阶行列式的关系.

1.1.3 二阶和三阶行列式的关系

由二阶和三阶行列式的定义,可得

$$\begin{vmatrix} a_{11} & a_{12} & a_{13} \\ a_{21} & a_{22} & a_{23} \\ a_{31} & a_{32} & a_{33} \end{vmatrix} = a_{11}a_{22}a_{33} + a_{12}a_{23}a_{31} + a_{13}a_{21}a_{32} - a_{13}a_{22}a_{31} - a_{11}a_{23}a_{32} - a_{12}a_{21}a_{33}$$

$$= a_{11}(a_{22}a_{33} - a_{23}a_{32}) - a_{12}(a_{21}a_{33} - a_{23}a_{31}) + a_{13}(a_{21}a_{32} - a_{22}a_{31})$$

$$= a_{11}\begin{vmatrix} a_{22} & a_{23} \\ a_{32} & a_{33} \end{vmatrix} - a_{12}\begin{vmatrix} a_{21} & a_{23} \\ a_{31} & a_{33} \end{vmatrix} + a_{13}\begin{vmatrix} a_{21} & a_{22} \\ a_{31} & a_{32} \end{vmatrix}. \qquad (1.1.6)$$

由上式可以看到,三阶行列式等于它的第 1 行的每个元素分别乘以一个二阶行列式的代数和.为了进一步了解这 3 个二阶行列式与原来的三阶行列式的关系,下面引入余子式和代数余子式的概念.

在三阶行列式 $D=\begin{vmatrix} a_{11} & a_{12} & a_{13} \\ a_{21} & a_{22} & a_{23} \\ a_{31} & a_{32} & a_{33} \end{vmatrix}$ 中,把元素 $a_{ij}(i,j=1,2,3)$所在的第 i 行和第 j 列划去后,剩下来的元素按原来位置顺序构成的二阶行列式称为元素 a_{ij} 的**余子式**,记作 M_{ij},称$(-1)^{i+j}M_{ij}$ 为元素 a_{ij} 的**代数余子式**,记作 A_{ij},即 $A_{ij}=(-1)^{i+j}M_{ij}(i,j=1,2,3)$.例如,在三阶行列式 D 中,元素 a_{12}的余子式 M_{12}是指:在 D 中把元素 a_{12}所在的第 1 行和第 2 列划去后,剩下来的元素按原来位置顺序构成的二阶行列式,即 $M_{12}=\begin{vmatrix} a_{21} & a_{23} \\ a_{31} & a_{33} \end{vmatrix}$,而元素 a_{12}的代数余子式为 $A_{12}=(-1)^{1+2}M_{ij}=-\begin{vmatrix} a_{21} & a_{23} \\ a_{31} & a_{33} \end{vmatrix}$.

应用代数余子式,三阶行列式可写成 $D=a_{11}A_{11}+a_{12}A_{12}+a_{13}A_{13}$,即表明三阶行列式等于它的第 1 行的每个元素与其对应的代数余子式乘积之和.这个表达式也称为三阶行列式按第 1 行展开的**展开式**.

例 1.3 计算三阶行列式

$$D=\begin{vmatrix} 1 & 2 & 0 \\ -1 & 2 & 3 \\ 2 & 4 & 1 \end{vmatrix}.$$

解 按行列式第 1 行展开,得

$$D = 1\cdot(-1)^{1+1}\begin{vmatrix} 2 & 3 \\ 4 & 1 \end{vmatrix} + 2\cdot(-1)^{1+2}\begin{vmatrix} -1 & 3 \\ 2 & 1 \end{vmatrix} = 1\cdot(-10) + 2\cdot 7 = 4.$$

行列式按第 1 行展开的结果可以推广为如下定理.

定理 1.1 三阶行列式等于它的任一行(列)的 3 个元素与其对应的代数余子式乘积之和,即

$$D = a_{i1}A_{i1} + a_{i2}A_{i2} + a_{i3}A_{i3} = \sum_{k=1}^{3} a_{ik}A_{ik}, \quad i = 1,2,3; \qquad (1.1.7)$$

或

$$D = a_{1j}A_{1j} + a_{2j}A_{2j} + a_{3j}A_{3j} = \sum_{k=1}^{3} a_{kj}A_{kj}, \quad j = 1,2,3. \qquad (1.1.8)$$

证明 只证(1.1.8)式中 $j=2$ 的情况,其他情况可类似证明.

$$\begin{aligned} D &= \begin{vmatrix} a_{11} & a_{12} & a_{13} \\ a_{21} & a_{22} & a_{23} \\ a_{31} & a_{32} & a_{33} \end{vmatrix} \\ &= a_{11}a_{22}a_{33} + a_{12}a_{23}a_{31} + a_{13}a_{21}a_{32} - a_{13}a_{22}a_{31} - a_{11}a_{23}a_{32} - a_{12}a_{21}a_{33} \\ &= -a_{12}(a_{21}a_{33} - a_{23}a_{31}) + a_{22}(a_{11}a_{33} - a_{13}a_{31}) - a_{32}(a_{11}a_{23} - a_{13}a_{21}) \\ &= -a_{12}\begin{vmatrix} a_{21} & a_{23} \\ a_{31} & a_{33} \end{vmatrix} + a_{22}\begin{vmatrix} a_{11} & a_{13} \\ a_{31} & a_{33} \end{vmatrix} - a_{32}\begin{vmatrix} a_{11} & a_{13} \\ a_{21} & a_{23} \end{vmatrix} \\ &= a_{12}A_{12} + a_{22}A_{22} + a_{32}A_{32}. \end{aligned}$$

此定理称为**行列式按行(列)的展开定理**,(1.1.7)式称为三阶行列式按第 i 行展开的**展开式**,(1.1.8)式称为三阶行列式按第 j 列展开的**展开式**.

如果定义一阶行列式 $D=|a_{11}|=a_{11}$(注意与数 a_{11} 的绝对值的区别),那么二阶行列式也有类似的展开式

$$D = \begin{vmatrix} a_{11} & a_{12} \\ a_{21} & a_{22} \end{vmatrix} = a_{i1}A_{i1} + a_{i2}A_{i2}, \quad i = 1,2,$$

或

$$D = \begin{vmatrix} a_{11} & a_{12} \\ a_{21} & a_{22} \end{vmatrix} = a_{1j}A_{1j} + a_{2j}A_{2j}, \quad j = 1,2.$$

例 1.4 计算三阶行列式

$$D = \begin{vmatrix} 1 & 0 & -3 \\ -1 & 0 & 2 \\ 2 & 4 & 1 \end{vmatrix}.$$

解 由于第 2 列中有两个元素为零,故按行列式第 2 列展开较方便,有

$$D = 4 \cdot (-1)^{3+2}\begin{vmatrix} 1 & -3 \\ -1 & 2 \end{vmatrix} = (-4) \cdot (-1) = 4.$$

1.2 n 阶行列式

类似二阶和三阶行列式的定义,下面用归纳法给出 n 阶行列式的定义.

定义 1.3 由 $n\times n$ 个数 $a_{ij}(i,j=1,2,\cdots,n)$ 组成的 n 行 n 列的式子

$$\begin{vmatrix} a_{11} & a_{12} & \cdots & a_{1n} \\ a_{21} & a_{22} & \cdots & a_{2n} \\ \vdots & \vdots & & \vdots \\ a_{n1} & a_{n2} & \cdots & a_{nn} \end{vmatrix}$$

称为 n **阶行列式**,简记为 $D=|a_{ij}|_{n\times n}$,规定其值为:

(1) 当 $n=1$ 时,$D=|a_{11}|=a_{11}$;

(2) 当 $n\geqslant 2$ 时,

$$D=a_{11}A_{11}+a_{12}A_{12}+\cdots+a_{1n}A_{1n}=\sum_{j=1}^{n}a_{1j}A_{1j}, \tag{1.2.1}$$

其中

$$A_{1j}=(-1)^{1+j}M_{1j},$$

$$M_{1j}=\begin{vmatrix} a_{21} & \cdots & a_{2,j-1} & a_{2,j+1} & \cdots & a_{2n} \\ a_{31} & \cdots & a_{3,j-1} & a_{3,j+1} & \cdots & a_{3n} \\ \vdots & & \vdots & \vdots & & \vdots \\ a_{n1} & \cdots & a_{n,j-1} & a_{n,j+1} & \cdots & a_{nn} \end{vmatrix},$$

并称 M_{1j} 为行列式 D 的元素 a_{1j} 的**余子式**,A_{1j} 为行列式 D 的元素 a_{1j} 的**代数余子式**.

例 1.5 应用行列式定义计算四阶行列式

$$D=\begin{vmatrix} 1 & 1 & 0 & 2 \\ -1 & 0 & 1 & 0 \\ 1 & 0 & 3 & 1 \\ 0 & 1 & 0 & 0 \end{vmatrix}.$$

解 由行列式的定义,得

$$\begin{aligned} D&=a_{11}A_{11}+a_{12}A_{12}+a_{13}A_{13}+a_{14}A_{14} \\ &=1\times\begin{vmatrix} 0 & 1 & 0 \\ 0 & 3 & 1 \\ 1 & 0 & 0 \end{vmatrix}-1\times\begin{vmatrix} -1 & 1 & 0 \\ 1 & 3 & 1 \\ 0 & 0 & 0 \end{vmatrix}+0-2\times\begin{vmatrix} -1 & 0 & 1 \\ 1 & 0 & 3 \\ 0 & 1 & 0 \end{vmatrix} \\ &=1\times 1-0+0-2\times 4=-7. \end{aligned}$$

同三阶行列式类似，n 阶行列式也有行列式按行(列)的展开定理.

定理 1.2 n 阶行列式 D 等于它的任一行(列)元素与它们所对应的代数余子式乘积之和，即

$$D=\sum_{k=1}^{n}a_{ik}A_{ik}=a_{i1}A_{i1}+a_{i2}A_{i2}+\cdots+a_{in}A_{in},\quad i=1,2,\cdots,n;\qquad(1.2.2)$$

或

$$D=\sum_{k=1}^{n}a_{kj}A_{kj}=a_{1j}A_{1j}+a_{2j}A_{2j}+\cdots+a_{nj}A_{nj},\quad j=1,2,\cdots,n.\qquad(1.2.3)$$

定理的证明略.

需要注意的是：应用定理 1.2 可将高阶行列式化为较容易的低阶行列式计算.

例如，在例 1.5 中，由于第 4 行的零元素较多，所以按第 4 行展开行列式较方便，展开即得

$$D=1\times(-1)^{4+2}\times\begin{vmatrix}1&0&2\\-1&1&0\\1&3&1\end{vmatrix}=-7.$$

这与按 n 阶行列式定义计算的结果是一致的.

例 1.6 计算 n 阶上三角行列式

$$D_n=\begin{vmatrix}a_{11}&a_{12}&\cdots&a_{1n}\\0&a_{22}&\cdots&a_{2n}\\\vdots&\vdots&&\vdots\\0&0&\cdots&a_{nn}\end{vmatrix}.$$

解 根据定理 1.2，考虑到 D_n 第 1 列元素除 a_{11} 外均为零，所以按第 1 列展开，得

$$D_n=a_{11}\times(-1)^{1+1}\times M_{11}=a_{11}\begin{vmatrix}a_{22}&a_{23}&\cdots&a_{2n}\\0&a_{33}&\cdots&a_{3n}\\\vdots&\vdots&&\vdots\\0&0&\cdots&a_{nn}\end{vmatrix},$$

同样，对上式右端的 $n-1$ 阶行列式按第 1 列展开，得

$$D_n=a_{11}a_{22}\begin{vmatrix}a_{33}&a_{34}&\cdots&a_{3n}\\0&a_{44}&\cdots&a_{4n}\\\vdots&\vdots&&\vdots\\0&0&\cdots&a_{nn}\end{vmatrix},$$

以此类推,得

$$D_n = a_{11}a_{22}\cdots a_{nn}.$$

类似地,n 阶下三角行列式 $D_n=\begin{vmatrix} a_{11} & 0 & \cdots & 0 \\ a_{21} & a_{22} & \cdots & 0 \\ \vdots & \vdots & & \vdots \\ a_{n1} & a_{n2} & \cdots & a_{nn} \end{vmatrix}=a_{11}a_{22}\cdots a_{nn}$. 特别地,$n$ 阶对角行列式

$$D_n = \begin{vmatrix} a_{11} & 0 & \cdots & 0 \\ 0 & a_{22} & \cdots & 0 \\ \vdots & \vdots & & \vdots \\ 0 & 0 & \cdots & a_{nn} \end{vmatrix} = a_{11}a_{22}\cdots a_{nn}.$$

例 1.7 计算 n 阶行列式

$$D_n = \begin{vmatrix} 0 & 0 & \cdots & 0 & a_{1n} \\ 0 & 0 & \cdots & a_{2,n-1} & 0 \\ \vdots & \vdots & & \vdots & \vdots \\ 0 & a_{n-1,2} & \cdots & 0 & 0 \\ a_{n1} & 0 & \cdots & 0 & 0 \end{vmatrix}.$$

解 由 n 阶行列式的定义,可以得到

$$\begin{aligned} D_n &= a_{1n} \times (-1)^{1+n} \times M_{1n} \\ &= a_{1n} \times (-1)^{1+n} \begin{vmatrix} 0 & 0 & \cdots & 0 & a_{2,n-1} \\ 0 & 0 & \cdots & a_{3,n-2} & 0 \\ \vdots & \vdots & & \vdots & \vdots \\ 0 & a_{n-1,2} & \cdots & 0 & 0 \\ a_{n1} & 0 & \cdots & 0 & 0 \end{vmatrix}. \end{aligned}$$

注意到上式右端中余子式 M_{1n} 是 $n-1$ 阶行列式,而且有与 n 阶行列式 D_n 同样的形式,反复利用(n 阶)行列式定义,有

$$\begin{aligned} D_n &= (-1)^{1+n} \cdot (-1)^{1+(n-1)} \cdots (-1)^{1+2} \cdot a_{1n}a_{2,n-1}\cdots a_{n-1,2}a_{n1} \\ &= (-1)^{\frac{(n+4)(n-1)}{2}} a_{1n}a_{2,n-1}\cdots a_{n1} \\ &= (-1)^{\frac{n(n-1)}{2}} a_{1n}a_{2,n-1}\cdots a_{n1}. \end{aligned}$$

需要注意的是,这个 n 阶行列式 D_n 的值并不总等于 $-a_{1n}a_{2,n-1}\cdots a_{n1}$.

1.3 行列式的性质

由行列式的定义可知，当行列式阶数 n 较大时，直接用定义计算行列式是较为繁琐的. 下面介绍行列式的一些性质，以简化行列式的计算.

设 n 阶行列式

$$D=\begin{vmatrix} a_{11} & a_{12} & \cdots & a_{1n} \\ a_{21} & a_{22} & \cdots & a_{2n} \\ \vdots & \vdots & & \vdots \\ a_{n1} & a_{n2} & \cdots & a_{nn} \end{vmatrix}.$$

将行列式 D 的各行与同序数的列互换，所得到的新行列式称为行列式 D 的**转置行列式**，记作 D^{T}，即

$$D^{\mathrm{T}}=\begin{vmatrix} a_{11} & a_{21} & \cdots & a_{n1} \\ a_{12} & a_{22} & \cdots & a_{n2} \\ \vdots & \vdots & & \vdots \\ a_{1n} & a_{2n} & \cdots & a_{nn} \end{vmatrix}.$$

性质 1.1 行列式 D 与它的转置行列式 D^{T} 相等.

证明 对行列式的阶数作数学归纳法.

(1) 当 $n=2$ 时，命题显然成立；

(2) 现假设对 $n-1$ 阶行列式命题成立，下证对 n 阶行列式命题也成立.

事实上，若将 D 和 D^{T} 分别按第 1 行和第 1 列元素展开，有

$$D=\sum_{k=1}^{n}a_{1k}A_{1k}=\sum_{k=1}^{n}a_{1k}\cdot(-1)^{1+k}M_{1k}, \tag{1.3.1}$$

$$D^{\mathrm{T}}=\sum_{k=1}^{n}a_{1k}B_{k1}=\sum_{k=1}^{n}a_{1k}\cdot(-1)^{k+1}N_{k1}, \tag{1.3.2}$$

其中 A_{1k}，M_{1k} 是 D 的第 1 行元素的代数余子式和余子式；B_{k1}，N_{k1} 是 D^{T} 的第 1 列元素的代数余子式和余子式.

由于 M_{1k}，N_{k1} 都是 $n-1$ 阶行列式，而且显然可看出 N_{k1} 是 M_{1k} 的转置行列式，由归纳法假设知 $N_{k1}=M_{1k}(k=1,2,\cdots,n)$ 成立，从而由(1.3.1)和(1.3.2)式得 $D=D^{\mathrm{T}}$，即命题对 n 阶行列式也成立.

综合上述，命题得证.

需要注意的是，行列式中行与列有相同的地位，即行列式关于行成立的性质对于列也同样成立，反之亦然.

性质 1.2 互换行列式中两行(列),行列式变号.

证明 设行列式

$$D=\begin{vmatrix} \vdots & \vdots & & \vdots \\ a_{i1} & a_{i2} & \cdots & a_{in} \\ \vdots & \vdots & & \vdots \\ a_{j1} & a_{j2} & \cdots & a_{jn} \\ \vdots & \vdots & & \vdots \end{vmatrix}\begin{matrix} \\ i\text{行} \\ \\ j\text{行} \\ \\ \end{matrix}.$$

互换第 i 行与 j 行($1\leqslant i,j\leqslant n,i\neq j$)得

$$\overline{D}=\begin{vmatrix} \vdots & \vdots & & \vdots \\ a_{j1} & a_{j2} & \cdots & a_{jn} \\ \vdots & \vdots & & \vdots \\ a_{i1} & a_{i2} & \cdots & a_{in} \\ \vdots & \vdots & & \vdots \end{vmatrix}\begin{matrix} \\ i\text{行} \\ \\ j\text{行} \\ \\ \end{matrix}.$$

下面用数学归纳法证明 $\overline{D}=-D$.

(1) 当 $n=2$ 时,

$$D=\begin{vmatrix} a_{11} & a_{12} \\ a_{21} & a_{22} \end{vmatrix}=a_{11}a_{22}-a_{12}a_{21},$$

$$\overline{D}=\begin{vmatrix} a_{21} & a_{22} \\ a_{11} & a_{12} \end{vmatrix}=a_{21}a_{12}-a_{22}a_{11}.$$

显然 $\overline{D}=-D$.

(2) 假设对阶数小于 n 的行列式,结论都成立,下证对 $n(\geqslant 3)$ 阶行列式命题结论也成立.

注意到行列式 D 与 $\overline{D}$ 中除去第 i 行与第 j 行的位置互换外,其余各行均相同.取定一个 $k(k\neq i,j)$,并将行列式 D 与 $\overline{D}$ 都按第 k 行展开,得到

$$D=\sum_{l=1}^{n}a_{kl}A_{kl}=\sum_{l=1}^{n}a_{kl}\cdot(-1)^{k+l}M_{kl}, \tag{1.3.3}$$

$$\overline{D}=\sum_{l=1}^{n}a_{kl}B_{kl}=\sum_{l=1}^{n}a_{kl}\cdot(-1)^{k+l}N_{kl}, \tag{1.3.4}$$

其中 A_{kl},M_{kl} 是 D 的第 k 行元素的代数余子式和余子式;B_{kl},N_{kl} 是 $\overline{D}$ 的第 k 行元素的代数余子式和余子式.

由于 M_{kl},N_{kl} 都是 $n-1$ 阶行列式,而且 N_{kl} 与 M_{kl} 除去两行的元素互换外,其余各行都相同,由归纳法假设知 $N_{kl}=-M_{kl}(l=1,2,\cdots,n)$ 成立,从而由(1.3.3)

和(1.3.4)式知 $\overline{D}=-D$,即命题对 n 阶行列式也成立.

综合上述,命题得证.

推论 1.1 如果行列式中有两行(列)元素对应相等,则此行列式为零.

性质 1.3 行列式中的某一行(列)中所有的元素都乘以同一数 k,等于用数 k 乘此行列式,即

$$\begin{vmatrix} a_{11} & a_{12} & \cdots & a_{1n} \\ \vdots & \vdots & & \vdots \\ ka_{i1} & ka_{i2} & \cdots & ka_{in} \\ \vdots & \vdots & & \vdots \\ a_{n1} & a_{n2} & \cdots & a_{nn} \end{vmatrix} = k \cdot \begin{vmatrix} a_{11} & a_{12} & \cdots & a_{1n} \\ \vdots & \vdots & & \vdots \\ a_{i1} & a_{i2} & \cdots & a_{in} \\ \vdots & \vdots & & \vdots \\ a_{n1} & a_{n2} & \cdots & a_{nn} \end{vmatrix}.$$

证明 将等号左、右两边的行列式分别记为 $\overline{D}$ 与 D,并将行列式 $\overline{D}$ 按第 i 行展开,得

$$\begin{aligned} \overline{D} &= ka_{i1}A_{i1} + ka_{i2}A_{i2} + \cdots + ka_{in}A_{in} \\ &= k(a_{i1}A_{i1} + a_{i2}A_{i2} + \cdots + a_{in}A_{in}) = kD. \end{aligned}$$

推论 1.2 如果行列式中某行(列)的元素全为零,则此行列式为零.

推论 1.3 如果一个行列式的两行(列)元素对应成比例,则此行列式为零.

性质 1.4 如果行列式中某行(列)的各元素都是两项之和,则这个行列式等于两个行列式之和,即

$$\begin{vmatrix} a_{11} & a_{12} & \cdots & a_{1n} \\ \vdots & \vdots & & \vdots \\ b_1+c_1 & b_2+c_2 & \cdots & b_n+c_n \\ \vdots & \vdots & & \vdots \\ a_{n1} & a_{n2} & \cdots & a_{nn} \end{vmatrix} = \begin{vmatrix} a_{11} & a_{12} & \cdots & a_{1n} \\ \vdots & \vdots & & \vdots \\ b_1 & b_2 & \cdots & b_n \\ \vdots & \vdots & & \vdots \\ a_{n1} & a_{n2} & \cdots & a_{nn} \end{vmatrix} + \begin{vmatrix} a_{11} & a_{12} & \cdots & a_{1n} \\ \vdots & \vdots & & \vdots \\ c_1 & c_2 & \cdots & c_n \\ \vdots & \vdots & & \vdots \\ a_{n1} & a_{n2} & \cdots & a_{nn} \end{vmatrix}.$$

证明 与性质 1.3 的证明类似,将等式左边的行列式按第 i 行展开即可.

需要注意的是,将一个行列式拆开成两个行列式之和时,只将某一行(列)的元素拆开,而其余位置上的元素不变.

性质 1.5 把行列式的某一行(列)的元素的 $k(k\in\mathbf{R})$ 倍加到另一行(列)上去,行列式的值不变,即

$$\begin{vmatrix} \vdots & \vdots & & \vdots \\ a_{i1}+ka_{j1} & a_{i2}+ka_{j2} & \cdots & a_{in}+ka_{jn} \\ \vdots & \vdots & & \vdots \\ a_{j1} & a_{j2} & \cdots & a_{jn} \\ \vdots & \vdots & & \vdots \end{vmatrix} \begin{matrix} \\ i\text{ 行} \\ \\ j\text{ 行} \\ \\ \end{matrix} = \begin{vmatrix} \vdots & \vdots & & \vdots \\ a_{i1} & a_{i2} & \cdots & a_{in} \\ \vdots & \vdots & & \vdots \\ a_{j1} & a_{j2} & \cdots & a_{jn} \\ \vdots & \vdots & & \vdots \end{vmatrix}.$$

证明 由性质 1.4 和推论 1.3 即可证得.

需要注意的是,在计算行列式时常利用性质 1.5 将行列式中的某些元素化为零,以便简化计算.

性质 1.6 行列式 D 的某一行(列)的元素与另一行(列)对应元素的代数余子式乘积之和等于零,即

$$\sum_{k=1}^{n} a_{ik}A_{jk} = a_{i1}A_{j1} + a_{i2}A_{j2} + \cdots + a_{in}A_{jn} = 0, \quad i \neq j,$$

或

$$\sum_{k=1}^{n} a_{ki}A_{kj} = a_{1i}A_{1j} + a_{2i}A_{2j} + \cdots + a_{ni}A_{nj} = 0, \quad i \neq j.$$

证明 作行列式 $\overline{D}$:把原行列式 D 中的第 j 行元素换为第 i 行元素,即

$$\overline{D} = \begin{vmatrix} \vdots & \vdots & & \vdots \\ a_{i1} & a_{i2} & \cdots & a_{in} \\ \vdots & \vdots & & \vdots \\ a_{i1} & a_{i2} & \cdots & a_{in} \\ \vdots & \vdots & & \vdots \end{vmatrix} \begin{matrix} \\ i\text{行} \\ \\ j\text{行} \\ \\ \end{matrix}.$$

首先由推论 1.1 可知,当 $i \neq j$ 时,$\overline{D}=0$. 再将它按第 j 行展开. 注意到行列式 $\overline{D}$ 与行列式 D 仅有第 j 行的元素不同,而第 j 行的元素的代数余子式是相同的,故

$$\overline{D} = \sum_{k=1}^{n} a_{ik}A_{jk},$$

从而

$$\sum_{k=1}^{n} a_{ik}A_{jk} = 0.$$

命题得证.

1.2 节中定理 1.2 与上述性质 1.6 的结论可以合并为统一的一个式子

$$\sum_{k=1}^{n} a_{ik}A_{jk} = \delta_{ij} \cdot D = \begin{cases} D, & \text{当 } i = j \text{ 时}, \\ 0, & \text{当 } i \neq j \text{ 时}, \end{cases} \tag{1.3.5}$$

其中

$$\delta_{ij} = \begin{cases} 1, & \text{当 } i = j, \\ 0, & \text{当 } i \neq j. \end{cases}$$

需要注意的是:式(1.3.5)的结论非常重要,它是证明某些其他命题的基础. 对行列式的列来说也有同样的性质成立,且式(1.3.5)给出了行列式中元素、元素的代数余子式与行列式的关系,这是代数余子式的一个重要性质.

例 1.8 设 $D=\begin{vmatrix} 1 & 2 & 3 & 4 \\ 1 & 1 & 0 & -3 \\ -1 & 2 & 1 & 2 \\ 2 & -3 & -1 & -4 \end{vmatrix}$，且 D 中第 i 行第 j 列元素的余子式与代数余子式依次记作 M_{ij} 和 A_{ij}. 求:

(1) $A_{11}+A_{12}+A_{13}+A_{14}$；

(2) $M_{11}+M_{21}+M_{31}+M_{41}$.

解 (1) $A_{11}+A_{12}+A_{13}+A_{14}=\begin{vmatrix} 1 & 1 & 1 & 1 \\ 1 & 1 & 0 & -3 \\ -1 & 2 & 1 & 2 \\ 2 & -3 & -1 & -4 \end{vmatrix}=-7$；

(2) 由 $M_{11}+M_{21}+M_{31}+M_{41}=A_{11}-A_{21}+A_{31}-A_{41}$，得

$$M_{11}+M_{21}+M_{31}+M_{41}=\begin{vmatrix} 1 & 2 & 3 & 4 \\ -1 & 1 & 0 & -3 \\ 1 & 2 & 1 & 2 \\ -1 & -3 & -1 & -4 \end{vmatrix}=16.$$

1.4 行列式的计算

现在利用行列式的定义与性质来计算行列式的值.

为了简明地表示对行列式所作的变换，引入以下记号：用“$r_i \leftrightarrow r_j$”表示互换行列式的第 i 行与第 j 行；用“$k \times r_i$”表示用数 k 乘行列式的第 i 行；用“$r_i+l\times r_j$”表示行列式的第 i 行加上第 j 行的 l 倍. 对行列式的列所作的变换用类似的记号，只是将其中的字母“r”换成“c”. 利用这些变换，可以简化行列式的计算.

例 1.9 计算行列式

$$D=\begin{vmatrix} 2 & 0 & -1 & 3 \\ -1 & 3 & 3 & 0 \\ 1 & -1 & 2 & 1 \\ 3 & -1 & 0 & 1 \end{vmatrix}.$$

解 利用行列式的性质 1.5，可以在行列式的某一行(列)中“制造”出许多零来.

$$D\xlongequal[r_4+(-3)\times r_3]{\substack{r_1+(-2)\times r_3 \\ r_2+1\times r_3}}\begin{vmatrix} 0 & 2 & -5 & 1 \\ 0 & 2 & 5 & 1 \\ 1 & -1 & 2 & 1 \\ 0 & 2 & -6 & -2 \end{vmatrix}=1\times(-1)^{3+1}\begin{vmatrix} 2 & -5 & 1 \\ 2 & 5 & 1 \\ 2 & -6 & -2 \end{vmatrix}$$

$$=2\times\begin{vmatrix}1&-5&1\\1&5&1\\1&-6&-2\end{vmatrix}\xlongequal[r_3+(-1)\times r_1]{r_2+(-1)\times r_1}2\times\begin{vmatrix}1&-5&1\\0&10&0\\0&-1&-3\end{vmatrix}$$

$$=2\times1\times(-30)=-60.$$

例 1.10 计算行列式

$$D=\begin{vmatrix}3&1&1&1\\1&3&1&1\\1&1&3&1\\1&1&1&3\end{vmatrix}.$$

解 这个行列式的特点是各行元素的和都是 6，所以可以把第 2、第 3、第 4 行同时加到第 1 行上去，提出公因子 6，然后各行再减去第 1 行.

$$D\xlongequal{r_1+r_2+r_3+r_4}\begin{vmatrix}6&6&6&6\\1&3&1&1\\1&1&3&1\\1&1&1&3\end{vmatrix}=6\times\begin{vmatrix}1&1&1&1\\1&3&1&1\\1&1&3&1\\1&1&1&3\end{vmatrix}$$

$$\xlongequal[r_4+(-1)\times r_1]{\substack{r_2+(-1)\times r_1\\ r_3+(-1)\times r_1}}6\times\begin{vmatrix}1&1&1&1\\0&2&0&0\\0&0&2&0\\0&0&0&2\end{vmatrix}=6\times1\times2^3=48.$$

例 1.11 计算行列式

$$D=\begin{vmatrix}a^2&(a+1)^2&(a+2)^2&(a+3)^2\\b^2&(b+1)^2&(b+2)^2&(b+3)^2\\c^2&(c+1)^2&(c+2)^2&(c+3)^2\\d^2&(d+1)^2&(d+2)^2&(d+3)^2\end{vmatrix}.$$

解 把第 1 列的 −1 倍加到第 2、第 3、第 4 列后，再把第 2 列的 −2 倍加到第 3 列、−3 倍加到第 4 列，即可得

$$D=\begin{vmatrix}a^2&2a+1&4a+4&6a+9\\b^2&2b+1&4b+4&6b+9\\c^2&2c+1&4c+4&6c+9\\d^2&2d+1&4d+4&6d+9\end{vmatrix}$$

$$\xlongequal{\substack{c_3+(-2)\times c_2\\ c_4+(-3)\times c_2}}\begin{vmatrix}a^2&2a+1&2&6\\b^2&2b+1&2&6\\c^2&2c+1&2&6\\d^2&2d+1&2&6\end{vmatrix}=0.$$

例 1.12 计算行列式

$$D_n=\begin{vmatrix}1&2&2&\cdots&2\\2&2&2&\cdots&2\\2&2&3&\cdots&2\\\vdots&\vdots&\vdots&&\vdots\\2&2&2&\cdots&n\end{vmatrix}.$$

解 先把第 2 行的 -1 倍加到第 3 行及其以后的各行上去,再从第 2 行提取公因子 2,然后把第 1 行的 -1 倍加到第 2 行,则有

$$D_n=\begin{vmatrix}1&2&2&\cdots&2\\2&2&2&\cdots&2\\0&0&1&\cdots&0\\\vdots&\vdots&\vdots&&\vdots\\0&0&0&\cdots&n-2\end{vmatrix}=2\times\begin{vmatrix}1&2&2&\cdots&2\\1&1&1&\cdots&1\\0&0&1&\cdots&0\\\vdots&\vdots&\vdots&&\vdots\\0&0&0&\cdots&n-2\end{vmatrix}$$

$$=2\times\begin{vmatrix}1&2&2&\cdots&2\\0&-1&-1&\cdots&-1\\0&0&1&\cdots&0\\\vdots&\vdots&\vdots&&\vdots\\0&0&0&\cdots&n-2\end{vmatrix}=2\times(-1)\times(n-2)!=-2(n-2)!.$$

例 1.13 证明 n 阶范德蒙德(Vandermonde)行列式

$$D_n=\begin{vmatrix}1&1&1&\cdots&1\\a_1&a_2&a_3&\cdots&a_n\\a_1^2&a_2^2&a_3^2&\cdots&a_n^2\\\vdots&\vdots&\vdots&&\vdots\\a_1^{n-1}&a_2^{n-1}&a_3^{n-1}&\cdots&a_n^{n-1}\end{vmatrix}$$

$$\begin{aligned}=(a_2-a_1)(a_3-a_1)(a_4-a_1)\cdots(a_n-a_1)&\\(a_3-a_2)(a_4-a_2)\cdots(a_n-a_2)&\\\cdots&\\(a_n-a_{n-1})&\end{aligned}$$

$$=\prod_{1\leqslant j<i\leqslant n}(a_i-a_j),$$

其中记号“$\prod$”表示全体同类因子的乘积.

证明 对阶数 n 用数学归纳法.

(1) 当 $n=2$ 时,

$$D_2=\begin{vmatrix}1 & 1\\ a_1 & a_2\end{vmatrix}=a_2-a_1,$$

结论成立.

(2) 假设对 $n-1$ 阶行列式结论成立，要证对 n 阶范德蒙德行列式结论也成立. 为此，设法把 D_n 降阶，将 D_n 从最后一行开始，自下而上每一行减去上一行的 a_1 倍，得到

$$D_n=\begin{vmatrix}1 & 1 & 1 & \cdots & 1\\ 0 & a_2-a_1 & a_3-a_1 & \cdots & a_n-a_1\\ 0 & a_2(a_2-a_1) & a_3(a_3-a_1) & \cdots & a_n(a_n-a_1)\\ \vdots & \vdots & \vdots & & \vdots\\ 0 & a_2^{n-2}(a_2-a_1) & a_3^{n-2}(a_3-a_1) & \cdots & a_n^{n-2}(a_n-a_1)\end{vmatrix}$$

将上面的行列式按第 1 列展开，然后把每列的公因子 (a_i-a_1) 提出去，就有

$$D_n=(a_2-a_1)(a_3-a_1)(a_4-a_1)\cdots(a_n-a_1)\begin{vmatrix}1 & 1 & \cdots & 1\\ a_2 & a_3 & \cdots & a_n\\ \vdots & \vdots & & \vdots\\ a_2^{n-2} & a_3^{n-2} & \cdots & a_n^{n-2}\end{vmatrix}.$$

上式右端的行列式是 $n-1$阶的范德蒙德行列式，由归纳法假设，它等于 $\prod\limits_{2\leqslant j<i\leqslant n}(a_i-a_j)$，所以

$$\begin{aligned}D_n&=(a_2-a_1)(a_3-a_1)(a_4-a_1)\cdots(a_n-a_1)\prod_{2\leqslant j<i\leqslant n}(a_i-a_j)\\ &=\prod_{1\leqslant j<i\leqslant n}(a_i-a_j).\end{aligned}$$

综合上述，结论得证.

需要注意的是：对于每个具体的行列式，应观察其特点，以便根据其特点采取适当的化简方法.

1.5 克拉默法则

本节讨论用 n 阶行列式解线性方程组的克拉默法则.

设有 n 个未知量 n 个方程的线性方程组

$$\begin{cases}a_{11}x_1+a_{12}x_2+\cdots+a_{1n}x_n=b_1,\\ a_{21}x_1+a_{22}x_2+\cdots+a_{2n}x_n=b_2,\\ \cdots\cdots\\ a_{n1}x_1+a_{n2}x_2+\cdots+a_{nn}x_n=b_n.\end{cases}\tag{1.5.1}$$

记

$$D=\begin{vmatrix} a_{11} & a_{12} & \cdots & a_{1n} \\ a_{21} & a_{22} & \cdots & a_{2n} \\ \vdots & \vdots & & \vdots \\ a_{n1} & a_{n2} & \cdots & a_{nn} \end{vmatrix},$$

称 D 为**线性方程组**(1.5.1)的**系数行列式**,再记

$$D_j=\begin{vmatrix} a_{11} & \cdots & b_1 & \cdots & a_{1n} \\ a_{21} & \cdots & b_2 & \cdots & a_{2n} \\ \vdots & & \vdots & & \vdots \\ a_{n1} & \cdots & b_n & \cdots & a_{nn} \end{vmatrix}, \quad j=1,2,\cdots,n,$$

即 D_j 是用方程右端的常数项 $b_1,b_2,\cdots,b_n$ 来替换系数行列式 D 中的第 j 列的元素而得到的行列式.

定理 1.3(克拉默法则) 如果线性方程组(1.5.1)的系数行列式 $D\neq 0$,则方程组(1.5.1)有唯一解

$$x_1=\frac{D_1}{D},\quad x_2=\frac{D_2}{D},\quad \cdots,\quad x_n=\frac{D_n}{D}. \tag{1.5.2}$$

证明 先证(1.5.2)是方程组(1.5.1)的解.为此只要验证(1.5.2)式满足方程组(1.5.1)中的每一个方程,即要证对任意 $i(1\leqslant i\leqslant n)$有

$$a_{i1}\frac{D_1}{D}+a_{i2}\frac{D_2}{D}+\cdots+a_{in}\frac{D_n}{D}=b_i,$$

或

$$a_{i1}D_1+a_{i2}D_2+\cdots+a_{in}D_n=b_i\cdot D. \tag{1.5.3}$$

现将每个 $D_j(j=1,2,\cdots,n)$按第 j 列展开

$$D_j=b_1A_{1j}+b_2A_{2j}+\cdots+b_nA_{nj},$$

并将它代到(1.5.3)式的左边,即有

$$\begin{aligned} & a_{i1}D_1+a_{i2}D_2+\cdots+a_{in}D_n \\ =& a_{i1}(b_1A_{11}+b_2A_{21}+\cdots+b_nA_{n1}) \\ & +a_{i2}(b_1A_{12}+b_2A_{22}+\cdots+b_nA_{n2}) \\ & +\cdots \\ & +a_{in}(b_1A_{1n}+b_2A_{2n}+\cdots+b_nA_{nn}) \\ =& b_1(a_{i1}A_{11}+a_{i2}A_{12}+\cdots+a_{in}A_{1n}) \\ & +b_2(a_{i1}A_{21}+a_{i2}A_{22}+\cdots+a_{in}A_{2n}) \end{aligned}$$

$$
\begin{aligned}
&+\cdots\\
&+b_n(a_{i1}A_{n1}+a_{i2}A_{n2}+\cdots+a_{in}A_{nn})\\
=&b_i\cdot D,
\end{aligned}
$$

其中最后一个等式应用了(1.3.5)式的结论.

再证方程组解的唯一性.

设 $x_1=\lambda_1,x_2=\lambda_2,\cdots,x_n=\lambda_n$ 为方程组(1.5.1)的任一解,证明必有

$$\lambda_1=\frac{D_1}{D},\quad \lambda_2=\frac{D_2}{D},\quad \cdots,\quad \lambda_n=\frac{D_n}{D}.$$

因为 $\lambda_1,\lambda_2,\cdots,\lambda_n$ 是(1.5.1)式的一个解,所以它满足(1.5.1)式,即

$$a_{i1}\lambda_1+a_{i2}\lambda_2+\cdots+a_{in}\lambda_n=b_i,\quad i=1,2,\cdots,n,$$

从而由行列式的性质 1.3 和性质 1.5 知

$$
\begin{aligned}
\lambda_1\cdot D=&\begin{vmatrix} a_{11}\lambda_1 & a_{12} & \cdots & a_{1n}\\ a_{21}\lambda_1 & a_{22} & \cdots & a_{2n}\\ \vdots & \vdots & & \vdots\\ a_{n1}\lambda_1 & a_{n2} & \cdots & a_{nn}\end{vmatrix}\\
\xlongequal[j=2,3,\cdots,n]{c_1+\lambda_j c_j}&\begin{vmatrix} a_{11}\lambda_1+a_{12}\lambda_2+\cdots+a_{1n}\lambda_n & a_{12} & \cdots & a_{1n}\\ a_{21}\lambda_1+a_{22}\lambda_2+\cdots+a_{2n}\lambda_n & a_{22} & \cdots & a_{2n}\\ \vdots & \vdots & & \vdots\\ a_{n1}\lambda_1+a_{n2}\lambda_2+\cdots+a_{nn}\lambda_n & a_{n2} & \cdots & a_{nn}\end{vmatrix}\\
=&\begin{vmatrix} b_1 & a_{12} & \cdots & a_{1n}\\ b_2 & a_{22} & \cdots & a_{2n}\\ \vdots & \vdots & & \vdots\\ b_n & a_{n2} & \cdots & a_{nn}\end{vmatrix}=D_1,
\end{aligned}
$$

即 $\lambda_1=\dfrac{D_1}{D}$.

同理可证 $\lambda_j\cdot D=D_j$,即 $\lambda_j=\dfrac{D_j}{D}(j=2,\cdots,n)$,所以方程组(1.5.1)的解是唯一的. 证毕.

例 1.14 求解线性方程组

$$
\begin{cases}
x_1+x_2+2x_3+3x_4=1,\\
3x_1-x_2-x_3-2x_4=-4,\\
2x_1+3x_2-x_3-x_4=-6,\\
x_1+2x_2+3x_3-x_4=-4.
\end{cases}
$$

解 方程组的系数行列式

$$D=\begin{vmatrix}1&1&2&3\\3&-1&-1&-2\\2&3&-1&-1\\1&2&3&-1\end{vmatrix}=-153\neq 0.$$

由克拉默法则,方程组有唯一解. 又因为

$$D_1=\begin{vmatrix}1&1&2&3\\-4&-1&-1&-2\\-6&3&-1&-1\\-4&2&3&-1\end{vmatrix}=153,\quad D_2=\begin{vmatrix}1&1&2&3\\3&-4&-1&-2\\2&-6&-1&-1\\1&-4&3&-1\end{vmatrix}=153,$$

$$D_3=\begin{vmatrix}1&1&1&3\\3&-1&-4&-2\\2&3&-6&-1\\1&2&-4&-1\end{vmatrix}=0,\quad D_4=\begin{vmatrix}1&1&2&1\\3&-1&-1&-4\\2&3&-1&-6\\1&2&3&-4\end{vmatrix}=-153,$$

所以方程组的解是

$$x_1=\frac{D_1}{D}=-1,\quad x_2=\frac{D_2}{D}=-1,\quad x_3=\frac{D_3}{D}=0,\quad x_4=\frac{D_4}{D}=1.$$

需要注意的是:克拉默法则只适用于方程个数与未知数个数相等的线性方程组且系数行列式 $D\neq 0$. 如果碰到方程个数与未知数个数不相等或系数行列式 $D=0$ 的线性方程组,将在第 3 章中作进一步的讨论.

克拉默法则是线性代数中的一个基本定理. 撇开其中的求解公式,即有下面定理.

定理 1.4 如果线性方程组(1.5.1)的系数行列式 $D\neq 0$,则方程组(1.5.1)一定有解,且只有唯一解. 如果线性方程组(1.5.1)无解或有无穷多解,则它的系数行列式 $D=0$.

当线性方程组(1.5.1)右端的常数 $b_1,b_2,\cdots,b_n$ 不全为零,则称(1.5.1)为**非齐次线性方程组**;而当 $b_1,b_2,\cdots,b_n$ 全为零时,则称(1.5.1)为**齐次线性方程组**.

对于齐次线性方程组

$$\begin{cases}a_{11}x_1+a_{12}x_2+\cdots+a_{1n}x_n=0,\\a_{21}x_1+a_{22}x_2+\cdots+a_{2n}x_n=0,\\\qquad\cdots\cdots\\a_{n1}x_1+a_{n2}x_2+\cdots+a_{nn}x_n=0,\end{cases}\tag{1.5.4}$$

每个未知数的值都等于零的解称为**零解**. 反之,至少有一个未知数不等于零的解称为**非零解**.

需要注意的是:任何齐次线性方程组一定有零解,但不一定有非零解.

那么齐次线性方程组在什么情况下才有非零解呢?由定理1.4可知以下定理.

定理1.5 如果齐次线性方程组(1.5.4)的系数行列式 $D\neq 0$,则齐次线性方程组(1.5.4)有唯一解即只有零解.如果齐次线性方程组(1.5.4)有无穷多解,即有非零解,则系数行列式 $D=0$.

例1.15 讨论 λ 为何值时,齐次线性方程组

$$\begin{cases}\lambda x_1+x_2+x_3=0,\\ x_1+\lambda x_2+x_3=0,\\ x_1+x_2+\lambda x_3=0\end{cases}$$

有非零解.

解 方程组的系数行列式

$$D=\begin{vmatrix}\lambda & 1 & 1\\ 1 & \lambda & 1\\ 1 & 1 & \lambda\end{vmatrix}=(\lambda-1)^2(\lambda+2).$$

若所给齐次线性方程组有非零解,则 $D=0$,得 $\lambda=1$ 或 $\lambda=-2$.

不难验证,当 $\lambda=1$ 或 $\lambda=-2$ 时,所给齐次线性方程组的确有非零解.

*1.6 应用举例

1.6.1 行列式在几何上的应用

中学里我们学习过二维向量,现在就用行列式来表示以两个二维向量为邻边的平行四边形的面积,对三维向量也有类似的结论.另外,用行列式还可以表示平面上过两点的直线方程.

例1.16 (1) 设 $\boldsymbol{\alpha}=\begin{pmatrix}a\\ b\end{pmatrix},\boldsymbol{\beta}=\begin{pmatrix}c\\ d\end{pmatrix}$ 为 $\mathbf{R}^2$ 中的两个非零向量.证明:以向量 $\boldsymbol{\alpha},\boldsymbol{\beta}$ 为邻边的平行四边形面积是行列式 $\begin{vmatrix}a & c\\ b & d\end{vmatrix}$ 的绝对值;

(2) 设 $\boldsymbol{\alpha}=\begin{pmatrix}a_1\\ a_2\\ a_3\end{pmatrix},\boldsymbol{\beta}=\begin{pmatrix}b_1\\ b_2\\ b_3\end{pmatrix},\boldsymbol{\gamma}=\begin{pmatrix}c_1\\ c_2\\ c_3\end{pmatrix}$ 为 $\mathbf{R}^3$ 中的3个非零向量.证明:以向量 $\boldsymbol{\alpha},\boldsymbol{\beta},\boldsymbol{\gamma}$ 为棱的平行六面体的体积是行列式 $\begin{vmatrix}a_1 & b_1 & c_1\\ a_2 & b_2 & c_2\\ a_3 & b_3 & c_3\end{vmatrix}$ 的绝对值.

证明 (1) 在平面直角坐标系中,令 $A(a,b),B(c,d),O(0,0)$,则 $\boldsymbol{\alpha}=\overrightarrow{OA},\boldsymbol{\beta}=\overrightarrow{OB}$,直线 OB 的方程为 $y=\dfrac{d}{c}x$,即 $dx-cy=0$,边$\overrightarrow{OB}$的长为 $\sqrt{c^2+d^2}$,$\overrightarrow{OB}$边上的高为$\dfrac{|ad-bc|}{\sqrt{c^2+d^2}}$,所以平行四边形面积为 $|ad-bc|$,即 $\begin{vmatrix} a & c \\ b & d \end{vmatrix}$ 的绝对值.

(2) 类似可证.

例 1.17 已知 xOy 面上两点 $M_1(x_1,y_1),M_2(x_2,y_2)$. 试建立用行列式表示的平面上过两点的直线方程.

解 设所求直线方程为 $ax+by+c=0$. 由于所求直线过点 $M_1(x_1,y_1),M_2(x_2,y_2)$,故有 $ax_1+by_1+c=0,ax_2+by_2+c=0$,与直线方程联立,得到以 a,b,c 为未知数的齐次方程组

$$\begin{cases} ax+by+c=0, \\ ax_1+by_1+c=0, \\ ax_2+by_2+c=0. \end{cases} \tag{1.6.1}$$

对直线上的任一点 $M(x,y)$,(1.6.1)式对未知数 a,b,c 有非零解. 由定理 1.5 知

$$\begin{vmatrix} x & y & 1 \\ x_1 & y_1 & 1 \\ x_2 & y_2 & 1 \end{vmatrix}=0. \tag{1.6.2}$$

(1.6.2)式是 x,y 的一次方程(按第 1 行展开即知),代表一条直线,又因点 $M_1(x_1,y_1),M_2(x_2,y_2)$都满足(1.6.2)式,故(1.6.2)式即所求的直线方程.

1.6.2 行列式在工程上的应用

在电子工程和控制论中,经常用拉普拉斯变换进行分析. 这种变换将一个线性微分方程组转变为一个线性方程组,然后利用克拉默法则求其解.

例 1.18 电路如图 1.3 所示,$t=0$ 以前电路元件无储能,$t=0$ 时开关闭合. 求电压 $V_2(t)$的表示式和波形.

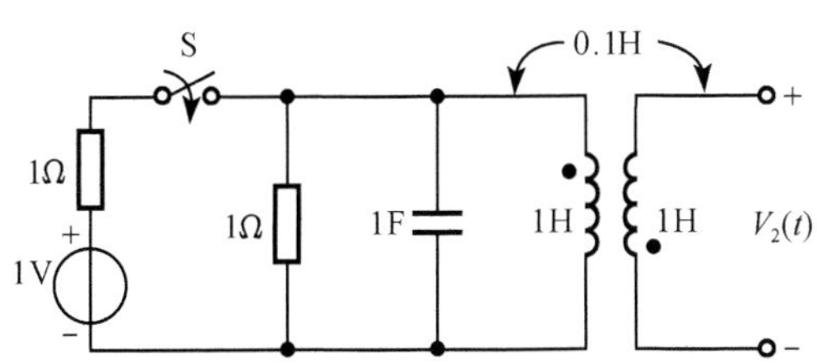

图 1.3

解 画出如图 1.3 所示电路的 s 域等效模型,如图 1.4 所示.

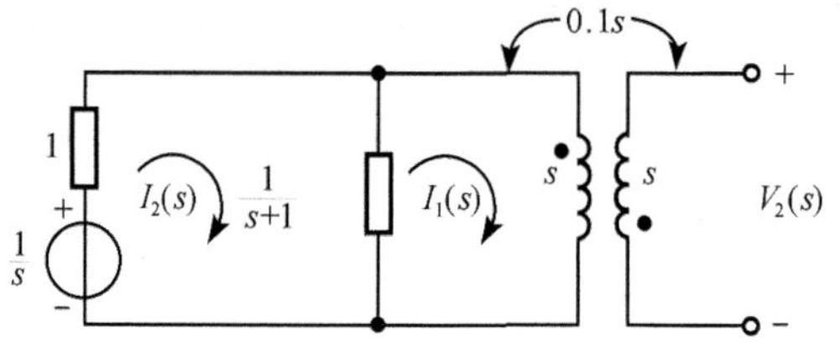

图 1.4

列出 $t \geqslant 0$ 时回路电压方程,有

$$\begin{cases}\left(s+\dfrac{1}{s+1}\right)I_1(s)-\dfrac{1}{s+1}I_2(s)=0,\\ \dfrac{1}{s+1}I_1(s)-\left(1+\dfrac{1}{s+1}\right)I_2(s)=-\dfrac{1}{s}.\end{cases}$$

该方程组的系数行列式

$$D=\begin{vmatrix} s+\dfrac{1}{s+1} & -\dfrac{1}{s+1} \\ \dfrac{1}{s+1} & -1-\dfrac{1}{s+1}\end{vmatrix}=-s-1,$$

由克拉默法则知,当 $s \neq -1$ 时,方程组有唯一解.

又因

$$D_1=\begin{vmatrix} 0 & -\dfrac{1}{s+1} \\ -\dfrac{1}{s} & -1-\dfrac{1}{s+1}\end{vmatrix}=-\frac{1}{s(s+1)},$$

$$D_2=\begin{vmatrix} s+\dfrac{1}{s+1} & 0 \\ \dfrac{1}{s+1} & -\dfrac{1}{s}\end{vmatrix}=-1-\frac{1}{s(s+1)},$$

此时方程组的(唯一)解是

$$I_1(s)=\frac{D_1}{D}=\frac{1}{s(s+1)^2},\quad I_2(s)=\frac{D_2}{D}=\frac{s^2+s+1}{s(s+1)^2}.$$

从而

$$V_2(s)=-0.1sI_1(s)=-\frac{0.1}{(s+1)^2},$$

再经过拉普拉斯逆变换,于是 $V_2(t)=-0.1te^{-t}$. $V_2(t)$的波形如图 1.5 所示.

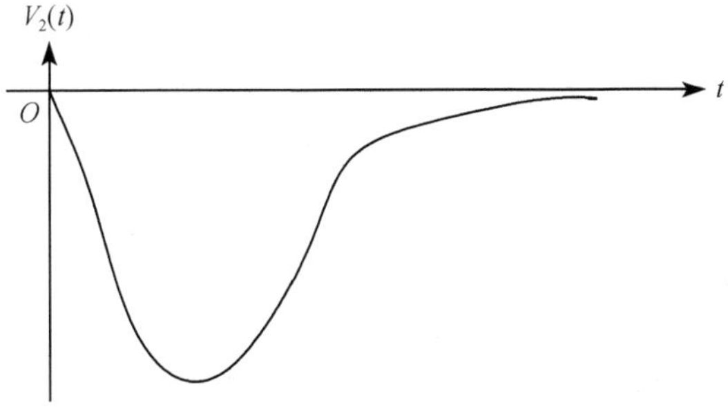

图 1.5

阅读小资料

行列式是一个重要的数学工具，不仅在数学的各分支经常使用行列式，而且在其他学科的理论研究和实际计算中也应用行列式的理论和方法.行列式理论产生于17世纪末，行列式概念的提出和理论的发展经历了漫长的历史过程.

1729年，苏格兰数学家麦克劳林(C. Maclaurin，1698～1746)(图1.6)在《代数论》一书中首先创立了用行列式解含有2～4个未知数的联立线性方程组的方法，尽管所用的记号还不是十分完善，但这一方法本质上就是现在求解线性方程组的克拉默法则.

图 1.6 麦克劳林

1750年，瑞士数学家克拉默(G. Cramer，1684～1752)在其著作《代数曲线的分析引论》中发现了确定行列式一般项的符号的方法，应用了后来以他的名字命名的克拉默法则，即由线性方程组的系数确定方程组解的表达式，克拉默法则的优越符号使之流传至今.

1771年，法国数学家范德蒙德(A. T. Vandermonde，1735～1796)首次给出了行列式理论连贯的合乎逻辑的阐述，他不仅把行列式应用于解线性方程组，而且又脱离了线性方程组的求解，对行列式理论本身进行了开创性研究.在这意义上，他被看成是行列式理论的奠基者.他还给出了用二阶子式和它们的余子式来展开行列式的法则，并提出了专门的行列式符号.

1772年，法国数学家拉普拉斯(P. S. Laplace，1749～1872)(图1.7)推广了这一方法，即用k阶子式和它们的余子式来展开行列式，至今这一方法仍以他的名字命名，即拉普拉斯定理.

1812年，法国数学家柯西(A. L. Cauchy，1789～1857)(图1.8)首先对行列式理论给出了系统的、几乎是近代的处理，他还深入研究了行列式的理论并得到了有名的宾内特-柯西公式,且提出了“行列式”(determinant)这一名称.

图 1.7 拉普拉斯

图 1.8 柯西

至19世纪末,有关行列式的研究成果仍在不断发表,但行列式的基本理论体系已经形成.

习 题 1

(A)

1. 计算二阶与三阶行列式:

(1) $\begin{vmatrix} 1 & -2 \\ 3 & 4 \end{vmatrix}$;　(2) $\begin{vmatrix} \cos\alpha & -\sin\alpha \\ \sin\alpha & \cos\alpha \end{vmatrix}$;

(3) $\begin{vmatrix} 1 & 1 & -1 \\ 1 & 0 & 1 \\ -1 & 1 & -2 \end{vmatrix}$;　(4) $\begin{vmatrix} a & b & c \\ b & c & a \\ c & a & b \end{vmatrix}$.

2. 利用行列式定义计算四阶行列式:

(1) $\begin{vmatrix} 0 & 0 & 0 & 1 \\ 0 & 0 & 2 & 3 \\ 0 & 3 & 4 & 5 \\ 4 & 5 & 6 & 7 \end{vmatrix}$;　(2) $\begin{vmatrix} a & 1 & 0 & 0 \\ -1 & b & 1 & 0 \\ 0 & -1 & c & 1 \\ 0 & 0 & -1 & d \end{vmatrix}$.

3. 利用行列式性质计算下列行列式:

(1) $\begin{vmatrix} a & b & a+b \\ b & a+b & a \\ a+b & a & b \end{vmatrix}$;　(2) $\begin{vmatrix} 1 & 1 & 1 & 0 \\ 0 & 1 & 0 & 1 \\ 0 & 1 & 1 & 1 \\ 0 & 0 & 1 & 0 \end{vmatrix}$;　(3) $\begin{vmatrix} 1 & -2 & 1 & 0 \\ 0 & 3 & -2 & -1 \\ 4 & -1 & 0 & -3 \\ 1 & 2 & -6 & 3 \end{vmatrix}$;

(4) $\begin{vmatrix} 1 & 2 & 0 & 0 \\ 3 & 4 & 0 & 0 \\ 0 & 0 & -1 & -3 \\ 0 & 0 & 3 & 1 \end{vmatrix}$;　(5) $\begin{vmatrix} 1+x & 1 & 1 & 1 \\ 1 & 1+x & 1 & 1 \\ 1 & 1 & 1+x & 1 \\ 1 & 1 & 1 & 1+x \end{vmatrix}$.

4. 设行列式 $\begin{vmatrix} 1 & 0 & 0 & 0 \\ 3 & 3 & 3 & 3 \\ 2 & 1 & 0 & 7 \\ 2 & 4 & 1 & 8 \end{vmatrix}$ 中元素 a_{ij} 的代数余子式为 A_{ij}. 求：

(1) A_{22} 和 A_{34}；

(2) $A_{31}+A_{32}+A_{33}+A_{34}$.

5. 证明：

(1) $\begin{vmatrix} a^2 & ab & b^2 \\ 2a & a+b & 2b \\ 1 & 1 & 1 \end{vmatrix}=(a-b)^3$；

(2) $\begin{vmatrix} ax+by & ay+bz & az+bx \\ ay+bz & az+bx & ax+by \\ az+bx & ax+by & ay+bz \end{vmatrix}=(a^3+b^3)\begin{vmatrix} x & y & z \\ y & z & x \\ z & x & y \end{vmatrix}$；

(3) $\begin{vmatrix} 1+x & 1 & 1 & 1 \\ 1 & 1-x & 1 & 1 \\ 1 & 1 & 1+y & 1 \\ 1 & 1 & 1 & 1-y \end{vmatrix}=x^2y^2$.

6. 已知 $\begin{vmatrix} x & y & z \\ 0 & 2 & 3 \\ 1 & 1 & 1 \end{vmatrix}=1$，求下列各行列式：

(1) $\begin{vmatrix} x-1 & y-1 & z-1 \\ 1 & 3 & 4 \\ 1 & 1 & 1 \end{vmatrix}$；　　(2) $\begin{vmatrix} x & y & z \\ 3x & 3y+4 & 3z+6 \\ x+1 & y+1 & z+1 \end{vmatrix}$.

7. 计算 n 阶行列式：

(1) $\begin{vmatrix} 0 & 1 & 0 & \cdots & 0 \\ 0 & 0 & 2 & \cdots & 0 \\ \vdots & \vdots & \vdots & & \vdots \\ 0 & 0 & 0 & \cdots & n-1 \\ n & 0 & 0 & \cdots & 0 \end{vmatrix}$；　(2) $\begin{vmatrix} 1 & 2 & 3 & \cdots & n-1 & n \\ 1 & -1 & 0 & \cdots & 0 & 0 \\ 0 & 2 & -2 & \cdots & 0 & 0 \\ \vdots & \vdots & \vdots & & \vdots & \vdots \\ 0 & 0 & 0 & \cdots & n-1 & -(n-1) \end{vmatrix}$；

(3) $\begin{vmatrix} x & y & 0 & \cdots & 0 & 0 \\ 0 & x & y & \cdots & 0 & 0 \\ \vdots & \vdots & \vdots & & \vdots & \vdots \\ 0 & 0 & 0 & \cdots & x & y \\ y & 0 & 0 & \cdots & 0 & x \end{vmatrix}$.

8. 利用范德蒙德行列式计算：

(1) $\begin{vmatrix} a & b & c \\ a^2 & b^2 & c^2 \\ b+c & c+a & a+b \end{vmatrix}$；　　(2) $\begin{vmatrix} 1 & 1 & 1 & 1 \\ 2 & 3 & 4 & 5 \\ 1 & 4 & 9 & 16 \\ 1 & 8 & 27 & 64 \end{vmatrix}$.

9. 用克拉默法则解下列线性方程组：

(1) $\begin{cases} 2x_1 - x_2 - x_3 = 4, \\ 3x_1 + 4x_2 - 2x_3 = 11, \\ 3x_1 - 2x_2 + 4x_3 = 11; \end{cases}$ (2) $\begin{cases} x + y + z = 1, \\ x + 2y + z - w = 8, \\ 2x - y - 3w = 3, \\ 3x + 3y + 5z - 6w = 5. \end{cases}$

10. 求 k 的值，使齐次线性方程组

$$\begin{cases} kx + y + z = 0, \\ x + ky - z = 0, \\ 2x - y + z = 0 \end{cases}$$

有非零解.

11. 讨论 λ 为何值时，线性方程组

$$\begin{cases} \lambda x_1 + x_2 + x_3 = 1, \\ x_1 + \lambda x_2 + x_3 = \lambda, \\ x_1 + x_2 + \lambda x_3 = \lambda^2 \end{cases}$$

有唯一解，并求出其解.

12. 求三次多项式

$$f(x) = a_0 + a_1 x + a_2 x^2 + a_3 x^3,$$

使得 $f(-1)=0, f(1)=4, f(2)=3, f(3)=16$.

(B)

1. 填空题.

(1) $\begin{vmatrix} 1 & 1 & 1 \\ a & b & c \\ a^3 & b^3 & c^3 \end{vmatrix} =$ ________.

(2) $\begin{vmatrix} 1 & 2 & 3 & 4 \\ 2 & 3 & 4 & 1 \\ 3 & 4 & 1 & 2 \\ 4 & 1 & 2 & 3 \end{vmatrix} =$ ________.

(3) 设 $f(x) = \begin{vmatrix} 1 & 2 & 3 & 4 \\ 1 & x & 3 & 4 \\ 1 & 2 & x & 4 \\ 1 & 2 & 3 & x \end{vmatrix}$，则方程 $f(x)=0$ 的根为________.

(4) 若齐次线性方程组 $\begin{cases} \lambda x + y - z = 0, \\ x + \lambda y - z = 0, \\ 2x - y + z = 0 \end{cases}$ 只有零解，则 λ 应满足的条件为________.

(5) 设行列式 $D=\begin{vmatrix} 1 & 2 & 0 & -4 \\ 3 & 2 & 2 & 3 \\ 2 & 2 & 0 & 7 \\ -1 & 2 & 1 & 8 \end{vmatrix}$,则第 4 列各元素余子式之和为________.

2. 选择题.

(1) 若线性方程组 $\begin{cases} x+y+kz=1, \\ x+ky+z=0, \\ kx+y+z=-1 \end{cases}$ 有无穷多解,则 k 应满足的条件为(　　).

(A) $k=-2$;　(B) $k=-2$ 或 $k=1$;　(C) $k=1$;　(D) $k\neq -2$ 且 $k\neq 1$.

(2) 设行列式 $\begin{vmatrix} a_{11} & a_{12} & a_{13} \\ a_{21} & a_{22} & a_{23} \\ a_{31} & a_{32} & a_{33} \end{vmatrix}=1$,则行列式 $\begin{vmatrix} 2a_{11} & 4a_{11}-3a_{12} & a_{13} \\ 2a_{21} & 4a_{21}-3a_{22} & a_{23} \\ 2a_{31} & 4a_{31}-3a_{32} & a_{33} \end{vmatrix}=$(　　).

(A) -6;　(B) 4;　(C) 12;　(D) 24.

(3) 多项式 $f(x)=\begin{vmatrix} x & x & 0 & 2 \\ 3 & x & 1 & 1 \\ 2 & 1 & x & 0 \\ 5 & 4 & 2 & x \end{vmatrix}$ 中的 x^3 系数为(　　).

(A) 2;　(B) 0;　(C) 3;　(D) 4.

(4) 行列式 $\begin{vmatrix} 1 & 1 & 1 & 0 \\ 1 & 1 & 0 & 1 \\ 1 & 0 & 1 & 1 \\ 0 & 1 & 1 & 1 \end{vmatrix}=$(　　).

(A) 0;　(B) 1;　(C) 3;　(D) -3.

(5) 设 $f(x)=\begin{vmatrix} x-2 & x-1 & x-2 & x-3 \\ 2x-2 & 2x-1 & 2x-2 & 2x-3 \\ 3x-3 & 3x-2 & 4x-5 & 3x-5 \\ 4x & 4x-3 & 5x-7 & 4x-3 \end{vmatrix}$,则方程 $f(x)=0$ 的根的个数为(　　).

(A) 1;　(B) 2;　(C) 3;　(D) 4.

3. 计算行列式:

(1) $\begin{vmatrix} 1 & 2 & 3 & 4 \\ 1 & 2 & 0 & 0 \\ 1 & 0 & 3 & 0 \\ 1 & 0 & 0 & 4 \end{vmatrix}$;　(2) $\begin{vmatrix} a & 0 & 0 & b \\ 0 & c & d & 0 \\ 0 & e & f & 0 \\ x & 0 & 0 & y \end{vmatrix}$;　(3) $\begin{vmatrix} x_1-m & x_2 & \cdots & x_n \\ x_1 & x_2-m & \cdots & x_n \\ \vdots & \vdots & & \vdots \\ x_1 & x_2 & \cdots & x_n-m \end{vmatrix}$;

(4) $\begin{vmatrix} 1 & 1 & 1 & \cdots & 1 \\ a_1+1 & a_2+1 & a_3+1 & \cdots & a_n+1 \\ a_1^2+a_1 & a_2^2+a_2 & a_3^2+a_3 & \cdots & a_n^2+a_n \\ \vdots & \vdots & \vdots & & \vdots \\ a_1^{n-1}+a_1^{n-2} & a_2^{n-1}+a_2^{n-2} & a_3^{n-1}+a_3^{n-2} & \cdots & a_n^{n-1}+a_n^{n-2} \end{vmatrix}$.

4. 证明：

(1) $$\begin{vmatrix} x & -1 & 0 & \cdots & 0 & 0 \\ 0 & x & -1 & \cdots & 0 & 0 \\ \vdots & \vdots & \vdots & & \vdots & \vdots \\ 0 & 0 & 0 & \cdots & x & -1 \\ a_n & a_{n-1} & a_{n-2} & \cdots & a_2 & x+a_1 \end{vmatrix} = x^n + a_1 x^{n-1} + a_2 x^{n-2} + \cdots + a_{n-1} x + a_n;$$

(2) $$\begin{vmatrix} 1+a_1 & 1 & \cdots & 1 \\ 1 & 1+a_2 & \cdots & 1 \\ \vdots & \vdots & & \vdots \\ 1 & 1 & \cdots & 1+a_n \end{vmatrix} = a_1 a_2 \cdots a_n \left(1 + \sum_{i=1}^{n} \frac{1}{a_i}\right), \quad a_1 a_2 \cdots a_n \neq 0.$$

5. 讨论 a,b 为何值时，线性方程组

$$\begin{cases} ax_1 + x_2 + x_3 = 4, \\ x_1 + bx_2 + x_3 = 3, \\ x_1 + 2bx_2 + x_3 = 4 \end{cases}$$

有唯一解，无解或有无穷多解.

6. 设多项式 $f(x) = \begin{vmatrix} x & a_1 & a_2 & \cdots & a_{n-1} & 1 \\ a_1 & x & a_2 & \cdots & a_{n-1} & 1 \\ a_1 & a_2 & x & \cdots & a_{n-1} & 1 \\ \vdots & \vdots & \vdots & & \vdots & \vdots \\ a_1 & a_2 & a_3 & \cdots & x & 1 \\ a_1 & a_2 & a_3 & \cdots & a_n & 1 \end{vmatrix}$，求方程 $f(x)=0$ 的全部根.

第 2 章

矩　　阵

矩阵是线性代数的一个最基本的概念. 它是研究线性变换、线性方程组、二次型等代数问题的主要工具. 自然科学、工程技术和国民经济等许多领域中的许多问题都可以归结为有关矩阵的问题,并且可以用相关的矩阵理论与方法去解决.

本章主要介绍矩阵的概念、矩阵的运算、逆矩阵、矩阵的初等变换、矩阵的秩及分块矩阵.

2.1 矩阵的概念与运算

2.1.1 矩阵的概念

对于第 1 章中提到的线性方程组

$$\begin{cases} a_{11}x_1 + a_{12}x_2 + \cdots + a_{1n}x_n = b_1, \\ a_{21}x_1 + a_{22}x_2 + \cdots + a_{2n}x_n = b_2, \\ \quad\cdots\cdots \\ a_{n1}x_1 + a_{n2}x_2 + \cdots + a_{nn}x_n = b_n, \end{cases} \tag{2.1.1}$$

其解的情况完全由系数和右端常数项确定,其系数与常数项按原位置排成的矩形数表称为**矩阵**. 一般地,有如下定义.

定义 2.1　由 $m\times n$ 个数 $a_{ij}(i=1,2,\cdots,m;j=1,2,\cdots,n)$排成的 m 行 n 列的数表

$$\begin{pmatrix} a_{11} & a_{12} & \cdots & a_{1n} \\ a_{21} & a_{22} & \cdots & a_{2n} \\ \vdots & \vdots & & \vdots \\ a_{m1} & a_{m2} & \cdots & a_{mn} \end{pmatrix}$$

称为 m 行 n 列矩阵,简称 $m\times n$ 矩阵.一般用大写黑体字母表示,如

$$\boldsymbol{A}=\begin{pmatrix} a_{11} & a_{12} & \cdots & a_{1n} \\ a_{21} & a_{22} & \cdots & a_{2n} \\ \vdots & \vdots & & \vdots \\ a_{m1} & a_{m2} & \cdots & a_{mn} \end{pmatrix},$$

其中 a_{ij} 称为 $\boldsymbol{A}$ 的第 i 行第 j 列**元素**,$m\times n$ 矩阵也常记为 $\boldsymbol{A}_{m\times n}$ 或 $(a_{ij})_{m\times n}$.

特别地,(1) $m=n$ 时,称 $\boldsymbol{A}$ 为**方阵**;

(2) $m=1,n>1$ 时,称 $\boldsymbol{A}$ 为**行矩阵**(或**行向量**),如 $\boldsymbol{A}=(a_1,a_2,\cdots,a_n)$;

(3) $m>1,n=1$ 时,称 $\boldsymbol{A}$ 为**列矩阵**(或**列向量**),如 $\boldsymbol{A}=\begin{pmatrix} a_1 \\ a_2 \\ \vdots \\ a_m \end{pmatrix}$;

(4) $a_{ij}\in\mathbf{R}$ 时,称 $\boldsymbol{A}$ 为**实矩阵**;$a_{ij}\in\mathbf{C}$ 时,称 $\boldsymbol{A}$ 为**复矩阵**.本书中矩阵除特殊说明外均指实矩阵.

如果两个矩阵都是 m 行 n 列的,则称它们是**同型矩阵**.否则称它们是**不同型**的.

定义 2.2 如果 $\boldsymbol{A}=(a_{ij})_{m\times n}$ 与 $\boldsymbol{B}=(b_{ij})_{m\times n}$ 是同型矩阵,并且它的对应元素相等,即

$$a_{ij}=b_{ij},\quad i=1,2,\cdots,m;j=1,2,\cdots,n,$$

则称矩阵 $\boldsymbol{A}$ 与 $\boldsymbol{B}$ **相等**,记作 $\boldsymbol{A}=\boldsymbol{B}$.

元素都是零的 m 行 n 列矩阵称为**零矩阵**,记作 $\boldsymbol{O}_{m\times n}$,简记为 $\boldsymbol{O}$.不同型的零矩阵是不相等的.

2.1.2 矩阵的运算

1. 矩阵的加法

定义 2.3 设矩阵 $\boldsymbol{A}=(a_{ij})_{m\times n}$,$\boldsymbol{B}=(b_{ij})_{m\times n}$,则矩阵 $\boldsymbol{A}$ 与 $\boldsymbol{B}$ 的**和**记作 $\boldsymbol{A}+\boldsymbol{B}$,规定为

$$\boldsymbol{A}+\boldsymbol{B}=(a_{ij}+b_{ij})_{m\times n}.$$

性质 2.1 设 $\boldsymbol{A},\boldsymbol{B},\boldsymbol{C}$ 为同型矩阵,则有

(1) $\boldsymbol{A}+\boldsymbol{B}=\boldsymbol{B}+\boldsymbol{A}$(加法交换律);

(2) $(\boldsymbol{A}+\boldsymbol{B})+\boldsymbol{C}=\boldsymbol{A}+(\boldsymbol{B}+\boldsymbol{C})$(加法结合律).

2. 数与矩阵相乘

定义 2.4 数 λ 与矩阵 $\boldsymbol{A}=(a_{ij})_{m\times n}$ 的乘积称为**数乘矩阵**,记作 $\lambda\boldsymbol{A}$,规定为 $\lambda\boldsymbol{A}=(\lambda a_{ij})_{m\times n}$.

从而矩阵 $-\boldsymbol{A}=(-a_{ij})$. $-\boldsymbol{A}$ 称为矩阵 $\boldsymbol{A}$ 的**负矩阵**. 显然有 $\boldsymbol{A}+(-\boldsymbol{A})=\boldsymbol{O}$.

性质 2.2 设 $\boldsymbol{A},\boldsymbol{B}$ 为同型矩阵,λ,μ 为数,则有

(1) $(\lambda\mu)\boldsymbol{A}=\lambda(\mu\boldsymbol{A})$;

(2) $(\lambda+\mu)\boldsymbol{A}=\lambda\boldsymbol{A}+\mu\boldsymbol{A}$;

(3) $\lambda(\boldsymbol{A}+\boldsymbol{B})=\lambda\boldsymbol{A}+\lambda\boldsymbol{B}$.

矩阵的加法运算与数乘运算统称为矩阵的**线性运算**.

3. 矩阵与矩阵相乘

定义 2.5 设 $\boldsymbol{A}=(a_{ij})$是一个 $m\times s$ 矩阵,$\boldsymbol{B}=(b_{ij})$是一个 $s\times n$ 矩阵,那么规定矩阵 $\boldsymbol{A}$ 与矩阵 $\boldsymbol{B}$ 的**乘积**是一个 $m\times n$ 矩阵 $\boldsymbol{C}=(c_{ij})$,其中

$$c_{ij}=a_{i1}b_{1j}+a_{i2}b_{2j}+\cdots+a_{is}b_{sj}=\sum_{k=1}^{s}a_{ik}b_{kj},\quad i=1,2,\cdots,m;j=1,2,\cdots,n,$$

并把此乘积记作 $\boldsymbol{C}=\boldsymbol{AB}$.

值得注意的是,只有当矩阵 $\boldsymbol{A}$ 的列数等于 $\boldsymbol{B}$ 的行数时 $\boldsymbol{AB}$ 才有意义.

例 2.1 利用矩阵的乘法,在线性方程组(2.1.1)中,若令

$$\boldsymbol{A}_{n\times n}=\begin{pmatrix}a_{11}&a_{12}&\cdots&a_{1n}\\a_{21}&a_{22}&\cdots&a_{2n}\\\vdots&\vdots&&\vdots\\a_{n1}&a_{n2}&\cdots&a_{nn}\end{pmatrix}(\text{系数矩阵}),\quad \boldsymbol{x}=\begin{pmatrix}x_1\\x_2\\\vdots\\x_n\end{pmatrix},\quad \boldsymbol{b}=\begin{pmatrix}b_1\\b_2\\\vdots\\b_n\end{pmatrix},$$

则方程组可以表示为矩阵形式

$$\boldsymbol{Ax}=\boldsymbol{b}.$$

将线性方程组写成矩阵方程的形式,不仅书写方便,而且可以把线性方程组的理论与矩阵理论联系起来,这给线性方程组的讨论带来很大的方便.

例 2.2 求矩阵 $\boldsymbol{A}=(1\quad 2\quad 3)$,$\boldsymbol{B}=\begin{pmatrix}1\\2\\3\end{pmatrix}$的乘积 $\boldsymbol{AB}$ 及 $\boldsymbol{BA}$.

解 $\boldsymbol{AB}=14$, $\boldsymbol{BA}=\begin{pmatrix}1&2&3\\2&4&6\\3&6&9\end{pmatrix}$.

例 2.3 若 $\boldsymbol{A}=\begin{pmatrix}1&1\\2&2\end{pmatrix}$,$\boldsymbol{B}=\begin{pmatrix}-1&2\\1&-2\end{pmatrix}$,求 $\boldsymbol{AB}$ 及 $\boldsymbol{BA}$.

解 $\boldsymbol{AB}=\begin{pmatrix}0&0\\0&0\end{pmatrix}$, $\boldsymbol{BA}=\begin{pmatrix}3&3\\-3&-3\end{pmatrix}$.

从上两例可以看出 $\boldsymbol{AB}$ 不一定等于 $\boldsymbol{BA}$,即**矩阵乘法不满足交换律**. 事实上,

$\boldsymbol{AB}$ 甚至可能没有意义.由于矩阵乘法不满足交换律,因此矩阵相乘时必须注意顺序,$\boldsymbol{AB}$ 称为用 $\boldsymbol{A}$ 左乘 $\boldsymbol{B}$,$\boldsymbol{BA}$ 称为用 $\boldsymbol{A}$ 右乘 $\boldsymbol{B}$.

特别地,若矩阵 $\boldsymbol{A}$ 与 $\boldsymbol{B}$ 相乘,有 $\boldsymbol{AB}=\boldsymbol{BA}$,则称矩阵 $\boldsymbol{A}$ 与 $\boldsymbol{B}$ 可交换.可交换的矩阵一定是同阶方阵.

由例 2.3 还可知,若矩阵 $\boldsymbol{A}$ 与 $\boldsymbol{B}$ 满足 $\boldsymbol{AB}=\boldsymbol{O}$,并不能得出 $\boldsymbol{A}=\boldsymbol{O}$ 或 $\boldsymbol{B}=\boldsymbol{O}$ 的结论,即**矩阵乘法不满足消去律**.从而由 $\boldsymbol{AC}=\boldsymbol{BC},\boldsymbol{C}\neq\boldsymbol{O}$,也未必推出 $\boldsymbol{A}=\boldsymbol{B}$.

以上几点说明了矩阵乘法与数的乘法运算的不同之处,初学者应特别注意.

性质 2.3 假设运算都有意义,λ 为数,则

(1) $(\boldsymbol{AB})\boldsymbol{C}=\boldsymbol{A}(\boldsymbol{BC})$(乘法结合律);

(2) $\boldsymbol{A}(\boldsymbol{B}+\boldsymbol{C})=\boldsymbol{AB}+\boldsymbol{AC},(\boldsymbol{A}+\boldsymbol{B})\boldsymbol{C}=\boldsymbol{AC}+\boldsymbol{BC}$(乘法分配律);

(3) $\lambda(\boldsymbol{AB})=(\lambda\boldsymbol{A})\boldsymbol{B}=\boldsymbol{A}(\lambda\boldsymbol{B})$.

证明 仅证第(1)式,其余留给读者自己证明.

设 $\boldsymbol{A},\boldsymbol{B},\boldsymbol{C}$ 分别是 $m\times n,n\times p,p\times q$ 矩阵,则易见 $(\boldsymbol{AB})\boldsymbol{C},\boldsymbol{A}(\boldsymbol{BC})$ 都是 $m\times q$ 矩阵,而且对任意 $i,j(i=1,2,\cdots,m,j=1,2,\cdots,q)$,$\boldsymbol{A}(\boldsymbol{BC})$ 的第 i 行第 j 列的元素为

$$\sum_{s=1}^{n}a_{is}\Big(\sum_{t=1}^{p}b_{st}c_{tj}\Big)=\sum_{t=1}^{p}\Big(\sum_{s=1}^{n}a_{is}b_{st}\Big)c_{tj}.$$

上式右端即为 $(\boldsymbol{AB})\boldsymbol{C}$ 的第 i 行第 j 列位置上的元素,故结论成立.

例 2.4 设 n 个变量 $x_1,x_2,\cdots,x_n$ 与 m 个变量 $y_1,y_2,\cdots,y_m$ 之间有关系式

$$\begin{cases}y_1=a_{11}x_1+a_{12}x_2+\cdots+a_{1n}x_n,\\ y_2=a_{21}x_1+a_{22}x_2+\cdots+a_{2n}x_n,\\ \cdots\cdots\\ y_m=a_{m1}x_1+a_{m2}x_2+\cdots+a_{mn}x_n,\end{cases}\tag{2.1.2}$$

则称(2.1.2)式为变量 $x_1,x_2,\cdots,x_n$ 到变量 $y_1,y_2,\cdots,y_m$ 的**线性变换**,由常系数 a_{ij} 构成的矩阵 $\boldsymbol{A}_{m\times n}=(a_{ij})_{m\times n}$ 称为该**线性变换的系数矩阵**.易见线性变换与其系数矩阵之间存在一一对应关系.因而可利用矩阵来研究线性变换,亦可利用线性变换来研究矩阵.

4. 方阵的行列式与幂

定义 2.6 设 n 阶方阵 $\boldsymbol{A}_{n\times n}=(a_{ij})_{n\times n}$,将方阵 $\boldsymbol{A}$ 的元素保持位置不变构成的行列式称为**方阵 $\boldsymbol{A}$ 的行列式**,记作 $|\boldsymbol{A}|$ 或者 $\det\boldsymbol{A}$.

定义 2.7 设 $\boldsymbol{A}$ 为方阵,则 k 个 $\boldsymbol{A}$ 的乘积 $\boldsymbol{A}^k$ 称为**方阵 $\boldsymbol{A}$ 的 k 次幂**,其中 k 为正整数.

显然 $\boldsymbol{A}^{l+m}=\boldsymbol{A}^l\boldsymbol{A}^m,(\boldsymbol{A}^l)^m=\boldsymbol{A}^{lm}$,其中 m,l 为正整数.

性质 2.4 设 $\boldsymbol{A},\boldsymbol{B}$ 均为 n 阶方阵,λ 为数,则

(1) $|\lambda \boldsymbol{A}|=\lambda^n|\boldsymbol{A}|$;

(2) $|\boldsymbol{A}^m|=|\boldsymbol{A}|^m$,$m$ 为正整数;

(3) $|\boldsymbol{AB}|=|\boldsymbol{A}||\boldsymbol{B}|=|\boldsymbol{B}||\boldsymbol{A}|$.

由于矩阵的乘法不满足交换律,故一般而言,$(\boldsymbol{AB})^{k_1}(\boldsymbol{AB})^{k_2}\neq(\boldsymbol{AB})^{k_1+k_2}$.

例 2.5 设 $\boldsymbol{A}=\begin{pmatrix}1 & 0\\ 2 & -3\end{pmatrix}$,$\boldsymbol{B}=\begin{pmatrix}2 & 1\\ 1 & -1\end{pmatrix}$,求 $|\boldsymbol{AB}|$,$|\boldsymbol{BA}|$.

解法 1 因为

$$\boldsymbol{AB}=\begin{pmatrix}1 & 0\\ 2 & -3\end{pmatrix}\begin{pmatrix}2 & 1\\ 1 & -1\end{pmatrix}=\begin{pmatrix}2 & 1\\ 1 & 5\end{pmatrix},$$

故

$$|\boldsymbol{AB}|=\begin{vmatrix}2 & 1\\ 1 & 5\end{vmatrix}=9,$$

从而

$$|\boldsymbol{BA}|=|\boldsymbol{B}|\cdot|\boldsymbol{A}|=|\boldsymbol{A}|\cdot|\boldsymbol{B}|=|\boldsymbol{AB}|=9.$$

解法 2 因为

$$|\boldsymbol{A}|\cdot|\boldsymbol{B}|=\begin{vmatrix}1 & 0\\ 2 & -3\end{vmatrix}\begin{vmatrix}2 & 1\\ 1 & -1\end{vmatrix}=(-3)\times(-3)=9,$$

从而

$$|\boldsymbol{BA}|=|\boldsymbol{A}|\cdot|\boldsymbol{B}|=|\boldsymbol{AB}|=9.$$

5. 矩阵的转置

定义 2.8 把 $m\times n$ 矩阵 $\boldsymbol{A}$ 的行换成同序数的列,得到一个 $n\times m$ 的新矩阵,称为矩阵 $\boldsymbol{A}$ 的**转置矩阵**,记作 $\boldsymbol{A}^{\mathrm{T}}$,即若

$$\boldsymbol{A}=\begin{pmatrix}a_{11} & a_{12} & \cdots & a_{1n}\\ a_{21} & a_{22} & \cdots & a_{2n}\\ \vdots & \vdots & & \vdots\\ a_{m1} & a_{m2} & \cdots & a_{mn}\end{pmatrix},$$

则 $\boldsymbol{A}^{\mathrm{T}}=\begin{pmatrix}a_{11} & a_{21} & \cdots & a_{m1}\\ a_{12} & a_{22} & \cdots & a_{m2}\\ \vdots & \vdots & & \vdots\\ a_{1n} & a_{2n} & \cdots & a_{mn}\end{pmatrix}$.

性质 2.5 （假设运算都是可行的）

(1) $(\boldsymbol{A}^{\mathrm{T}})^{\mathrm{T}}=\boldsymbol{A}$；

(2) $(\boldsymbol{A}+\boldsymbol{B})^{\mathrm{T}}=\boldsymbol{A}^{\mathrm{T}}+\boldsymbol{B}^{\mathrm{T}}$；

(3) $(\lambda\boldsymbol{A})^{\mathrm{T}}=\lambda\boldsymbol{A}^{\mathrm{T}}$；

(4) $(\boldsymbol{A}\boldsymbol{B})^{\mathrm{T}}=\boldsymbol{B}^{\mathrm{T}}\boldsymbol{A}^{\mathrm{T}}$；

(5) 若 $\boldsymbol{A}$ 为方阵，则 $|\boldsymbol{A}^{\mathrm{T}}|=|\boldsymbol{A}|$.

证明 仅证明第(4)式，其余请读者自己完成.

设 $\boldsymbol{A}=(a_{ij})_{m\times s}$，$\boldsymbol{B}=(b_{ij})_{s\times n}$，$\boldsymbol{AB}=(c_{ij})_{m\times n}$，$\boldsymbol{B}^{\mathrm{T}}\boldsymbol{A}^{\mathrm{T}}=(d_{ij})_{n\times m}$，则 $(\boldsymbol{AB})^{\mathrm{T}}$ 的第 i 行第 j 列位置上的元素是 $c_{ji}=\sum\limits_{k=1}^{s}a_{jk}b_{ki}$，而 $\boldsymbol{B}^{\mathrm{T}}$ 的第 i 行为 $(b_{1i},b_{2i},\cdots,b_{si})$，$\boldsymbol{A}^{\mathrm{T}}$ 的第 j 列为 $(a_{j1},a_{j2},\cdots,a_{js})^{\mathrm{T}}$，因此

$$d_{ij}=\sum_{k=1}^{s}b_{ki}a_{jk}=\sum_{k=1}^{s}a_{jk}b_{ki}=c_{ji},\quad i=1,2,\cdots,n;j=1,2,\cdots,m,$$

从而

$$(\boldsymbol{AB})^{\mathrm{T}}=\boldsymbol{B}^{\mathrm{T}}\boldsymbol{A}^{\mathrm{T}}.$$

2.1.3 几种常见的特殊矩阵

1. 对角矩阵

若一个 n 阶方阵的主对角线以外的元素均为 0，则这种矩阵称为**对角矩阵**，记作

$$\boldsymbol{\Lambda}=\begin{pmatrix}\lambda_1&0&\cdots&0\\0&\lambda_2&\cdots&0\\\vdots&\vdots&&\vdots\\0&0&\cdots&\lambda_n\end{pmatrix}\triangleq\mathrm{diag}(\lambda_1,\lambda_2,\cdots,\lambda_n).$$

显然，对于任意 n 阶方阵 $\boldsymbol{A}$，有 $\boldsymbol{A\Lambda}=\boldsymbol{\Lambda A}$，即对角阵与任何方阵可交换，且 $\boldsymbol{\Lambda}^n=\mathrm{diag}(\lambda_1^n,\lambda_2^n,\cdots,\lambda_n^n)$，$\boldsymbol{\Lambda}^{\mathrm{T}}=\boldsymbol{\Lambda}$，$|\boldsymbol{\Lambda}|=\lambda_1\lambda_2\cdots\lambda_n$.

若 $\boldsymbol{A}$，$\boldsymbol{B}$ 均为 n 阶对角阵，则 $k\boldsymbol{A}$，$\boldsymbol{A}+\boldsymbol{B}$，$\boldsymbol{AB}$ 也为对角矩阵.

2. 单位矩阵

若 n 阶对角矩阵中主对角线上的元素均为 1，则称该矩阵为**单位矩阵**，记作

$$\boldsymbol{E}=\begin{pmatrix}1&0&\cdots&0\\0&1&\cdots&0\\\vdots&\vdots&&\vdots\\0&0&\cdots&1\end{pmatrix}.$$

易证 $\boldsymbol{E}^n=\boldsymbol{E},\boldsymbol{AE}=\boldsymbol{EA}=\boldsymbol{A},|\boldsymbol{E}|=1$.

可见单位矩阵 $\boldsymbol{E}$ 在矩阵的乘法中的作用类似于数 1.

定义 2.9 设 $\boldsymbol{A}$ 是 n 阶方阵，$f(x)=a_0+a_1x+\cdots+a_mx^m$ 是 x 的 m 次多项式，称 $f(\boldsymbol{A})=a_0\boldsymbol{E}+a_1\boldsymbol{A}+\cdots+a_m\boldsymbol{A}^m$ 是**方阵 $\boldsymbol{A}$ 的 m 次多项式**.

由于矩阵 $\boldsymbol{A}^m,\boldsymbol{A}^n$ 和 $\boldsymbol{E}$ 都是可交换的，所以 $\boldsymbol{A}$ 的两个多项式 $f(\boldsymbol{A})$ 和 $g(\boldsymbol{A})$ 也是可交换的，即矩阵多项式可以像代数多项式一样进行因式分解或者多项式乘积.

特别地，若对角阵 $\boldsymbol{\Lambda}=\mathrm{diag}(\lambda_1,\lambda_2,\cdots,\lambda_n)$，则 $\boldsymbol{\Lambda}$ 的 m 次矩阵多项式

$$f(\boldsymbol{\Lambda})=a_0\boldsymbol{E}+a_1\boldsymbol{\Lambda}+\cdots+a_m\boldsymbol{\Lambda}^m=\mathrm{diag}(f(\lambda_1),f(\lambda_2),\cdots,f(\lambda_n)),$$

即**求对角矩阵的矩阵多项式等于将对角矩阵的对角线元素改成相应的代数多项式**.

当 $\boldsymbol{A}=\boldsymbol{E}$ 时，称(2.1.2)式中的线性变换 $\boldsymbol{y}=\boldsymbol{Ax}$ 为**恒等变换**.

3. 对称矩阵

若 n 阶矩阵 $\boldsymbol{A}=(a_{ij})$ 满足 $\boldsymbol{A}^{\mathrm{T}}=\boldsymbol{A}$，即 $a_{ij}=a_{ji}(i,j=1,2,\cdots,n)$，则称 $\boldsymbol{A}$ 为 n 阶**对称矩阵**. 对称矩阵的特点是：**以主对角线为对称轴的对应元素相等**.

对称矩阵的特殊性质：若 $\boldsymbol{A}$、$\boldsymbol{B}$ 均为 n 阶对称矩阵，则 $k\boldsymbol{A},\boldsymbol{A}+\boldsymbol{B}$ 也为 n 阶对称矩阵.

例 2.6 对任意矩阵 $\boldsymbol{A}_{m\times n}$，试证 $\boldsymbol{A}^{\mathrm{T}}\boldsymbol{A}$ 与 $\boldsymbol{AA}^{\mathrm{T}}$ 均为对称矩阵.

证明 因为

$$(\boldsymbol{A}^{\mathrm{T}}\boldsymbol{A})^{\mathrm{T}}=\boldsymbol{A}^{\mathrm{T}}(\boldsymbol{A}^{\mathrm{T}})^{\mathrm{T}}=\boldsymbol{A}^{\mathrm{T}}\boldsymbol{A},\quad (\boldsymbol{AA}^{\mathrm{T}})^{\mathrm{T}}=(\boldsymbol{A}^{\mathrm{T}})^{\mathrm{T}}\boldsymbol{A}^{\mathrm{T}}=\boldsymbol{AA}^{\mathrm{T}},$$

故 $\boldsymbol{A}^{\mathrm{T}}\boldsymbol{A}$ 与 $\boldsymbol{AA}^{\mathrm{T}}$ 均为对称矩阵.

4. 反对称矩阵

若 n 阶矩阵 $\boldsymbol{A}=(a_{ij})$ 满足 $\boldsymbol{A}^{\mathrm{T}}=-\boldsymbol{A}$，即 $a_{ij}=-a_{ji}(i,j=1,2,\cdots,n)$，则称 $\boldsymbol{A}$ 为 n 阶**反对称矩阵**. 易知反对称矩阵的主对角线元素全为零，即 $a_{ii}=0(i=1,2,\cdots,n)$.

5. 行阶梯形矩阵

一般地，称满足下列条件的矩阵为**行阶梯形矩阵**：

(1) 零行(元素全为零的行)位于矩阵的下方；

(2) 各非零行的首非零元(从左至右的第 1 个不为零的元素)的列标不小于行标.

其特点是：可画出一条阶梯线，线的下方全为 0；每个台阶只有一行，台阶数就是非零行的行数；阶梯线的竖线后的第 1 个元素为非零元，如

$$A=\begin{pmatrix}1&1&0&5&4\\0&0&1&0&-1\\0&0&0&3&-1\end{pmatrix},\quad B=\begin{pmatrix}1&1&1&6\\0&-2&0&9\\0&0&-1&0\\0&0&0&0\end{pmatrix}.$$

6. 行最简形矩阵

一般地，称满足下列条件的行阶梯形矩阵为**行最简形矩阵**：

(1) 各非零行的首非零元都是1；

(2) 每个首非零元所在列的其余元素都是零.

例如，

$$A=\begin{pmatrix}1&1&0&0&4\\0&0&1&0&-1\\0&0&0&1&3\end{pmatrix},\quad B=\begin{pmatrix}1&0&0&-2\\0&1&0&3\\0&0&1&1\\0&0&0&0\end{pmatrix}.$$

2.2 逆 矩 阵

矩阵有着许多与实数相似的运算，如2.1节介绍的加、减、乘等运算.本节主要研究矩阵中与实数的除法运算相类似的概念——逆矩阵.下面首先引进一个新概念.

定义 2.10 设方阵 $\boldsymbol{A}=(a_{ij})_{n\times n}$，则称矩阵

$$\boldsymbol{A}^*=\begin{pmatrix}A_{11}&A_{21}&\cdots&A_{n1}\\A_{12}&A_{22}&\cdots&A_{n2}\\\vdots&\vdots&&\vdots\\A_{1n}&A_{2n}&\cdots&A_{nn}\end{pmatrix}$$

为方阵 $\boldsymbol{A}$ 的**伴随矩阵**，简称**伴随阵**，其中 A_{ij} 为行列式 $|\boldsymbol{A}|$ 中 a_{ij} 的代数余子式.

定理 2.1 设 $\boldsymbol{A}^*$ 为 $\boldsymbol{A}$ 的伴随矩阵，则 $\boldsymbol{A}\boldsymbol{A}^*=\boldsymbol{A}^*\boldsymbol{A}=|\boldsymbol{A}|\boldsymbol{E}$.

证明 设 $\boldsymbol{A}=(a_{ij})$，记 $\boldsymbol{A}\boldsymbol{A}^*=(b_{ij})$，则

$$b_{ij}=a_{i1}A_{j1}+a_{i2}A_{j2}+\cdots+a_{in}A_{jn}=|\boldsymbol{A}|\delta_{ij},$$

其中

$$\delta_{ij}=\begin{cases}1, & 当\ i=j\ 时,\\0, & 当\ i\neq j\ 时,\end{cases}\quad i,j=1,2,\cdots,n,$$

故

$$AA^* = (|A|\delta_{ij}) = |A|E.$$

类似有

$$A^*A = \left(\sum_{k=1}^{n} A_{ki}a_{kj}\right) = (|A|\delta_{ij}) = |A|E,$$

即

$$AA^* = A^*A = |A|E.$$

定义 2.11 对于 n 阶矩阵 $\boldsymbol{A}$，如果存在一个 n 阶矩阵 $\boldsymbol{B}$，使得 $\boldsymbol{AB}=\boldsymbol{BA}=\boldsymbol{E}$，则称矩阵 $\boldsymbol{A}$ 是**可逆**的，并把 $\boldsymbol{B}$ 称为 $\boldsymbol{A}$ 的**逆矩阵**，记作 $\boldsymbol{B}=\boldsymbol{A}^{-1}$，否则称矩阵是**不可逆**的. 不可逆矩阵又称**奇异矩阵**，可逆矩阵又称**非奇异矩阵**.

显然 $\boldsymbol{AA}^{-1}=\boldsymbol{A}^{-1}\boldsymbol{A}=\boldsymbol{E}$，并且可以证明：**逆矩阵若存在则唯一**.

定理 2.2 方阵 $\boldsymbol{A}$ 可逆的充要条件是 $|\boldsymbol{A}|\neq 0$，且有 $\boldsymbol{A}^{-1}=\dfrac{1}{|\boldsymbol{A}|}\boldsymbol{A}^*$，其中 $\boldsymbol{A}^*$ 是 $\boldsymbol{A}$ 的伴随矩阵.

证明 充分性. 由于 $\boldsymbol{AA}^*=\boldsymbol{A}^*\boldsymbol{A}=|\boldsymbol{A}|\boldsymbol{E}$，故当 $|\boldsymbol{A}|\neq 0$ 时，有

$$A\left(\frac{1}{|A|}A^*\right) = \left(\frac{1}{|A|}A^*\right)A = E,$$

从而 $\boldsymbol{A}$ 可逆，且 $\boldsymbol{A}^{-1}=\dfrac{1}{|\boldsymbol{A}|}\boldsymbol{A}^*$.

必要性. 若 $\boldsymbol{A}$ 可逆，则 $\boldsymbol{AA}^{-1}=\boldsymbol{E}$，故 $|\boldsymbol{AA}^{-1}|=|\boldsymbol{E}|=1$，所以 $|\boldsymbol{A}|\neq 0$.

推论 2.1 若 $\boldsymbol{AB}=\boldsymbol{E}$（或 $\boldsymbol{BA}=\boldsymbol{E}$），则 $\boldsymbol{A}$ 可逆，且 $\boldsymbol{B}=\boldsymbol{A}^{-1}$.

证明 $|\boldsymbol{A}||\boldsymbol{B}|=|\boldsymbol{E}|=1$，故 $|\boldsymbol{A}|\neq 0$，因而 $\boldsymbol{A}^{-1}$ 存在，于是

$$B = EB = (A^{-1}A)B = A^{-1}(AB) = A^{-1}E = A^{-1}.$$

例 2.7 若 $\boldsymbol{A}$ 为 n 阶方阵，求证：$|\boldsymbol{A}^*|=|\boldsymbol{A}|^{n-1}$.

证明 (1) 若 $|\boldsymbol{A}|=0$，则断言 $|\boldsymbol{A}^*|=0$. 事实上，如果 $|\boldsymbol{A}^*|\neq 0$，则 $\boldsymbol{A}^*$ 可逆，且 $\boldsymbol{A}^*(\boldsymbol{A}^*)^{-1}=\boldsymbol{E}$，故 $\boldsymbol{A}=\boldsymbol{AA}^*(\boldsymbol{A}^*)^{-1}=|\boldsymbol{A}|\boldsymbol{E}(\boldsymbol{A}^*)^{-1}=\boldsymbol{O}$，从而 $\boldsymbol{A}^*=\boldsymbol{O}$. 与假设矛盾，即 $|\boldsymbol{A}^*|=0=|\boldsymbol{A}|^{n-1}$；

(2) 若 $|\boldsymbol{A}|\neq 0$，由 $\boldsymbol{AA}^*=|\boldsymbol{A}|\boldsymbol{E}$，得 $|\boldsymbol{AA}^*|=||\boldsymbol{A}|\boldsymbol{E}|=|\boldsymbol{A}|^n$，故 $|\boldsymbol{A}^*|=|\boldsymbol{A}|^{n-1}$.

性质 2.6 (1) 若 $\boldsymbol{A}$ 可逆，则 $\boldsymbol{A}^{-1}$ 也可逆，且 $(\boldsymbol{A}^{-1})^{-1}=\boldsymbol{A}$，$|\boldsymbol{A}^{-1}|=|\boldsymbol{A}|^{-1}=\dfrac{1}{|\boldsymbol{A}|}$；

(2) 若 $\boldsymbol{A}$ 可逆，数 $\lambda\neq 0$，则 $\lambda\boldsymbol{A}$ 可逆，且 $(\lambda\boldsymbol{A})^{-1}=\dfrac{1}{\lambda}\boldsymbol{A}^{-1}$；

(3) 若 $\boldsymbol{A}$、$\boldsymbol{B}$ 为同阶矩阵且均可逆，则 $\boldsymbol{AB}$ 也可逆，且 $(\boldsymbol{AB})^{-1}=\boldsymbol{B}^{-1}\boldsymbol{A}^{-1}$；

(4) 若 $\boldsymbol{A}$ 可逆，则其转置矩阵 $\boldsymbol{A}^{\mathrm{T}}$ 也可逆，且 $(\boldsymbol{A}^{\mathrm{T}})^{-1}=(\boldsymbol{A}^{-1})^{\mathrm{T}}$；

(5) 若 $\boldsymbol{A}$ 可逆，则其伴随矩阵 $\boldsymbol{A}^*$ 也可逆，且 $(\boldsymbol{A}^*)^{-1}=(\boldsymbol{A}^{-1})^*$.

(1)～(4) 利用可逆矩阵的定义易证,读者可在课后练习证明. 下面证(5).

证明 (5) 因 $\boldsymbol{A}$ 可逆,故 $|\boldsymbol{A}|\neq 0$,所以 $|\boldsymbol{A}^*|\neq 0$,从而 $\boldsymbol{A}^*$ 可逆.

一方面,由 $\boldsymbol{A}\boldsymbol{A}^*=|\boldsymbol{A}|\boldsymbol{E}$,得 $(\boldsymbol{A}^*)^{-1}=\dfrac{\boldsymbol{A}}{|\boldsymbol{A}|}$;另一方面,由 $\boldsymbol{A}^{-1}(\boldsymbol{A}^{-1})^*=|\boldsymbol{A}^{-1}|\boldsymbol{E}$,得 $(\boldsymbol{A}^{-1})^*=\dfrac{\boldsymbol{A}}{|\boldsymbol{A}|}$,从而 $(\boldsymbol{A}^*)^{-1}=(\boldsymbol{A}^{-1})^*$.

例 2.8 设 $\boldsymbol{A}=\begin{pmatrix} a & b \\ c & d \end{pmatrix}$,$ad-bc\neq 0$. 求 $\boldsymbol{A}^{-1}$.

解 因为 $|\boldsymbol{A}|=\begin{vmatrix} a & b \\ c & d \end{vmatrix}=ad-bc\neq 0$,从而 $\boldsymbol{A}$ 可逆,且

$$\boldsymbol{A}^{-1}=\frac{1}{|\boldsymbol{A}|}\boldsymbol{A}^*=\frac{1}{ad-bc}\begin{pmatrix} d & -b \\ -c & a \end{pmatrix}.$$

例 2.9 设 $\boldsymbol{A}=\mathrm{diag}(a_1,a_2,\cdots,a_n)$,其中 $a_i\neq 0(i=1,2,\cdots,n)$. 求证:

$$\boldsymbol{A}^{-1}=\mathrm{diag}\left(\frac{1}{a_1},\frac{1}{a_2},\cdots,\frac{1}{a_n}\right).$$

证明 因为 $|\boldsymbol{A}|=a_1a_2\cdots a_n\neq 0$,所以 $\boldsymbol{A}$ 可逆,又因

$$\begin{pmatrix} a_1 & & & \\ & a_2 & & \\ & & \ddots & \\ & & & a_n \end{pmatrix}\begin{pmatrix} \frac{1}{a_1} & & & \\ & \frac{1}{a_2} & & \\ & & \ddots & \\ & & & \frac{1}{a_n} \end{pmatrix}=\begin{pmatrix} 1 & & & \\ & 1 & & \\ & & \ddots & \\ & & & 1 \end{pmatrix}=\boldsymbol{E},$$

所以 $\boldsymbol{A}^{-1}=\mathrm{diag}\left(\dfrac{1}{a_1},\dfrac{1}{a_2},\cdots,\dfrac{1}{a_n}\right)$.

例 2.10 已知 $\boldsymbol{A}^2-3\boldsymbol{A}+2\boldsymbol{E}=\boldsymbol{O}$. 试证 $\boldsymbol{A}$ 和 $\boldsymbol{A}+\boldsymbol{E}$ 可逆,并求其逆矩阵.

证明 将已知等式化为 $\boldsymbol{A}(\boldsymbol{A}-3\boldsymbol{E})=-2\boldsymbol{E}$,即 $\boldsymbol{A}\left(\dfrac{3\boldsymbol{E}-\boldsymbol{A}}{2}\right)=\boldsymbol{E}$,从而 $\boldsymbol{A}$ 可逆,且

$$\boldsymbol{A}^{-1}=\frac{3\boldsymbol{E}-\boldsymbol{A}}{2}.$$

将已知等式化为 $(\boldsymbol{A}+\boldsymbol{E})(\boldsymbol{A}-4\boldsymbol{E})=-6\boldsymbol{E}$,即 $(\boldsymbol{A}+\boldsymbol{E})\left(\dfrac{4\boldsymbol{E}-\boldsymbol{A}}{6}\right)=\boldsymbol{E}$,从而 $\boldsymbol{A}+\boldsymbol{E}$ 可逆,且

$$(\boldsymbol{A}+\boldsymbol{E})^{-1}=\frac{4\boldsymbol{E}-\boldsymbol{A}}{6}.$$

对于线性方程组(2.1.1)，若 $\boldsymbol{A}$ 可逆，则线性方程组(2.1.1)有解.其解为 $\boldsymbol{x}=\boldsymbol{A}^{-1}\boldsymbol{b}$.

对于矩阵方程 $\boldsymbol{AX}=\boldsymbol{B}$，若 $\boldsymbol{A}$ 可逆，则 $\boldsymbol{X}=\boldsymbol{A}^{-1}\boldsymbol{B}$；同理，对矩阵方程 $\boldsymbol{XA}=\boldsymbol{B}$，若 $\boldsymbol{A}$ 可逆，则 $\boldsymbol{X}=\boldsymbol{BA}^{-1}$；对于矩阵方程 $\boldsymbol{AXB}=\boldsymbol{C}$，若 $\boldsymbol{A}$ 与 $\boldsymbol{B}$ 均可逆，则 $\boldsymbol{X}=\boldsymbol{A}^{-1}\boldsymbol{CB}^{-1}$.

例 2.11 解矩阵方程 $\boldsymbol{AX}=\boldsymbol{B}$，其中 $\boldsymbol{A}=\begin{pmatrix}1&-2\\-1&1\end{pmatrix}$，$\boldsymbol{B}=\begin{pmatrix}-1&0&2\\2&1&1\end{pmatrix}$.

解 矩阵 $\boldsymbol{A}$ 的行列式 $|\boldsymbol{A}|=\begin{vmatrix}1&-2\\-1&1\end{vmatrix}=-1\neq0$，所以 $\boldsymbol{A}$ 可逆，得 $\boldsymbol{A}^{-1}=\begin{pmatrix}-1&-2\\-1&-1\end{pmatrix}$，所以

$$\boldsymbol{X}=\boldsymbol{A}^{-1}\boldsymbol{B}=\begin{pmatrix}-1&-2\\-1&-1\end{pmatrix}\begin{pmatrix}-1&0&2\\2&1&1\end{pmatrix}=\begin{pmatrix}-3&-2&-4\\-1&-1&-3\end{pmatrix}.$$

考虑 2.1 节中的矩阵多项式，若 $\boldsymbol{\Lambda}=\operatorname{diag}(\lambda_1,\lambda_2,\cdots,\lambda_n)$，$\boldsymbol{A}=\boldsymbol{P\Lambda P}^{-1}$，则 $\boldsymbol{A}^m=\boldsymbol{P\Lambda}^m\boldsymbol{P}^{-1}$，且

$$\begin{aligned}f(\boldsymbol{A})&=a_0\boldsymbol{E}+a_1\boldsymbol{A}+\cdots+a_m\boldsymbol{A}^m\\&=a_0\boldsymbol{PEP}^{-1}+a_1\boldsymbol{P\Lambda P}^{-1}+\cdots+a_m\boldsymbol{P\Lambda}^m\boldsymbol{P}^{-1}\\&=\boldsymbol{P}(a_0\boldsymbol{E}+a_1\boldsymbol{\Lambda}+\cdots+a_m\boldsymbol{\Lambda}^m)\boldsymbol{P}^{-1}\\&=\boldsymbol{P}f(\boldsymbol{\Lambda})\boldsymbol{P}^{-1},\end{aligned}$$

即 $\boldsymbol{A}=\boldsymbol{P\Lambda P}^{-1}$ 时，$f(\boldsymbol{A})=\boldsymbol{P}f(\boldsymbol{\Lambda})\boldsymbol{P}^{-1}$.

例 2.12 设 $\boldsymbol{P}=\begin{pmatrix}1&2\\1&4\end{pmatrix}$，$\boldsymbol{\Lambda}=\begin{pmatrix}1&0\\0&2\end{pmatrix}$，$\boldsymbol{AP}=\boldsymbol{P\Lambda}$.求 $f(\boldsymbol{A})=\boldsymbol{A}^8(5\boldsymbol{E}-6\boldsymbol{A}+\boldsymbol{A}^2)$.

解 由题可设 $f(x)=x^8(5-6x+x^2)$，则 $f(1)=0$，$f(2)=-3\times2^8$.因为

$$|\boldsymbol{P}|=\begin{vmatrix}1&2\\1&4\end{vmatrix}=2\neq0,$$

所以 $\boldsymbol{P}$ 可逆，且

$$\boldsymbol{P}^{-1}=\frac{1}{2}\begin{pmatrix}4&-2\\-1&1\end{pmatrix}.$$

又由 $\boldsymbol{AP}=\boldsymbol{P\Lambda}$ 得 $\boldsymbol{A}=\boldsymbol{P\Lambda P}^{-1}$，从而 $\boldsymbol{A}^n=\boldsymbol{P\Lambda}^n\boldsymbol{P}^{-1}$，故

$$\begin{aligned}f(\boldsymbol{A})&=\boldsymbol{P}f(\boldsymbol{\Lambda})\boldsymbol{P}^{-1}=\boldsymbol{P}\begin{pmatrix}f(1)&0\\0&f(2)\end{pmatrix}\boldsymbol{P}^{-1}\\&=\begin{pmatrix}1&2\\1&4\end{pmatrix}\begin{pmatrix}0&0\\0&-3\times2^8\end{pmatrix}\frac{1}{2}\begin{pmatrix}4&-2\\-1&1\end{pmatrix}=3\times2^8\begin{pmatrix}1&-1\\2&-2\end{pmatrix}.\end{aligned}$$

2.3 矩阵的初等变换

矩阵的初等变换是矩阵的一种十分重要且常用的运算,几乎贯穿了矩阵运算的始终,用它来解线性方程组比用行列式解更具有普遍性.下面通过中学代数中解三元线性方程组的消元法来说明这一点.

例 2.13 用消元法解方程组

$$\begin{cases}2x_1-x_2+2x_3=4, & ①\\ x_1+x_2+2x_3=1, & ②\\ 4x_1+x_2+4x_3=2. & ③\end{cases}$$

解 原方程组 $\xrightarrow{①\leftrightarrow②}\begin{cases}x_1+x_2+2x_3=1, & ①\\ 2x_1-x_2+2x_3=4, & ②\\ 4x_1+x_2+4x_3=2, & ③\end{cases}$

$$\xrightarrow[③-4①]{②-2①}\begin{cases}x_1+x_2+2x_3=1, & ①\\ -3x_2-2x_3=2, & ②\\ -3x_2-4x_3=-2, & ③\end{cases}$$

$$\xrightarrow{③-②}\begin{cases}x_1+x_2+2x_3=1, & ①\\ -3x_2-2x_3=2, & ②\\ -2x_3=-4, & ③\end{cases}$$

$$\xrightarrow[①+③]{②-③}\begin{cases}x_1+x_2=-3, & ①\\ -3x_2=6, & ②\\ -2x_3=-4, & ③\end{cases}$$

$$\xrightarrow[③\times\left(-\frac{1}{2}\right)]{②\times\left(-\frac{1}{3}\right)}\begin{cases}x_1+x_2=-3, & ①\\ x_2=-2, & ②\\ x_3=2, & ③\end{cases}$$

$$\xrightarrow{①-②}\begin{cases}x_1=-1, & ①\\ x_2=-2, & ②\\ x_3=\ \ 2, & ③\end{cases}$$

由初等代数可知,以上各方程组同解,并得到解 $x_1=-1, x_2=-2, x_3=2$.同时,以上解方程组的过程本质上只是对方程组的系数矩阵及常数项作相应运算,未知量未参与运算.

2.3.1 矩阵的初等变换

定义 2.12 对矩阵的行(列)施以下述3种变换,称为矩阵的**初等行(列)变换**:

(1) 交换矩阵的 i,j 两行(列),记作 $r_i \leftrightarrow r_j$ ($c_i \leftrightarrow c_j$);

(2) 以非零数 k 乘以第 i 行(列),记作 $r_i \times k(k\neq 0)$ ($c_i \times k(k\neq 0)$);

(3) 第 j 行(列)的 k 倍加到第 i 行(列)上,记作 $r_i + kr_j (i\neq j)$ ($c_i + kc_j$).

矩阵的初等行变换与初等列变换统称为矩阵的**初等变换**.

不难发现,初等变换的逆变换仍是初等变换,且变换类型相同.例如,变换 $r_i \leftrightarrow r_j$ 的逆变换即为其本身;变换 $r_i \times k(k\neq 0)$ 的逆变换为 $r_i \times \frac{1}{k}(k\neq 0)$;变换 $r_i + kr_j$ 的逆变换为 $r_i + (-k)r_j$ 或 $r_i - kr_j$.

若矩阵 $\boldsymbol{A}$ 经过有限次初等行(列)变换变成矩阵 $\boldsymbol{B}$,就称矩阵 $\boldsymbol{A}$ 与 $\boldsymbol{B}$ **行(列)等价**,记作 $\boldsymbol{A} \overset{r}{\cong} \boldsymbol{B}$ ($\boldsymbol{A} \overset{c}{\cong} \boldsymbol{B}$).若矩阵 $\boldsymbol{A}$ 经过有限次初等变换变成矩阵 $\boldsymbol{B}$,就称矩阵 $\boldsymbol{A}$ 与 $\boldsymbol{B}$ **等价**,记作 $\boldsymbol{A} \cong \boldsymbol{B}$.

性质 2.7 (1) $\boldsymbol{A} \cong \boldsymbol{A}$(反身性);

(2) 若 $\boldsymbol{A} \cong \boldsymbol{B}$,则 $\boldsymbol{B} \cong \boldsymbol{A}$(对称性);

(3) 若 $\boldsymbol{A} \cong \boldsymbol{B}$,$\boldsymbol{B} \cong \boldsymbol{C}$,则 $\boldsymbol{A} \cong \boldsymbol{C}$(传递性).

因而例 2.13 中解方程组的过程又可以用矩阵的初等变换同步改写为

$$\boldsymbol{B} = (\boldsymbol{A}, \boldsymbol{b}) = \begin{pmatrix} 2 & -1 & 2 & 4 \\ 1 & 1 & 2 & 1 \\ 4 & 1 & 4 & 2 \end{pmatrix} \xrightarrow{r_1 \leftrightarrow r_2} \begin{pmatrix} 1 & 1 & 2 & 1 \\ 2 & -1 & 2 & 4 \\ 4 & 1 & 4 & 2 \end{pmatrix}$$

$$\xrightarrow[r_3 - 4r_1]{r_2 - 2r_1} \begin{pmatrix} 1 & 1 & 2 & 1 \\ 0 & -3 & -2 & 2 \\ 0 & -3 & -4 & -2 \end{pmatrix} \xrightarrow{r_3 - r_2} \begin{pmatrix} 1 & 1 & 2 & 1 \\ 0 & -3 & -2 & 2 \\ 0 & 0 & -2 & -4 \end{pmatrix} = \boldsymbol{B}_1$$

$$\xrightarrow[r_1 + r_3]{r_2 - r_3} \begin{pmatrix} 1 & 1 & 0 & -3 \\ 0 & -3 & 0 & 6 \\ 0 & 0 & -2 & -4 \end{pmatrix} = \boldsymbol{B}_2 \xrightarrow[r_3 \times \left(-\frac{1}{2}\right)]{r_2 \times \left(-\frac{1}{3}\right)} \begin{pmatrix} 1 & 1 & 0 & -3 \\ 0 & 1 & 0 & -2 \\ 0 & 0 & 1 & 2 \end{pmatrix} = \boldsymbol{B}_3$$

$$\xrightarrow{r_1 - r_2} \begin{pmatrix} 1 & 0 & 0 & -1 \\ 0 & 1 & 0 & -2 \\ 0 & 0 & 1 & 2 \end{pmatrix} = \boldsymbol{B}_4.$$

同解方程组为 $\begin{cases} x_1 = -1, \\ x_2 = -2, \\ x_3 = 2. \end{cases}$

称 $\boldsymbol{B} = (\boldsymbol{A}, \boldsymbol{b})$ 为该线性方程组的**增广矩阵**.利用 2.1 节中的特殊矩阵概念,可知 $\boldsymbol{B}_1 \sim \boldsymbol{B}_4$ 为行阶梯形矩阵,其中 $\boldsymbol{B}_4$ 为行最简形矩阵.显然任一非零矩阵经初等行变换均可化为行阶梯形矩阵,进而化为行最简形矩阵.今后在求解线性方程组时,常将增广矩阵用初等行变换化为行最简形矩阵,并作出判断求出解.具体方法及例子将在第 3 章中进一步学习.

对上面的行最简形矩阵 $\boldsymbol{B}_4$ 再施以初等列变换,得到如下矩阵

$$\boldsymbol{B}_4 \xrightarrow[\substack{c_4+2c_2\\ c_4-2c_3}]{c_4+c_1} \begin{pmatrix} 1 & 0 & 0 & 0 \\ 0 & 1 & 0 & 0 \\ 0 & 0 & 1 & 0 \end{pmatrix} = \boldsymbol{F},$$

称这样的矩阵 $\boldsymbol{F}$ 为 $\boldsymbol{B}=(\boldsymbol{A},\boldsymbol{b})$ 的**等价标准形**,其特征是左上角为单位阵,其余元素全为零.显然任一非零矩阵经有限次初等变换均可化为标准形矩阵.

初等变换在整个线性代数中是不可或缺的重要运算,在线性代数的许多理论方面有着广泛的应用.为探讨其应用,先不加证明地介绍一个最基本的定理.

定理 2.3 设 $\boldsymbol{A}$ 和 $\boldsymbol{B}$ 为 $m\times n$ 矩阵,则有

(1) $\boldsymbol{A}\overset{r}{\cong}\boldsymbol{B}\Leftrightarrow$存在 m 阶可逆矩阵 $\boldsymbol{P}$,使得 $\boldsymbol{PA}=\boldsymbol{B}$;

(2) $\boldsymbol{A}\overset{c}{\cong}\boldsymbol{B}\Leftrightarrow$存在 n 阶可逆矩阵 $\boldsymbol{Q}$,使得 $\boldsymbol{AQ}=\boldsymbol{B}$;

(3) $\boldsymbol{A}\cong\boldsymbol{B}\Leftrightarrow$存在 m 阶可逆矩阵 $\boldsymbol{P}$ 和 n 阶可逆矩阵 $\boldsymbol{Q}$,使得 $\boldsymbol{PAQ}=\boldsymbol{B}$.

推论 2.2 方阵 $\boldsymbol{A}$ 可逆$\Leftrightarrow\boldsymbol{A}\overset{r}{\cong}\boldsymbol{E}$.

证明 方阵 $\boldsymbol{A}$ 可逆$\Leftrightarrow$存在可逆方阵 $\boldsymbol{P}$,使得 $\boldsymbol{PA}=\boldsymbol{E}\Leftrightarrow\boldsymbol{A}\overset{r}{\cong}\boldsymbol{E}$.

2.3.2 初等变换的应用举例

设 $\boldsymbol{A}$ 为 n 阶可逆方阵,由定理 2.3 及推论 2.2 知,$\boldsymbol{A}_{n\times n}$ 可逆$\Leftrightarrow$存在 n 阶方阵 $\boldsymbol{P}$,使得 $\boldsymbol{PA}=\boldsymbol{E}\Leftrightarrow\begin{cases}\boldsymbol{PA}=\boldsymbol{E}\\ \boldsymbol{PE}=\boldsymbol{A}^{-1}\end{cases}\Leftrightarrow\boldsymbol{P}(\boldsymbol{A},\boldsymbol{E})=(\boldsymbol{E},\boldsymbol{A}^{-1})\Leftrightarrow(\boldsymbol{A},\boldsymbol{E})\xrightarrow{r}(\boldsymbol{E},\boldsymbol{A}^{-1})$, 即对 $n\times 2n$ 阶矩阵$(\boldsymbol{A},\boldsymbol{E})$施以初等行变换,当 $\boldsymbol{A}$ 化成 $\boldsymbol{E}$ 的同时,$(\boldsymbol{A},\boldsymbol{E})$中右侧的 $\boldsymbol{E}$ 就变成了要求的 $\boldsymbol{A}^{-1}$.

例 2.14 设 $\boldsymbol{A}=\begin{pmatrix} 1 & 2 & 3 \\ 2 & 1 & 2 \\ 1 & 3 & 4 \end{pmatrix}$,用初等变换法求 $\boldsymbol{A}^{-1}$.

解 $$(\boldsymbol{A},\boldsymbol{E})=\left(\begin{array}{ccc|ccc} 1 & 2 & 3 & 1 & 0 & 0 \\ 2 & 1 & 2 & 0 & 1 & 0 \\ 1 & 3 & 4 & 0 & 0 & 1 \end{array}\right)\xrightarrow[r_3-r_1]{r_2-2\times r_1}\left(\begin{array}{ccc|ccc} 1 & 2 & 3 & 1 & 0 & 0 \\ 0 & -3 & -4 & -2 & 1 & 0 \\ 0 & 1 & 1 & -1 & 0 & 1 \end{array}\right)$$

$$\xrightarrow{r_2\leftrightarrow r_3}\left(\begin{array}{ccc|ccc} 1 & 2 & 3 & 1 & 0 & 0 \\ 0 & 1 & 1 & -1 & 0 & 1 \\ 0 & -3 & -4 & -2 & 1 & 0 \end{array}\right)$$

$$\xrightarrow[r_3+3\times r_2]{r_1-2\times r_2}\left(\begin{array}{ccc|ccc} 1 & 0 & 1 & 3 & 0 & -2 \\ 0 & 1 & 1 & -1 & 0 & 1 \\ 0 & 0 & -1 & -5 & 1 & 3 \end{array}\right)$$

$$\xrightarrow[r_2+r_3]{r_1+r_3}\left(\begin{array}{ccc:ccc}1&0&0&-2&1&1\\0&1&0&-6&1&4\\0&0&-1&-5&1&3\end{array}\right)$$

$$\xrightarrow{r_3\times(-1)}\left(\begin{array}{ccc:ccc}1&0&0&-2&1&1\\0&1&0&-6&1&4\\0&0&1&5&-1&-3\end{array}\right),$$

所以 $\boldsymbol{A}^{-1}=\begin{pmatrix}-2&1&1\\-6&1&4\\5&-1&-3\end{pmatrix}$.

设矩阵方程 $\boldsymbol{A}_{n\times n}\boldsymbol{X}_{n\times s}=\boldsymbol{B}_{n\times s}$，其中 $\boldsymbol{A}$ 可逆，则解为 $\boldsymbol{X}=\boldsymbol{A}^{-1}\boldsymbol{B}$. 由于 $\boldsymbol{A}$ 可逆，故存在可逆阵 $\boldsymbol{P}$，使得 $\boldsymbol{PA}=\boldsymbol{E}$，由 $\boldsymbol{AX}=\boldsymbol{B}$ 得 $\boldsymbol{PAX}=\boldsymbol{PB}$，即 $\boldsymbol{X}=\boldsymbol{PB}$，联立得到

$$\begin{cases}\boldsymbol{PA}=\boldsymbol{E}\\\boldsymbol{PB}=\boldsymbol{X}\end{cases}\Leftrightarrow\boldsymbol{P}(\boldsymbol{A},\boldsymbol{B})=(\boldsymbol{E},\boldsymbol{X})\Leftrightarrow(\boldsymbol{A},\boldsymbol{B})\xrightarrow{r}(\boldsymbol{E},\boldsymbol{X}),$$

即对 $n\times(n+s)$ 阶矩阵 $(\boldsymbol{A},\boldsymbol{B})$ 施以初等行变换，当 $\boldsymbol{A}$ 化成 $\boldsymbol{E}$ 的同时，$(\boldsymbol{A},\boldsymbol{B})$ 中右侧的 $\boldsymbol{B}$ 就化成了解 $\boldsymbol{X}=\boldsymbol{A}^{-1}\boldsymbol{B}$.

例 2.15 设 $\boldsymbol{AX}=\boldsymbol{B}$，其中 $\boldsymbol{A}=\begin{pmatrix}1&0\\1&1\end{pmatrix}$，$\boldsymbol{B}=\begin{pmatrix}1&9&8\\-1&2&2\end{pmatrix}$，试求 $\boldsymbol{X}$.

解 因为 $|\boldsymbol{A}|=\begin{vmatrix}1&0\\1&1\end{vmatrix}=1\neq0$，所以 $\boldsymbol{A}$ 可逆，故 $\boldsymbol{X}=\boldsymbol{A}^{-1}\boldsymbol{B}$. 由

$$(\boldsymbol{A},\boldsymbol{B})=\left(\begin{array}{cc:ccc}1&0&1&9&8\\1&1&-1&2&2\end{array}\right)\xrightarrow{r_2-r_1}\left(\begin{array}{cc:ccc}1&0&1&9&8\\0&1&-2&-7&-6\end{array}\right),$$

可得

$$\boldsymbol{X}=\begin{pmatrix}1&9&8\\-2&-7&-6\end{pmatrix}.$$

类似地，对于矩阵方程 $\boldsymbol{X}\boldsymbol{A}_{n\times n}=\boldsymbol{B}$($\boldsymbol{A}$ 可逆)，两边求转置得 $\boldsymbol{A}^{\mathrm{T}}\boldsymbol{X}^{\mathrm{T}}=\boldsymbol{B}^{\mathrm{T}}$，用以上方法可知 $(\boldsymbol{A}^{\mathrm{T}},\boldsymbol{B}^{\mathrm{T}})\xrightarrow{r}(\boldsymbol{E},\boldsymbol{X}^{\mathrm{T}})$，求出 $\boldsymbol{X}^{\mathrm{T}}$ 后再求转置即得所求解 $\boldsymbol{X}$.

2.4 矩阵的秩

由 2.3 节知道，任何矩阵都可以通过初等变换化为标准型矩阵. 在同型矩阵中，标准型矩阵是元素最简化的矩阵，从化简得到的标准型可以将同型矩阵分类研究，判断哪些矩阵的标准型一样. 为研究这个问题，先来看矩阵的秩的概念. 矩阵的秩是第 3 章中用于判断向量组的线性相关性的重要指标.

定义 2.13 从 $m\times n$ 矩阵 $\boldsymbol{A}$ 中任取 k 行 k 列($k\leqslant\min(m,n)$),位于这些行列的相交处的元素保持原来相对位置不变所构成的 k 阶行列式称为矩阵 $\boldsymbol{A}$ 的 k **阶子式**. 显然 $\boldsymbol{A}$ 的 k 阶子式共有 $C_m^k C_n^k$ 个.

例如,设矩阵 $\boldsymbol{A}=\begin{pmatrix}1&2&3&4\\-1&0&2&1\\0&1&0&1\end{pmatrix}$,从 $\boldsymbol{A}$ 中取出第1、第2行,第1、第2列,则对应的二阶子式为 $\begin{vmatrix}1&2\\-1&0\end{vmatrix}$,其值等于2.

定义 2.14 如果矩阵 $\boldsymbol{A}$ 中不为零的子式最高为 r 阶,即存在 r 阶子式 D_r 不为零,而任何 $r+1$ 阶子式均为零,则称 D_r 为 $\boldsymbol{A}$ 的**最高阶非零子式**,称 r 为矩阵 $\boldsymbol{A}$ 的**秩**,记作 $R(\boldsymbol{A})=r$. 当 $\boldsymbol{A}=\boldsymbol{O}$ 时,规定 $R(\boldsymbol{A})=0$.

显然 $0\leqslant R(\boldsymbol{A}_{m\times n})\leqslant\min\{m,n\}$. 当 $R(\boldsymbol{A}_{m\times n})=m$ 时,称 $\boldsymbol{A}$ 为**行满秩矩阵**;当 $R(\boldsymbol{A}_{m\times n})=n$ 时,称 $\boldsymbol{A}$ 为**列满秩矩阵**;当 $R(\boldsymbol{A}_{n\times n})=n$ 时,称 $\boldsymbol{A}$ 为**满秩矩阵**;当 $R(\boldsymbol{A}_{n\times n})<n$ 时,称 $\boldsymbol{A}$ 为**降秩矩阵**.

性质 2.8 (1) 若矩阵 $\boldsymbol{A}$ 中有某个 s 阶子式不为0,则 $R(\boldsymbol{A})\geqslant s$;

(2) 若 $\boldsymbol{A}$ 中所有 t 阶子式全为0,则 $R(\boldsymbol{A})<t$;

(3) $R(\boldsymbol{A})=R(\boldsymbol{A}^{\mathrm{T}})$;

(4) $\boldsymbol{A}_{n\times n}$ 可逆 $\Leftrightarrow R(\boldsymbol{A})=n$.

例 2.16 标准型矩阵 $\boldsymbol{F}=\begin{pmatrix}\boldsymbol{E}_r&\boldsymbol{O}\\\boldsymbol{O}&\boldsymbol{O}\end{pmatrix}$ 中有一个 r 阶子式 $|\boldsymbol{E}_r|=1\neq0$,而所有的 $r+1$ 阶子式均为0,故 $R(\boldsymbol{F})=r$.

因此完全可以将秩相等的同型矩阵划归为一类加以研究.

例 2.17 求下列行阶梯形矩阵的秩:

$$\boldsymbol{A}=\begin{pmatrix}1&1&0&5&4\\0&0&1&0&-1\\0&0&0&3&-1\end{pmatrix},\quad \boldsymbol{B}=\begin{pmatrix}1&1&1&6\\0&-2&0&9\\0&0&-1&0\\0&0&0&0\end{pmatrix}.$$

解 易见 $\boldsymbol{A}$ 有一个三阶子式 $\begin{vmatrix}1&0&5\\0&1&0\\0&0&3\end{vmatrix}=3\neq0$,且 $\boldsymbol{A}$ 的最高阶子式是三阶子式,故 $R(\boldsymbol{A})=3$;而 $\boldsymbol{B}$ 有三阶子式 $\begin{vmatrix}1&1&1\\0&-2&0\\0&0&-1\end{vmatrix}=2\neq0$,其四阶子式只有一个,其值为0,故 $R(\boldsymbol{B})=3$.

注意到例 2.17 中的 $\boldsymbol{A},\boldsymbol{B}$ 都是行阶梯形矩阵，其非零行数都为 3. 由此不难得到如下结论：**行阶梯形矩阵的秩为其非零行的行数**.

一般而言，当 m,n 较大时，用定义计算 $R(\boldsymbol{A}_{m\times n})$ 计算量大. 基于下面的定理，本节将给出一个比较实用的方法.

定理 2.4 矩阵的初等变换不改变矩阵的秩，即若 $\boldsymbol{A}\cong\boldsymbol{B}$，则 $R(\boldsymbol{A})=R(\boldsymbol{B})$.

定理 2.4 表明初等变换是一种"保秩"运算，这是因为 3 种初等变换都不可能将现存于 $\boldsymbol{A}$ 中的 r 阶非零子式由非零变为零；同样也不可能将现存于 $\boldsymbol{A}$ 中为零的 $r+1$ 阶子式由零变为非零.

推论 2.3 若 $\boldsymbol{P},\boldsymbol{Q}$ 可逆，且 $\boldsymbol{PAQ}=\boldsymbol{B}$，则 $R(\boldsymbol{A})=R(\boldsymbol{B})$.

可见，对于一般矩阵 $\boldsymbol{A}$，要求其秩只需要将其经初等行变换化为行阶梯形矩阵，行阶梯形矩阵的非零行的行数即为 $R(\boldsymbol{A})$. 这是初等变换的又一应用.

例 2.18 求矩阵 $\boldsymbol{A}=\begin{pmatrix}1&-1&1&2\\2&3&3&2\\1&1&2&1\end{pmatrix}$的秩，并求 $\boldsymbol{A}$ 中一个最高阶非零子式.

解 化 $\boldsymbol{A}$ 为行阶梯形，即

$$\boldsymbol{A}=\begin{pmatrix}1&-1&1&2\\2&3&3&2\\1&1&2&1\end{pmatrix}\xrightarrow{r}\begin{pmatrix}1&-1&1&2\\0&1&-1&0\\0&0&3&-1\end{pmatrix},$$

故 $R(\boldsymbol{A})=3$，一个最高阶非零子式为 $D=\begin{vmatrix}1&-1&1\\2&3&3\\1&1&2\end{vmatrix}$.

例 2.19 设 $\boldsymbol{A}=\begin{pmatrix}1&-1&1&2\\3&\lambda&-1&2\\5&3&\mu&6\end{pmatrix}$，$R(\boldsymbol{A})=2$. 求 λ,μ 的值.

解 $$\boldsymbol{A}\xrightarrow[r_3-5r_1]{r_2-3r_1}\begin{pmatrix}1&-1&1&2\\0&\lambda+3&-4&-4\\0&8&\mu-5&-4\end{pmatrix}\xrightarrow{r_3-r_2}\begin{pmatrix}1&-1&1&2\\0&\lambda+3&-4&-4\\0&5-\lambda&\mu-1&0\end{pmatrix}.$$

因 $R(\boldsymbol{A})=2$，故 $\begin{cases}5-\lambda=0,\\ \mu-1=0,\end{cases}$ 从而得 $\begin{cases}\lambda=5,\\ \mu=1.\end{cases}$

性质 2.9 (1) $\max\{R(\boldsymbol{A}),R(\boldsymbol{B})\}\leqslant R(\boldsymbol{A},\boldsymbol{B})\leqslant R(\boldsymbol{A})+R(\boldsymbol{B})$；

(2) $R(\boldsymbol{A}+\boldsymbol{B})\leqslant R(\boldsymbol{A})+R(\boldsymbol{B})$；

(3) $R(\boldsymbol{AB})\leqslant\min\{R(\boldsymbol{A}),R(\boldsymbol{B})\}$；

(4) $\boldsymbol{A}_{m\times n}\boldsymbol{B}_{n\times s}=\boldsymbol{O}\Rightarrow R(\boldsymbol{A})+R(\boldsymbol{B})\leqslant n$.

例 2.20 设 $\boldsymbol{A}$ 为 $n\times n$ 矩阵，且 $\boldsymbol{A}^2=\boldsymbol{A}$. 证明 $R(\boldsymbol{A})+R(\boldsymbol{A}-\boldsymbol{E})=n$.

证明 因为 $\boldsymbol{A}^2=\boldsymbol{A}$，故 $\boldsymbol{A}(\boldsymbol{A}-\boldsymbol{E})=\boldsymbol{O}$，由性质 2.9 中的(4)得

$$R(\boldsymbol{A})+R(\boldsymbol{A}-\boldsymbol{E})\leqslant n,$$

又因 $\boldsymbol{A}+(\boldsymbol{E}-\boldsymbol{A})=\boldsymbol{E}$，由性质 2.9 中的(2)，有

$$R(\boldsymbol{A})+R(\boldsymbol{E}-\boldsymbol{A})\geqslant R(\boldsymbol{E})=n,$$

而 $R(\boldsymbol{A}-\boldsymbol{E})=R(\boldsymbol{E}-\boldsymbol{A})$，故有 $R(\boldsymbol{A})+R(\boldsymbol{A}-\boldsymbol{E})\geqslant n$，从而

$$R(\boldsymbol{A})+R(\boldsymbol{A}-\boldsymbol{E})=n.$$

2.5 分块矩阵

对于行数和列数较高的矩阵 $\boldsymbol{A}$，运算时常采用分块法，将大矩阵的运算化为小矩阵的运算；同时可以使原矩阵显得结构简单而清晰. 将矩阵 $\boldsymbol{A}$ 用若干条纵线和横线分成许多个小矩阵，每一个小矩阵称为 $\boldsymbol{A}$ 的子块，以子块为元素的形式上的矩阵称为**分块矩阵**. 同一矩阵根据不同的需要可以进行不同的分块. 分块取定后，同一行的子块有相同的行数，同一列的子块有相同的列数.

例 2.21 设 $\boldsymbol{A}=\begin{pmatrix}1&0&0&0\\0&2&3&0\\0&4&5&0\\0&0&0&6\end{pmatrix}$，将 $\boldsymbol{A}$ 的每一列看作一个小矩阵，即令

$$\boldsymbol{A}_1=\begin{pmatrix}1\\0\\0\\0\end{pmatrix},\quad \boldsymbol{A}_2=\begin{pmatrix}0\\2\\4\\0\end{pmatrix},\quad \boldsymbol{A}_3=\begin{pmatrix}0\\3\\5\\0\end{pmatrix},\quad \boldsymbol{A}_4=\begin{pmatrix}0\\0\\0\\6\end{pmatrix},$$

则 $\boldsymbol{A}$ 可记为 $\boldsymbol{A}=(\boldsymbol{A}_1,\boldsymbol{A}_2,\boldsymbol{A}_3,\boldsymbol{A}_4)$；而将 $\boldsymbol{A}$ 按照下图分块：

$$\boldsymbol{A}=\left(\begin{array}{c:cc:c}1&0&0&0\\\hdashline 0&2&3&0\\0&4&5&0\\\hdashline 0&0&0&6\end{array}\right),$$

令 $\boldsymbol{A}_{11}=(1)$，$\boldsymbol{A}_{22}=\begin{pmatrix}2&3\\4&5\end{pmatrix}$，$\boldsymbol{A}_{33}=(6)$，则 $\boldsymbol{A}$ 可简记为

$$\boldsymbol{A}=\begin{pmatrix}\boldsymbol{A}_{11}&&\\&\boldsymbol{A}_{22}&\\&&\boldsymbol{A}_{33}\end{pmatrix}.$$

分块矩阵也常出现在线性代数的实际应用中,因为这些记号简化了许多讨论,并使矩阵计算中的本质的结构显露出来.

例 2.22 当某一矩阵 $\boldsymbol{A}$ 出现在物理问题的数学模型中时.例如,电子网络、传输系统或大公司等,会很自然地把 $\boldsymbol{A}$ 看成一个分块矩阵.例如,若一个微型计算机电路板主要由 3 块超大规模的集成电路芯片组成,则这电路板的矩阵可以写成一般形式:

$$\boldsymbol{A}=\left(\begin{array}{c:c:c}\boldsymbol{A}_{11} & \boldsymbol{A}_{12} & \boldsymbol{A}_{13}\\ \hdashline \boldsymbol{A}_{21} & \boldsymbol{A}_{22} & \boldsymbol{A}_{23}\\ \hdashline \boldsymbol{A}_{31} & \boldsymbol{A}_{32} & \boldsymbol{A}_{33}\end{array}\right).$$

$\boldsymbol{A}$ 的"对角"线上的子矩阵,即 $\boldsymbol{A}_{11}$,$\boldsymbol{A}_{22}$ 和 $\boldsymbol{A}_{33}$ 是有关 3 块超大规模集成电路本身的矩阵,而其他子矩阵则与这 3 块芯片之间的相互联系有关.

2.5.1 分块矩阵的基本运算

分块矩阵的运算规则与普通的矩阵的运算规则类似.

1. 分块阵的加法

设分块阵 $\boldsymbol{A}_{m\times n}=(\boldsymbol{A}_{ij})_{s\times r}$,$\boldsymbol{B}_{m\times n}=(\boldsymbol{B}_{ij})_{s\times r}$,其中 $\boldsymbol{A}_{ij}$ 与 $\boldsymbol{B}_{ij}$ 是同型矩阵,则 $\boldsymbol{A}+\boldsymbol{B}=(\boldsymbol{A}_{ij}+\boldsymbol{B}_{ij})_{s\times r}$.

2. 分块阵的数乘

设分块阵 $\boldsymbol{A}_{m\times n}=(\boldsymbol{A}_{ij})_{s\times r}$,$\lambda$ 为数,那么 $\lambda\boldsymbol{A}=(\lambda\boldsymbol{A}_{ij})_{s\times r}$.

3. 分块阵的乘法

设 $\boldsymbol{A}_{m\times l}=(\boldsymbol{A}_{ij})_{r\times s}$,$\boldsymbol{B}_{l\times n}=(\boldsymbol{B}_{ij})_{s\times t}$,其中 $\boldsymbol{A}$ 的列的分法与 $\boldsymbol{B}$ 的行的分法一致,则

$$\begin{aligned}\boldsymbol{A}_{m\times l}\boldsymbol{B}_{l\times n}&=\begin{pmatrix}\boldsymbol{A}_{11} & \cdots & \boldsymbol{A}_{1s}\\ \vdots & & \vdots\\ \boldsymbol{A}_{r1} & \cdots & \boldsymbol{A}_{rs}\end{pmatrix}\begin{pmatrix}\boldsymbol{B}_{11} & \cdots & \boldsymbol{B}_{1t}\\ \vdots & & \vdots\\ \boldsymbol{B}_{s1} & \cdots & \boldsymbol{B}_{st}\end{pmatrix}\\ &=\boldsymbol{C}_{m\times n}=(\boldsymbol{C}_{ij})_{r\times t},\end{aligned}$$

其中 $\boldsymbol{C}_{ij}=\sum\limits_{k=1}^{s}\boldsymbol{A}_{ik}\boldsymbol{B}_{kj}\,(i=1,\cdots,r;j=1,\cdots,t)$,即 $\boldsymbol{C}_{ij}$ 由 $\boldsymbol{A}$ 的第 i 行子块和 $\boldsymbol{B}$ 的第 j 列子块相乘相加而成.

4. 分块阵的转置

设分块阵 $\boldsymbol{A}=\begin{pmatrix}\boldsymbol{A}_{11} & \cdots & \boldsymbol{A}_{1r}\\ \vdots & & \vdots\\ \boldsymbol{A}_{s1} & \cdots & \boldsymbol{A}_{sr}\end{pmatrix}$，则 $\boldsymbol{A}^{\mathrm{T}}=\begin{pmatrix}\boldsymbol{A}_{11}^{\mathrm{T}} & \cdots & \boldsymbol{A}_{s1}^{\mathrm{T}}\\ \vdots & & \vdots\\ \boldsymbol{A}_{1r}^{\mathrm{T}} & \cdots & \boldsymbol{A}_{sr}^{\mathrm{T}}\end{pmatrix}$.

例 2.23 设 $\boldsymbol{A}=\begin{pmatrix}1&2&1&0\\0&1&0&1\\0&0&2&1\\0&0&0&3\end{pmatrix}$，$\boldsymbol{B}=\begin{pmatrix}1&0&3&1\\0&1&2&-1\\0&0&-2&3\\0&0&0&-3\end{pmatrix}$，求 $\boldsymbol{AB}$.

解 $\boldsymbol{A}=\left(\begin{array}{cc:cc}1&2&1&0\\0&1&0&1\\\hdashline 0&0&2&1\\0&0&0&3\end{array}\right)\triangleq\begin{pmatrix}\boldsymbol{A}_1 & \boldsymbol{E}\\ \boldsymbol{O} & \boldsymbol{A}_2\end{pmatrix}$，　$\boldsymbol{B}=\left(\begin{array}{cc:cc}1&0&3&1\\0&1&2&-1\\\hdashline 0&0&-2&3\\0&0&0&-3\end{array}\right)\triangleq\begin{pmatrix}\boldsymbol{E} & \boldsymbol{B}_1\\ \boldsymbol{O} & \boldsymbol{B}_2\end{pmatrix}$，则

$$\boldsymbol{AB}=\begin{pmatrix}\boldsymbol{A}_1 & \boldsymbol{E}\\ \boldsymbol{O} & \boldsymbol{A}_2\end{pmatrix}\begin{pmatrix}\boldsymbol{E} & \boldsymbol{B}_1\\ \boldsymbol{O} & \boldsymbol{B}_2\end{pmatrix}=\begin{pmatrix}\boldsymbol{A}_1 & \boldsymbol{A}_1\boldsymbol{B}_1+\boldsymbol{B}_2\\ \boldsymbol{O} & \boldsymbol{A}_2\boldsymbol{B}_2\end{pmatrix},$$

而

$$\begin{aligned}\boldsymbol{A}_1\boldsymbol{B}_1+\boldsymbol{B}_2&=\begin{pmatrix}1&2\\0&1\end{pmatrix}\begin{pmatrix}3&1\\2&-1\end{pmatrix}+\begin{pmatrix}-2&3\\0&-3\end{pmatrix}\\&=\begin{pmatrix}7&-1\\2&-1\end{pmatrix}+\begin{pmatrix}-2&3\\0&-3\end{pmatrix}=\begin{pmatrix}5&2\\2&-4\end{pmatrix},\\ \boldsymbol{A}_2\boldsymbol{B}_2&=\begin{pmatrix}2&1\\0&3\end{pmatrix}\begin{pmatrix}-2&3\\0&-3\end{pmatrix}=\begin{pmatrix}-4&3\\0&-9\end{pmatrix},\end{aligned}$$

故

$$\boldsymbol{AB}=\begin{pmatrix}1&2&5&2\\0&1&2&-4\\0&0&-4&3\\0&0&0&-9\end{pmatrix}.$$

2.5.2 常用的分块阵

1. 按列分块

对于矩阵 $\boldsymbol{A}_{m\times n}$，在其列间引入虚线分块得到

$$\boldsymbol{A}=\left(\begin{array}{c:c:c}a_{11} & \cdots & a_{1n}\\ \vdots & & \vdots\\ a_{m1} & \cdots & a_{mn}\end{array}\right)\triangleq(\boldsymbol{\alpha}_1,\boldsymbol{\alpha}_2,\cdots,\boldsymbol{\alpha}_n),$$

其中 $\boldsymbol{\alpha}_j$ 是 $\boldsymbol{A}$ 的第 j 列，$\boldsymbol{\alpha}_j=(a_{1j},a_{2j},\cdots,a_{mj})^{\mathrm{T}}$.

2. 按行分块

对于矩阵 $\boldsymbol{A}_{m\times n}$，在其行间引入虚线分块得到

$$\boldsymbol{A}=\begin{pmatrix} a_{11} & \cdots & a_{1n} \\ \hdashline \vdots & & \vdots \\ \hdashline a_{m1} & \cdots & a_{mn} \end{pmatrix} \triangleq \begin{pmatrix} \boldsymbol{\alpha}_1^{\mathrm{T}} \\ \boldsymbol{\alpha}_2^{\mathrm{T}} \\ \vdots \\ \boldsymbol{\alpha}_m^{\mathrm{T}} \end{pmatrix},$$

其中 $\boldsymbol{\alpha}_i^{\mathrm{T}}$ 是 $\boldsymbol{A}$ 的第 i 行，$\boldsymbol{\alpha}_i^{\mathrm{T}}=(a_{i1},a_{i2},\cdots,a_{in})$.

3. 对角分块阵

设 n 阶方阵分块后形如

$$\boldsymbol{A}=\begin{pmatrix} \boldsymbol{A}_1 & & & \boldsymbol{O} \\ & \boldsymbol{A}_2 & & \\ & & \ddots & \\ \boldsymbol{O} & & & \boldsymbol{A}_s \end{pmatrix}=\mathrm{diag}(\boldsymbol{A}_1,\boldsymbol{A}_2,\cdots,\boldsymbol{A}_s),$$

即 $\boldsymbol{A}$ 的分块矩阵只有在主对角线上有非零子块方阵，其余子块都为零矩阵，且非零子块都是方块，则称 $\boldsymbol{A}$ 为**对角分块阵**. 对于对角分块阵 $\boldsymbol{A}$，易知

(1) $|\boldsymbol{A}|=|\boldsymbol{A}_1||\boldsymbol{A}_2|\cdots|\boldsymbol{A}_s|$；

(2) $\boldsymbol{A}$ 可逆$\Leftrightarrow|\boldsymbol{A}_i|\neq 0(i=1,2,\cdots,s)$，且 $\boldsymbol{A}^{-1}=\mathrm{diag}(\boldsymbol{A}_1^{-1},\boldsymbol{A}_2^{-1},\cdots,\boldsymbol{A}_s^{-1})$.

下面介绍其他分块矩阵的一些性质，证明留给读者课后练习.

(1) 分块矩阵 $\boldsymbol{A}=\begin{pmatrix} \boldsymbol{O} & \boldsymbol{A}_1 \\ \boldsymbol{A}_2 & \boldsymbol{O} \end{pmatrix}$可逆$\Leftrightarrow|\boldsymbol{A}_i|\neq 0(i=1,2)$，且

$$\boldsymbol{A}^{-1}=\begin{pmatrix} \boldsymbol{O} & \boldsymbol{A}_2^{-1} \\ \boldsymbol{A}_1^{-1} & \boldsymbol{O} \end{pmatrix}.$$

(2) 分块矩阵 $\boldsymbol{A}=\begin{pmatrix} \boldsymbol{B}_{s\times s} & \boldsymbol{D}_{s\times t} \\ \boldsymbol{O} & \boldsymbol{C}_{t\times t} \end{pmatrix}$可逆$\Leftrightarrow|\boldsymbol{B}|\neq 0,|\boldsymbol{C}|\neq 0$，且

$$\boldsymbol{A}^{-1}=\begin{pmatrix} \boldsymbol{B}^{-1} & -\boldsymbol{B}^{-1}\boldsymbol{D}\boldsymbol{C}^{-1} \\ \boldsymbol{O} & \boldsymbol{C}^{-1} \end{pmatrix}.$$

(3) 分块矩阵 $\boldsymbol{A}=\begin{pmatrix} \boldsymbol{B}_{s\times s} & \boldsymbol{O} \\ \boldsymbol{D}_{t\times s} & \boldsymbol{C}_{t\times t} \end{pmatrix}$可逆$\Leftrightarrow|\boldsymbol{B}|\neq 0,|\boldsymbol{C}|\neq 0$，且

$$\boldsymbol{A}^{-1}=\begin{pmatrix} \boldsymbol{B}^{-1} & \boldsymbol{O} \\ -\boldsymbol{C}^{-1}\boldsymbol{D}\boldsymbol{B}^{-1} & \boldsymbol{C}^{-1} \end{pmatrix}.$$

例 2.24　对于 n 元线性方程组 $\boldsymbol{A}_{m\times n}\boldsymbol{x}=\boldsymbol{b}$，

(1) 若按列分块 $\boldsymbol{A}=(\boldsymbol{\alpha}_1,\boldsymbol{\alpha}_2,\cdots,\boldsymbol{\alpha}_n)$，则 $\boldsymbol{A}\boldsymbol{x}=\boldsymbol{b}\Leftrightarrow x_1\boldsymbol{\alpha}_1+x_2\boldsymbol{\alpha}_2+\cdots+x_n\boldsymbol{\alpha}_n=\boldsymbol{b}$；

(2) 若按行分块 $\boldsymbol{A}=(\boldsymbol{\alpha}_1^{\mathrm{T}},\boldsymbol{\alpha}_2^{\mathrm{T}},\cdots,\boldsymbol{\alpha}_m^{\mathrm{T}})^{\mathrm{T}}$，则 $\boldsymbol{A}\boldsymbol{x}=\boldsymbol{b}\Leftrightarrow\boldsymbol{\alpha}_i^{\mathrm{T}}\boldsymbol{x}=b_i(i=1,2,\cdots,m)$.

例 2.25　设 $\boldsymbol{A}=\begin{pmatrix}2&3&0&0\\4&5&0&0\\0&0&1&-1\\0&0&2&1\end{pmatrix}$. 计算 $|\boldsymbol{A}|$ 及 $|\boldsymbol{A}^3|$.

解　令 $\boldsymbol{A}=\left(\begin{array}{cc:cc}2&3&0&0\\4&5&0&0\\\hdashline 0&0&1&-1\\0&0&2&1\end{array}\right)\triangleq\begin{pmatrix}\boldsymbol{A}_1&\boldsymbol{O}\\\boldsymbol{O}&\boldsymbol{A}_2\end{pmatrix}$，其中

$$\boldsymbol{A}_1=\begin{pmatrix}2&3\\4&5\end{pmatrix},\quad \boldsymbol{A}_2=\begin{pmatrix}1&-1\\2&1\end{pmatrix},$$

则

$$|\boldsymbol{A}|=|\boldsymbol{A}_1||\boldsymbol{A}_2|=\begin{vmatrix}2&3\\4&5\end{vmatrix}\begin{vmatrix}1&-1\\2&1\end{vmatrix}=(-2)\cdot 3=-6.$$

从而

$$|\boldsymbol{A}^3|=|\boldsymbol{A}|^3=(-6)^3=-216.$$

例 2.26　设 $\boldsymbol{A}=\begin{pmatrix}3&2&0\\2&1&0\\0&0&4\end{pmatrix}$. 求 $\boldsymbol{A}^{-1}$.

解　令 $\boldsymbol{A}=\left(\begin{array}{cc:c}3&2&0\\2&1&0\\\hdashline 0&0&4\end{array}\right)\triangleq\begin{pmatrix}\boldsymbol{A}_1&\boldsymbol{0}\\\boldsymbol{0}&\boldsymbol{A}_2\end{pmatrix}$，其中 $\boldsymbol{A}_1=\begin{pmatrix}3&2\\2&1\end{pmatrix}$，$\boldsymbol{A}_2=(4)$. 由于

$$\boldsymbol{A}_1^{-1}=\begin{pmatrix}-1&2\\2&-3\end{pmatrix},\quad \boldsymbol{A}_2^{-1}=\left(\frac{1}{4}\right),$$

故

$$\boldsymbol{A}^{-1}=\begin{pmatrix}-1&2&0\\2&-3&0\\0&0&\frac{1}{4}\end{pmatrix}.$$

*2.6 应用举例

2.6.1 矩阵在经济与管理中的应用

例 2.27 某股份公司生产 4 种产品，各类产品在生产过程中的生产成本以及在各季度的产量分别由表 2.1 和表 2.2 给出. 在年度股东大会上，公司准备一个单一的表向股东们介绍所有产品在各个季度的各项生产成本，各个季度的总成本，以及全年各项的总成本. 此表应如何制作?

表 2.1

消耗＼产品	A	B	C	D
原材料	0.5	0.8	0.7	0.65
劳动力	0.8	1.05	0.9	0.85
经营管理	0.3	0.6	0.7	0.5

表 2.2

产品＼季度	春	夏	秋	冬
A	9000	10500	1100	8500
B	6500	6000	5500	7000
C	10500	9500	9500	10000
D	8500	9500	9000	8500

解 将表 2.1 和表 2.2 写成矩阵形式

$$\boldsymbol{M}=\begin{pmatrix}0.5 & 0.8 & 0.7 & 0.65\\ 0.8 & 1.05 & 0.9 & 0.85\\ 0.3 & 0.6 & 0.7 & 0.5\end{pmatrix},\quad \boldsymbol{N}=\begin{pmatrix}9000 & 10500 & 1100 & 8500\\ 6500 & 6000 & 5500 & 7000\\ 10500 & 9500 & 9500 & 10000\\ 8500 & 9500 & 9000 & 8500\end{pmatrix},$$

因而

$$\boldsymbol{MN}=\begin{pmatrix}22575 & 22875 & 17450 & 22375\\ 30700 & 31325 & 22855 & 30375\\ 18200 & 18150 & 14780 & 18000\end{pmatrix}.$$

利用矩阵乘积 $\boldsymbol{MN}$ 可制成如下表 2.3.

表 2.3

消耗	春	夏	秋	冬	全年
原材料	22575	22875	17450	22375	85275
劳动力	30700	31325	22855	30375	115255
经营管理	18200	18150	14780	18000	69130
总成本	71475	72350	55085	70750	269660

例 2.28 某城镇有 100000 人具有法定的工作年龄. 目前有 80000 人找到了工作,其余 20000 人失业,每年有工作的人中的 10%将失去工作而失业人口中的 60%将找到工作. 假定该镇的工作适龄人口在若干年内保持不变,问 3 年后该镇工作适龄人口中有多少人失业?

解 令 x_n, y_n 表示该镇 n 年后就业和失业人口数,从而得到方程组

$$\begin{cases} x_{n+1} = 0.9x_n + 0.6y_n, \\ y_{n+1} = 0.1x_n + 0.4y_n. \end{cases}$$

记 $\boldsymbol{z}_n = \begin{pmatrix} x_n \\ y_n \end{pmatrix}$, $\boldsymbol{A} = \begin{pmatrix} 0.9 & 0.6 \\ 0.1 & 0.4 \end{pmatrix}$,则 $\boldsymbol{z}_{n+1} = \boldsymbol{A}\boldsymbol{z}_n$,从而

$$\boldsymbol{z}_3 = \boldsymbol{A}\boldsymbol{z}_2 = \boldsymbol{A}(\boldsymbol{A}\boldsymbol{z}_1) = \boldsymbol{A}^2\boldsymbol{z}_1 = \boldsymbol{A}^3\boldsymbol{z}_0,$$

又因 $\boldsymbol{z}_0 = \begin{pmatrix} 80000 \\ 20000 \end{pmatrix}$, $\boldsymbol{A}^3 = \begin{pmatrix} 0.9 & 0.6 \\ 0.1 & 0.4 \end{pmatrix}^3 = \begin{pmatrix} 0.861 & 0.834 \\ 0.139 & 0.166 \end{pmatrix}$,故

$$\boldsymbol{z}_3 = \begin{pmatrix} 0.861 & 0.834 \\ 0.139 & 0.166 \end{pmatrix} \begin{pmatrix} 80000 \\ 20000 \end{pmatrix} = \begin{pmatrix} 85560 \\ 14440 \end{pmatrix},$$

即 3 年后的失业人口将达到 14440.

2.6.2 矩阵在密码加密问题中的应用

例 2.29 在英文中有一种对信息进行保密的措施,即把信息中的英文字母用一个整数来表示,然后传送这组整数. 例如,使用代码可将 26 个字母 $a, b, \cdots, y, z$ 依次对应数字 $1, 2, \cdots, 25, 26$,即

$$a \rightarrow 1, b \rightarrow 2, c \rightarrow 3, \cdots, z \rightarrow 26.$$

若要发出信息 action,则此信息编码为 1,3,20,9,15,14.

但是,这种密码容易被破译,因为人们可以从信息中数字出现的频率估计出它所代表的字母. 现在利用矩阵乘法可对信息进一步加密,情报接收者再根据逆矩阵解密,便得到原加密信息的明码信息.

任选可逆矩阵,如

$$\boldsymbol{A}=\begin{pmatrix}1&2&3\\1&1&2\\0&1&2\end{pmatrix},$$

易知

$$\boldsymbol{A}^{-1}=\begin{pmatrix}0&1&-1\\2&-2&-1\\-1&1&1\end{pmatrix}.$$

发出信息 action:1,3,20,9,15,14.

加密:

$$\boldsymbol{A}\begin{pmatrix}1\\3\\20\end{pmatrix}=\begin{pmatrix}67\\44\\43\end{pmatrix},\quad \boldsymbol{A}\begin{pmatrix}9\\15\\14\end{pmatrix}=\begin{pmatrix}81\\52\\43\end{pmatrix}.$$

发出/接收密码:67,44,43,81,52,43.

解密:

$$\boldsymbol{A}^{-1}\begin{pmatrix}67\\44\\43\end{pmatrix}=\begin{pmatrix}1\\3\\20\end{pmatrix},\quad \boldsymbol{A}^{-1}\begin{pmatrix}81\\52\\43\end{pmatrix}=\begin{pmatrix}9\\15\\14\end{pmatrix}.$$

明码:1,3,20,9,15,14 表示 action.

可见,经过上述加密,原信息就难以按照其出现的频率来破译了.

2.6.3 矩阵在城市交通中的应用

例 2.30 某航空公司在 1,2,3,4 四城市之间开辟了若干航线.图 2.1 表示了四个城市间的航班图,如果从 1 到 2 有航班,则用带箭头的线连接 1 与 2.则可得到反映了四城市间交通联接情况的矩阵

$$\boldsymbol{A}=(a_{ij})_{4\times4}=\begin{pmatrix}0&1&1&0\\0&0&1&0\\1&0&0&1\\0&1&0&0\end{pmatrix},$$

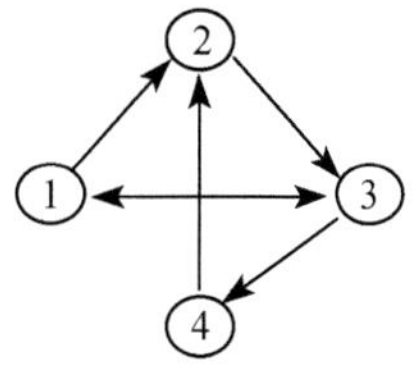

图 2.1

其中

$$a_{ij}=\begin{cases}1, & \text{从 } i \text{ 城市到 } j \text{ 城市有航班},\\0, & \text{从 } i \text{ 城市到 } j \text{ 城市无航班}.\end{cases}$$

常称图 2.1 对应的矩阵 $\mathbf{A}$ 为邻接矩阵. 问 1 城市到 4 城市可否经过飞机到达？

解　记 $\mathbf{A}^2=(b_{ij})$，则 b_{ij} 表示从 i 城市经一次中转到达 j 城市的单向航线条数.

$$\mathbf{A}^2=\begin{pmatrix}1&0&1&1\\1&0&0&1\\0&2&1&0\\0&0&1&0\end{pmatrix}.$$

显然，$a_{14}=0$，故 1 城市到 4 城市没有直飞航班；但 $b_{14}=1$，即从 1 城市经过一次中转到达到 4 城市的单向航线有 1 条.

阅读小资料

矩阵这个概念是从解线性方程组中产生的. 我国现存的最古老的数学书《九章算术》中，就有一个线性方程组的例子：

$$\begin{cases}3x+2y+z=39,\\2x+3y+z=34,\\x+2y+3z=26.\end{cases}$$

为了使用加减消去法解方程，古人把系数排成如图 2.2 所示的方形. 并称这种矩形的数表为“方程”或“方阵”，其意思与矩阵相仿.

矩阵的现代概念在 19 世纪逐渐形成. 1801 年，德国数学家高斯(F. Gauss，1777～1855)把一个线性变换的全部系数作为一个整体. 1844 年，德国数学家艾森斯坦(F. Eisenstein，1823～1852)讨论了“变换”(矩阵)及其乘积. 1850 年，英国数学家西尔维斯特(J. J. Sylvester，1814～1897)(图 2.3)首先使用了“矩阵”一词，他用矩阵来称呼由线性方程组的系数所排列起来的长方形表.

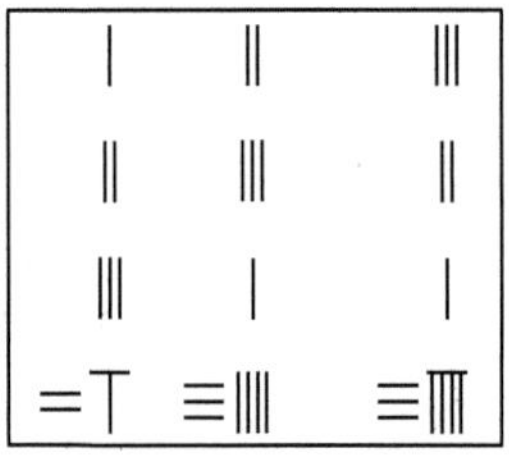

图 2.2

图 2.3　西尔维斯特

1858 年，英国数学家凯莱(A. Cayley，1821～1895)(图 2.4)发表了《关于矩阵理论的研究报告》. 他首先将矩阵作为一个独立的数学对象加以研究，并在这个主题上首先发表了一系列文章，因而被认为是矩阵论的创立者. 他给出了现在通用的一系列定义，如两个矩阵的相等、零矩阵、单位矩阵、两个矩阵的和、一个数与一个矩阵的数量积、两个矩阵的积、矩阵的逆、转置矩阵等. 凯莱注意到矩阵乘法是可结合的，但一般不可交换，而且 $m\times n$ 矩阵只能用 $n\times p$ 矩阵去右乘.

1854 年，法国数学家埃尔米特(C. Hermite，1822～1901)(图 2.5)使用了“正交矩阵”这一术语，但它的正式定义直到 1878 年才由德国数学家弗罗贝尼乌斯(F. G. Frobenius，1849～1917)发表. 1879 年，费罗贝尼乌斯引入了矩阵的秩的概念.

图 2.4 凯莱

图 2.5 埃尔米特

至此，矩阵的体系基本上建立起来了.

习 题 2

(A)

1. 已知 $\boldsymbol{A}=\begin{pmatrix}-1&2&3&1\\0&3&-2&1\\4&0&3&2\end{pmatrix}$，$\boldsymbol{B}=\begin{pmatrix}4&3&2&-1\\5&-3&0&1\\1&2&-5&0\end{pmatrix}$. 求 $3\boldsymbol{A}-2\boldsymbol{B}$.

2. 计算下列矩阵乘积：

(1) $\begin{pmatrix}1&2\\3&4\end{pmatrix}\begin{pmatrix}1&-1\\1&2\end{pmatrix}$；　　(2) $\begin{pmatrix}3&1&1\\2&1&2\end{pmatrix}\begin{pmatrix}-1&1&1\\1&2&-1\\1&1&0\end{pmatrix}$.

3. 已知 $\boldsymbol{X}=(1,2,3)$，$\boldsymbol{Y}=(1,-1,2)$，$\boldsymbol{A}=\boldsymbol{X}^{\mathrm{T}}\boldsymbol{Y}$，$\boldsymbol{B}=\boldsymbol{Y}\boldsymbol{X}^{\mathrm{T}}$. 求 $\boldsymbol{A}$，$\boldsymbol{B}$，$\boldsymbol{A}^4$.

4. 若 $\boldsymbol{A}=\begin{pmatrix}2&3\\1&-2\\3&1\end{pmatrix}$，$\boldsymbol{B}=\begin{pmatrix}1&-2&-3\\2&-1&0\end{pmatrix}$. 求 $\boldsymbol{AB}$ 及 $(\boldsymbol{AB})^{\mathrm{T}}$.

5. (1) 设 $\boldsymbol{A}=\begin{pmatrix}\lambda&1&0\\0&\lambda&1\\0&0&\lambda\end{pmatrix}$. 求 $\boldsymbol{A}^3$；

(2) 设 $\boldsymbol{A}=\begin{pmatrix}1&0&1\\0&2&0\\0&0&1\end{pmatrix}$. 求 $\boldsymbol{A}^k(k=2,3,\cdots)$.

6. 设 $\boldsymbol{A}$ 与 $\boldsymbol{B}$ 均为 n 阶对称矩阵. 证明: $\boldsymbol{AB}+\boldsymbol{BA}$ 是 n 阶对称矩阵.

7. 设 $\boldsymbol{A}$ 与 $\boldsymbol{B}$ 是两个 n 阶反对称矩阵. 证明: 当且仅当 $\boldsymbol{AB}=-\boldsymbol{BA}$ 时, $\boldsymbol{AB}$ 是反对称矩阵.

8. 设列矩阵 $\boldsymbol{X}=(x_1,x_2,\cdots,x_n)$ 满足 $\boldsymbol{X}^{\mathrm{T}}\boldsymbol{X}=1$, $\boldsymbol{H}=\boldsymbol{E}-2\boldsymbol{X}\boldsymbol{X}^{\mathrm{T}}$. 证明: $\boldsymbol{H}$ 是对称矩阵, 且 $\boldsymbol{H}\boldsymbol{H}^{\mathrm{T}}=\boldsymbol{E}$.

9. 将矩阵 $\boldsymbol{A}=\begin{pmatrix}2&1&2&3\\4&1&3&5\\2&0&1&2\end{pmatrix}$ 化为标准形.

10. 已知 $\boldsymbol{A}=\begin{pmatrix}1/2&-\sqrt{3}/2\\\sqrt{3}/2&1/2\end{pmatrix}$, 且 $\boldsymbol{A}^6=\boldsymbol{E}$. 求 $\boldsymbol{A}^{11}$.

11. 求下列矩阵的逆矩阵:

(1) $\boldsymbol{A}=\begin{pmatrix}1&1&-1\\1&2&-3\\0&1&1\end{pmatrix}$;

(2) $\boldsymbol{A}=\begin{pmatrix}0&&&a_1\\&&a_2&\\&\iddots&&\\a_n&&&0\end{pmatrix}$, $a_i\neq 0$, $i=1,2,\cdots,n$.

12. 设 $\boldsymbol{A}$ 为 3 阶方阵, 且 $|\boldsymbol{A}|=\dfrac{1}{2}$. 求 $|4\boldsymbol{A}^{-1}-3\boldsymbol{A}^*|$.

13. 利用逆矩阵解线性方程组 $\begin{cases}2x_1-x_2+3x_3=1,\\4x_1+2x_2+5x_3=4,\\2x_1+2x_3=6.\end{cases}$

14. 解下列矩阵方程:

(1) $\begin{pmatrix}2&1\\1&2\end{pmatrix}\boldsymbol{X}=\begin{pmatrix}1&2\\-1&4\end{pmatrix}$;

(2) $\begin{pmatrix}1&2&3\\2&2&1\\3&4&3\end{pmatrix}\boldsymbol{X}\begin{pmatrix}2&1\\5&3\end{pmatrix}=\begin{pmatrix}1&3\\2&0\\3&1\end{pmatrix}$.

15. (1) 求解矩阵方程 $\boldsymbol{AX}=\boldsymbol{A}+\boldsymbol{X}$, 其中 $\boldsymbol{A}=\begin{pmatrix}2&2&0\\2&1&3\\0&1&0\end{pmatrix}$;

(2) 求解矩阵方程 $\boldsymbol{XA}=\boldsymbol{A}+2\boldsymbol{X}$, 其中 $\boldsymbol{A}=\begin{pmatrix}4&2&3\\1&1&0\\-1&2&3\end{pmatrix}$;

(3) 设矩阵 $\boldsymbol{A}=\begin{pmatrix}3&0&0\\0&1&-1\\0&1&4\end{pmatrix}$, $\boldsymbol{B}=\begin{pmatrix}3&6\\1&1\\2&-3\end{pmatrix}$, 且满足 $\boldsymbol{AX}=2\boldsymbol{X}+\boldsymbol{B}$. 求矩阵 $\boldsymbol{X}$.

16. (1) 设三阶方阵 $\boldsymbol{A},\boldsymbol{B}$ 满足关系：$\boldsymbol{A}^{-1}\boldsymbol{B}\boldsymbol{A}=6\boldsymbol{A}+\boldsymbol{B}\boldsymbol{A}$，且 $\boldsymbol{A}=\mathrm{diag}\left(\frac{1}{2},\frac{1}{4},\frac{1}{7}\right)$. 求 $\boldsymbol{B}$；

(2) 设方阵 $\boldsymbol{A},\boldsymbol{B}$ 满足 $\boldsymbol{A}^*\boldsymbol{B}\boldsymbol{A}=2\boldsymbol{B}\boldsymbol{A}-8\boldsymbol{E}$，其中 $\boldsymbol{A}=\mathrm{diag}(1,-2,1)$. 求矩阵 $\boldsymbol{B}$；

(3) 设 $\boldsymbol{A}=\begin{pmatrix}1&1&-1\\-1&1&1\\1&-1&1\end{pmatrix}$ 满足 $\boldsymbol{A}^*\boldsymbol{X}=\boldsymbol{A}^{-1}+2\boldsymbol{X}$. 求 $\boldsymbol{X}$.

17. (1) 设 $\boldsymbol{A}_{n\times n}$ 满足 $\boldsymbol{A}^2-2\boldsymbol{A}-4\boldsymbol{E}=\boldsymbol{O}$. 求证：$\boldsymbol{A}$ 及 $2\boldsymbol{A}-\boldsymbol{E}$ 可逆并求其逆；

(2) 已知 n 阶方阵 $\boldsymbol{A}$ 满足 $\boldsymbol{A}^3-2\boldsymbol{A}+\boldsymbol{E}=\boldsymbol{O}$，试用 $\boldsymbol{A}$ 和 $\boldsymbol{E}$ 的表达式表示 $(\boldsymbol{A}+\boldsymbol{E})^{-1}$.

18. 设 n 阶方阵 $\boldsymbol{A}$ 及 $\boldsymbol{A}+\boldsymbol{E}$ 均可逆. 求证：$\boldsymbol{B}=\boldsymbol{E}-(\boldsymbol{A}+\boldsymbol{E})^{-1}$ 也可逆，并求其逆矩阵.

19. $\boldsymbol{A},\boldsymbol{B}$ 均为 n 阶矩阵，且 $\boldsymbol{A},\boldsymbol{B},\boldsymbol{A}+\boldsymbol{B}$ 均可逆. 证明：$(\boldsymbol{A}^{-1}+\boldsymbol{B}^{-1})^{-1}=\boldsymbol{B}(\boldsymbol{A}+\boldsymbol{B})^{-1}\boldsymbol{A}$.

20. 求下列矩阵的秩，并求一个最高非零子式：

(1) $\boldsymbol{A}=\begin{pmatrix}1&1&0&0\\1&0&1&1\\2&-1&3&3\end{pmatrix}$；　　(2) $\boldsymbol{B}=\begin{pmatrix}1&0&1&0\\2&1&-1&-3\\1&0&-3&-1\\0&2&-6&3\end{pmatrix}$.

21. 求 λ 的值，使矩阵 $\boldsymbol{A}$ 有最小的秩：$\boldsymbol{A}=\begin{pmatrix}3&1&1&4\\\lambda&4&10&1\\1&7&17&3\\2&2&5&3\end{pmatrix}$.

22. 设 $\boldsymbol{A}$ 为 n 阶矩阵. 证明：$R(\boldsymbol{A}+\boldsymbol{E})+R(\boldsymbol{A}-\boldsymbol{E})\geqslant n$.

23. 设 $\boldsymbol{P}=\begin{pmatrix}1&2\\1&4\end{pmatrix}$，$\boldsymbol{\Lambda}=\begin{pmatrix}1&0\\0&2\end{pmatrix}$，$\boldsymbol{A}\boldsymbol{P}=\boldsymbol{P}\boldsymbol{\Lambda}$. 求：

(1) $\boldsymbol{A}^n$；

(2) $f(\boldsymbol{A})=5\boldsymbol{A}^2-6\boldsymbol{A}^3+\boldsymbol{A}^4$.

24. 设 $\boldsymbol{A}_{m\times m}$ 与 $\boldsymbol{B}_{n\times n}$ 都可逆，$\boldsymbol{C}$ 为 $n\times m$ 矩阵，$\boldsymbol{M}=\begin{pmatrix}\boldsymbol{A}&\boldsymbol{O}\\\boldsymbol{C}&\boldsymbol{B}\end{pmatrix}$. 求 $\boldsymbol{M}^{-1}$，并用此结论计算 $\boldsymbol{A}=\begin{pmatrix}2&0&0\\2&-1&0\\1&2&1\end{pmatrix}$ 的逆矩阵.

(B)

1. 填空题.

(1) 若 $\boldsymbol{A}$ 为 2009 阶矩阵，且满足 $\boldsymbol{A}^{\mathrm{T}}=-\boldsymbol{A}$，则 $|\boldsymbol{A}|=$________.

(2) 设 4×4 矩阵 $\boldsymbol{A}=(\boldsymbol{\alpha},\boldsymbol{\gamma}_2,\boldsymbol{\gamma}_3,\boldsymbol{\gamma}_4)$，$\boldsymbol{B}=(\boldsymbol{\beta},\boldsymbol{\gamma}_2,\boldsymbol{\gamma}_3,\boldsymbol{\gamma}_4)$，其中 $\boldsymbol{\alpha},\boldsymbol{\beta},\boldsymbol{\gamma}_2,\boldsymbol{\gamma}_3,\boldsymbol{\gamma}_4$ 均为四维列向量，且已知行列式 $|\boldsymbol{A}|=4$，$|\boldsymbol{B}|=1$，则 $|\boldsymbol{A}+\boldsymbol{B}|=$________.

(3) 设 $\boldsymbol{A}$ 为 3 阶矩阵，且满足 $|\boldsymbol{A}|=2$，则 $|\boldsymbol{A}^{-1}|=$________，$|-2\boldsymbol{A}^2|=$________，$|\boldsymbol{A}^*|=$________，$|(\boldsymbol{A}^*)^*|=$________.

(4) 设 $\boldsymbol{A}=(a_{ij})_{s\times n}$ 与 $\boldsymbol{B}=\begin{pmatrix}\boldsymbol{E}_r&\boldsymbol{O}\\\boldsymbol{O}&\boldsymbol{O}\end{pmatrix}_{s\times n}$ 等价，则矩阵 $\boldsymbol{A}$ 的秩 $R(\boldsymbol{A})=$________.

(5) 设 n 阶方阵 $\boldsymbol{A}=(a_{ij})_{n\times n}$，$\boldsymbol{B}=(i\cdot ja_{ij})_{n\times n}$，已知行列式 $|\boldsymbol{A}|=a$，则行列式 $|\boldsymbol{B}|=$________.

2. 选择题.

(1) 设 $\boldsymbol{A}$、$\boldsymbol{B}$ 都是 n 阶方阵，且 $\boldsymbol{AB}=\boldsymbol{O}$，则下列一定成立的是(　　).

(A) $\boldsymbol{A}=\boldsymbol{O}$ 或 $\boldsymbol{B}=\boldsymbol{O}$；　(B) $\boldsymbol{A}$、$\boldsymbol{B}$ 都不可逆；

(C) $\boldsymbol{A}$、$\boldsymbol{B}$ 中至少有一个不可逆；　(D) $\boldsymbol{A}+\boldsymbol{B}=\boldsymbol{O}$.

(2) 若矩阵 $\boldsymbol{A}=\begin{pmatrix}1 & a & -1 & 2\\ 0 & -1 & a & 2\\ 1 & 0 & -1 & 2\end{pmatrix}$ 的秩 $R(\boldsymbol{A})=2$，则 a 的值为(　　).

(A) 0；　(B) 0 或 -1；　(C) -1；　(D) -1 或 1.

(3) 一个值不为零的 n 阶行列式，经过若干次矩阵的初等变换后，该行列式的值(　　).

(A) 保持不变；　(B) 保持不为零；

(C) 保持相同的正负号；　(D) 可以变为任何值.

(4) 设 $\boldsymbol{A}$ 是三阶方阵，$\boldsymbol{A}^*$ 是其伴随矩阵，则 $(3\boldsymbol{A})^*=$(　　).

(A) $3\boldsymbol{A}^*$；　(B) $9\boldsymbol{A}^*$；　(C) $27\boldsymbol{A}^*$；　(D) $\boldsymbol{A}^*/3$.

(5) 设 $\boldsymbol{A}$ 为 $m\times n$ 阶矩阵，$\boldsymbol{C}$ 是 n 阶可逆矩阵，且 $R(\boldsymbol{A})=r_1$，$R(\boldsymbol{AC})=r$，则(　　).

(A) $r>r_1$；　(B) $r<r_1$；　(C) $r=r_1$；　(D) r 与 r_1 的关系依 $\boldsymbol{C}$ 而定.

3. 已知 $\boldsymbol{A}=\dfrac{1}{2}\begin{pmatrix}2 & 0 & 0\\ 0 & -1 & 3\\ 0 & 2 & -5\end{pmatrix}$. 求 $(\boldsymbol{A}^*)^{-1}$.

4. 求证：奇数阶反对称阵的行列式为零.

5. 求证：任何 n 阶方阵都可以表示成一个对称阵和一个反对称阵的和.

6. 设 $\boldsymbol{A}^{\mathrm{T}}\boldsymbol{A}=\boldsymbol{O}$，证明 $\boldsymbol{A}=\boldsymbol{O}$.

7. 设 $\boldsymbol{A}$ 是 $m\times n$ 阶矩阵，$\boldsymbol{B}$ 是 $n\times m$ 阶矩阵，且 $m>n$. 证明 $|\boldsymbol{AB}|=0$.

8. 设 $\boldsymbol{A}$ 为 n 阶非零方阵，若 $\boldsymbol{A}^*=\boldsymbol{A}^{\mathrm{T}}$. 求证：$|\boldsymbol{A}|\neq 0$.

9. 设 $\boldsymbol{A}$ 为 n 阶方阵. 求证：$(k\boldsymbol{A})^*=k^{n-1}\boldsymbol{A}^*$.

10. 设 $\boldsymbol{A}$ 是 n 阶方阵，$\boldsymbol{A}^*$ 是 $\boldsymbol{A}$ 的伴随矩阵. 证明：

$$R(\boldsymbol{A}^*)=\begin{cases}n, & R(\boldsymbol{A})=n,\\ 1, & R(\boldsymbol{A})=n-1,\\ 0, & R(\boldsymbol{A})<n-1.\end{cases}$$

11. 设 $\boldsymbol{A}$ 是 n 阶可逆方阵. 证明：$(\boldsymbol{A}^{\mathrm{T}})^*=(\boldsymbol{A}^*)^{\mathrm{T}}$.

第 3 章

向量组的线性相关性与线性方程组的解法

本章将重点介绍向量组的线性相关性、向量组的秩、线性方程组解的判定以及解的结构等内容.

3.1 向量组及线性相关性

3.1.1 向量与向量组

定义 3.1 n 个有序的数 $a_1,a_2,\cdots,a_n$ 所组成的数组 $\boldsymbol{a}=\begin{pmatrix}a_1\\a_2\\\vdots\\a_n\end{pmatrix}$ 称为 n **维列向量**，$\boldsymbol{a}^{\mathrm{T}}=(a_1,a_2,\cdots,a_n)$ 称为 n **维行向量**；其中 a_i 称为**第 i 个分量**或**第 i 个坐标**. 在没有特别指明向量是行向量还是列向量时，通常指列向量.

分量全为实数的向量称为**实向量**，分量全为复数的向量称为**复向量**，本书中的向量除特别说明的以外，都指实向量. 列向量可以用黑体的小写字母来表示，如 $\boldsymbol{a}$，$\boldsymbol{b}$，$\boldsymbol{c}$，$\boldsymbol{\alpha}$，$\boldsymbol{\beta}$，$\boldsymbol{\gamma}$ 等，行向量则可以用 $\boldsymbol{a}^{\mathrm{T}}$，$\boldsymbol{b}^{\mathrm{T}}$，$\boldsymbol{c}^{\mathrm{T}}$，$\boldsymbol{\alpha}^{\mathrm{T}}$，$\boldsymbol{\beta}^{\mathrm{T}}$，$\boldsymbol{\gamma}^{\mathrm{T}}$ 等表示.

在平面坐标系中既有大小又有方向的量，可以用两个有序的实数组表示，形成了二维向量；空间坐标系中既有大小又有方向的量，可以用三个有序的实数组表示，形成了三维向量. 当维数不超过三维时，向量可以用有向线段作为几何形象，当维数超过三维后，向量不再有几何形象.

若干个同维的向量所组成的集合叫做**向量组**，往往用大写字母 A，B，C 等表示.

例 3.1 （1）下列 5 个四维向量组成了一个向量组 A：

$$\boldsymbol{a}_1=\begin{pmatrix}1\\0\\0\\0\end{pmatrix},\quad \boldsymbol{a}_2=\begin{pmatrix}1\\2\\0\\0\end{pmatrix},\quad \boldsymbol{a}_3=\begin{pmatrix}1\\2\\3\\0\end{pmatrix},\quad \boldsymbol{a}_4=\begin{pmatrix}1\\2\\3\\4\end{pmatrix},\quad \boldsymbol{a}_5=\begin{pmatrix}4\\6\\6\\4\end{pmatrix}.$$

(2) 当方程组 $\boldsymbol{Ax}=\boldsymbol{0}$ 有无穷多组解时,它的全体解向量组成一个向量组,这个向量组里有无穷多个向量.

(3) 一个 $m\times n$ 矩阵的所有列向量是由 n 个 m 维列向量组成的一个向量组,而它的所有行向量组是由 m 个 n 维行向量组成的一个向量组. 反过来,m 个 n 维列向量的向量组 $A:\boldsymbol{a}_1,\boldsymbol{a}_2,\cdots,\boldsymbol{a}_m$ 可构成一个 $n\times m$ 的矩阵 $\boldsymbol{A}=(\boldsymbol{a}_1,\boldsymbol{a}_2,\cdots,\boldsymbol{a}_m)$;$m$ 个 n 维行向量的向量组 $B:\boldsymbol{a}_1^{\mathrm{T}},\boldsymbol{a}_2^{\mathrm{T}},\cdots,\boldsymbol{a}_m^{\mathrm{T}}$ 可构成一个 $m\times n$ 矩阵

$$\boldsymbol{B}=\begin{pmatrix}\boldsymbol{a}_1^{\mathrm{T}}\\\boldsymbol{a}_2^{\mathrm{T}}\\\vdots\\\boldsymbol{a}_m^{\mathrm{T}}\end{pmatrix}.$$

可见,含有有限个向量的有序向量组可以与矩阵一一对应.

3.1.2 向量组的线性相关性与线性组合

定义 3.2 给定向量组 $A:\boldsymbol{a}_1,\boldsymbol{a}_2,\cdots,\boldsymbol{a}_m(m\geqslant 2)$,如果存在一组不全为零的数 $k_1,k_2,\cdots,k_m$,使得

$$k_1\boldsymbol{a}_1+k_2\boldsymbol{a}_2+\cdots+k_m\boldsymbol{a}_m=\boldsymbol{0},$$

则称向量组 A **线性相关**,否则称向量组 A **线性无关**.

可以证明,当向量组只有 2 个非零向量时,线性相关是指它们成比例,几何上表示这 2 个向量共线;当向量组含有 3 个向量时,线性相关的几何意义是三者共面.

例 3.1(1)中的 5 个向量满足 $1\cdot\boldsymbol{a}_1+1\cdot\boldsymbol{a}_2+1\cdot\boldsymbol{a}_3+1\cdot\boldsymbol{a}_4-1\cdot\boldsymbol{a}_5=\boldsymbol{0}$,说明向量组 A 是线性相关的.

例 3.2 对于例 3.1(1)中前 4 个向量组成的一个向量组,证明它们线性无关.

证明 设有一组数 k_1,k_2,k_3,k_4,使得 $k_1\boldsymbol{a}_1+k_2\boldsymbol{a}_2+k_3\boldsymbol{a}_3+k_4\boldsymbol{a}_4=\boldsymbol{0}$,也就是方程组

$$\begin{cases}k_1+k_2+k_3+k_4=0,\\ 2k_2+2k_3+2k_4=0,\\ 3k_3+3k_4=0,\\ 4k_4=0\end{cases}$$

成立. 而该方程组的解为 $k_1=k_2=k_3=k_4=0$, 所以 $\boldsymbol{a}_1,\boldsymbol{a}_2,\boldsymbol{a}_3,\boldsymbol{a}_4$ 线性无关.

类似地, 利用定义和齐次方程组, 可以证明全体 n 维向量构成的向量组 $\mathbf{R}^n$ 中 n 维单位坐标向量组

$$E:\boldsymbol{e}_1=\begin{pmatrix}1\\0\\\vdots\\0\end{pmatrix},\quad \boldsymbol{e}_2=\begin{pmatrix}0\\1\\\vdots\\0\end{pmatrix},\quad \cdots,\quad \boldsymbol{e}_n=\begin{pmatrix}0\\0\\\vdots\\1\end{pmatrix}$$

也线性无关.

由定义 3.2 可以直接得出向量组 $A:\boldsymbol{a}_1,\boldsymbol{a}_2,\cdots,\boldsymbol{a}_m(m\geqslant 2)$ 线性相关的充要条件是齐次线性方程组 $\boldsymbol{Ax}=\boldsymbol{0}$ 有非零解, 其中 $\boldsymbol{A}=(\boldsymbol{a}_1,\boldsymbol{a}_2,\cdots,\boldsymbol{a}_m)$, $\boldsymbol{x}=\begin{pmatrix}x_1\\x_2\\\vdots\\x_m\end{pmatrix}$; 向量组 $A:\boldsymbol{a}_1,\boldsymbol{a}_2,\cdots,\boldsymbol{a}_m(m\geqslant 2)$ 线性无关的充要条件是齐次线性方程组 $\boldsymbol{Ax}=\boldsymbol{0}$ 只有零解. 3.2 节将证明向量组的线性相关性也可由向量组的秩直接来决定.

例 3.3 已知向量组 $\boldsymbol{\alpha},\boldsymbol{\beta},\boldsymbol{\gamma}$ 线性无关, 证明: 向量组 $\boldsymbol{\alpha}+\boldsymbol{\beta},\boldsymbol{\beta}+\boldsymbol{\gamma},\boldsymbol{\gamma}+\boldsymbol{\alpha}$ 也线性无关.

证明 设存在一组数 k_1,k_2,k_3 使得

$$k_1(\boldsymbol{\alpha}+\boldsymbol{\beta})+k_2(\boldsymbol{\beta}+\boldsymbol{\gamma})+k_3(\boldsymbol{\gamma}+\boldsymbol{\alpha})=\boldsymbol{0},$$

即

$$(k_1+k_3)\boldsymbol{\alpha}+(k_1+k_2)\boldsymbol{\beta}+(k_2+k_3)\boldsymbol{\gamma}=\boldsymbol{0}.$$

由于 $\boldsymbol{\alpha},\boldsymbol{\beta},\boldsymbol{\gamma}$ 线性无关, 所以

$$\begin{cases}k_1+k_3=0,\\k_1+k_2=0,\\k_2+k_3=0.\end{cases}$$

因为该方程组的系数行列式 $\begin{vmatrix}1&0&1\\1&1&0\\0&1&1\end{vmatrix}\neq 0$, 由克拉默法则, 方程组的解为 $\begin{pmatrix}k_1\\k_2\\k_3\end{pmatrix}=\begin{pmatrix}0\\0\\0\end{pmatrix}$, 故 $\boldsymbol{\alpha}+\boldsymbol{\beta},\boldsymbol{\beta}+\boldsymbol{\gamma},\boldsymbol{\gamma}+\boldsymbol{\alpha}$ 也线性无关.

定义 3.3 对于向量 $\boldsymbol{b}$ 和向量组 $A:\boldsymbol{a}_1,\boldsymbol{a}_2,\cdots,\boldsymbol{a}_m$, 如果存在一组常数 $k_1,k_2,\cdots,k_m$, 使得

$$\boldsymbol{b}=k_1\boldsymbol{a}_1+k_2\boldsymbol{a}_2+\cdots+k_m\boldsymbol{a}_m,$$

则称向量 $\boldsymbol{b}$ 为向量组 A 的**线性组合**,或称向量 $\boldsymbol{b}$ 可由向量组 A **线性表示**.

例如,例 3.1(1)中的向量 $\boldsymbol{a}_5=\boldsymbol{a}_1+\boldsymbol{a}_2+\boldsymbol{a}_3+\boldsymbol{a}_4$ 是 $\boldsymbol{a}_1,\boldsymbol{a}_2,\boldsymbol{a}_3,\boldsymbol{a}_4$ 的线性组合,且组合系数为 1,1,1,1.

由定义 3.3,可知向量 $\boldsymbol{b}$ 表示成向量组 $\boldsymbol{a}_1,\boldsymbol{a}_2,\cdots,\boldsymbol{a}_m$ 的线性组合的充要条件是线性方程组 $\boldsymbol{Ax}=\boldsymbol{b}$ 有解,其中 $\boldsymbol{A}=(\boldsymbol{a}_1,\boldsymbol{a}_2,\cdots,\boldsymbol{a}_m)$.

定理 3.1 向量组 A:$\boldsymbol{a}_1,\boldsymbol{a}_2,\cdots,\boldsymbol{a}_m$ 线性相关的充要条件是向量组 A 中至少有一个向量可由其余 $m-1$ 个向量线性表示.

证明 必要性. 由于向量组 A 线性相关,故有不全为 0 的数 $k_1,k_2,\cdots,k_m$,使得

$$k_1\boldsymbol{a}_1+k_2\boldsymbol{a}_2+\cdots+k_m\boldsymbol{a}_m=\boldsymbol{0},$$

不妨设 $k_1\neq 0$,于是有

$$\boldsymbol{a}_1=-\frac{1}{k_1}(k_2\boldsymbol{a}_2+k_3\boldsymbol{a}_3+\cdots+k_m\boldsymbol{a}_m),$$

所以 $\boldsymbol{a}_1$ 可由 $\boldsymbol{a}_2,\cdots,\boldsymbol{a}_m$ 线性表示.

充分性. 设 A 中有一个向量可由其余向量线性表示,不妨设

$$\boldsymbol{a}_m=\lambda_1\boldsymbol{a}_1+\lambda_2\boldsymbol{a}_2+\cdots+\lambda_{m-1}\boldsymbol{a}_{m-1},$$

则 $\lambda_1\boldsymbol{a}_1+\lambda_2\boldsymbol{a}_2+\cdots+\lambda_{m-1}\boldsymbol{a}_{m-1}+(-1)\boldsymbol{a}_m=\boldsymbol{0}$,而 $\lambda_1,\lambda_2,\cdots,\lambda_{m-1},-1$ 不全为 0,所以向量组 A 线性相关.

利用线性相关性的定义和定理 3.1,容易得到以下定理.

定理 3.2 (1) 若向量组线性相关,则增加向量形成的新向量组也线性相关;反之,若向量组线性无关,则减少向量形成的新向量组也线性无关.

(2) 向量组中向量的维数小于个数时,向量组一定线性相关. 特别地,$n+1$ 个 n 维向量一定线性相关.

(3) 若向量组 A:$\boldsymbol{a}_1,\boldsymbol{a}_2,\cdots,\boldsymbol{a}_m$ 线性无关,向量组 B:$\boldsymbol{a}_1,\boldsymbol{a}_2,\cdots,\boldsymbol{a}_m,\boldsymbol{a}_{m+1}$ 线性相关,则向量 $\boldsymbol{a}_{m+1}$ 必能由向量组 A 线性表示,而且表示式是唯一的.

(4) n 个 n 维向量组线性无关的充要条件是由向量组所形成的矩阵的秩等于 n.

(5) 若向量组线性无关,则增加维数后得到的向量组也线性无关;反之,若向量组线性相关,则减少维数后得到的向量组也线性相关.

3.2 向量组的秩

3.2.1 向量组的最大线性无关组与秩

3.1 节研究了向量组线性相关性的概念和性质,下面进一步引入向量组的最

大线性无关组和向量组的秩的概念.

定义 3.4 设有 m 个向量组成的向量组 A，如果在 A 中能选出 r 个向量所组成的部分向量组 $A_0:\boldsymbol{a}_1,\boldsymbol{a}_2,\cdots,\boldsymbol{a}_r$，满足以下条件：

(1) 向量组 A_0 线性无关；

(2) 向量组 A 中任意 $r+1(r+1\leqslant m)$ 个向量都线性相关，那么向量组 A_0 称为向量组 A 的一个**最大线性无关组**(简称**最大无关组**)，最大无关组所含向量的个数称为向量组 A 的**秩**，记作 R_A.

只含有零向量的向量组没有最大无关组，规定它的秩为 0. 显然线性无关的向量组是自身的最大无关组.

例 3.4 求向量组 $A:\boldsymbol{a}_1=\begin{pmatrix}1\\0\\0\end{pmatrix},\boldsymbol{a}_2=\begin{pmatrix}0\\1\\0\end{pmatrix},\boldsymbol{a}_3=\begin{pmatrix}2\\3\\0\end{pmatrix}$ 的一个最大无关组.

解 由于 $\boldsymbol{a}_1,\boldsymbol{a}_2$ 线性无关，而 $\boldsymbol{a}_1,\boldsymbol{a}_2,\boldsymbol{a}_3$ 线性相关(因为 $2\boldsymbol{a}_1+3\boldsymbol{a}_2-\boldsymbol{a}_3=0$)，所以 $\boldsymbol{a}_1,\boldsymbol{a}_2$ 是 A 的一个最大无关组. 同理 $\boldsymbol{a}_1,\boldsymbol{a}_3$ 也是一个最大无关组.

向量组的秩与矩阵的秩有如下重要的关系：

定理 3.3 矩阵的秩等于它的列向量组的秩，也等于它的行向量组的秩.

证明 设 $\boldsymbol{A}=(\boldsymbol{a}_1,\boldsymbol{a}_2,\cdots,\boldsymbol{a}_m)$，$R(\boldsymbol{A})=r$，不妨假设 $\boldsymbol{A}$ 的左上角的 r 阶子式 $D_r\neq 0$. 则由定理 3.2(4)知 D_r 所在的 r 个 r 维列向量线性无关，从而得出 $\boldsymbol{A}$ 的前 r 个列向量是线性无关的. 又由 $\boldsymbol{A}$ 的所有 $r+1$ 阶子式均为零，知 $\boldsymbol{A}$ 中的任意 $r+1$ 个列向量都线性相关(否则 $R(\boldsymbol{A})>r$)，因此 D_r 所在的 r 个列向量是 $\boldsymbol{A}$ 的列向量组的一个最大无关组，所以列向量组的秩等于 r. 类似可证 $\boldsymbol{A}$ 的行向量组的秩也等于 r.

今后向量组的秩和向量组所构成的矩阵的秩不加区别，记号也可以相同.

3.2.2 向量组线性相关性的判定定理

利用向量组的秩可以得出向量组线性无关或线性相关的充要条件，即有以下定理.

定理 3.4 向量组 $A:\boldsymbol{a}_1,\boldsymbol{a}_2,\cdots,\boldsymbol{a}_m$ 线性无关的充要条件是向量组的秩 $R_A=m$；向量组线性相关的充要条件是 $R_A<m$.

证明 必要性. 假设向量组 A 线性无关，则其最大无关组是自身，从而 $R_A=m$.

充分性. 假设 $R_A=m$，则矩阵 $\boldsymbol{A}=(\boldsymbol{a}_1,\boldsymbol{a}_2,\cdots,\boldsymbol{a}_m)$ 有一个 m 阶子式 $D_m\neq 0$，从而 D_m 的 m 个 m 维向量线性无关，因此由定理 3.2 知，A 也线性无关.

线性相关的充要条件由等价命题显见.

由于初等行变换不改变矩阵的秩，也不改变矩阵的列向量组的线性相关性，从而得出了求向量组的最大无关组和向量组的秩的简单方法：初等变换法.

例 3.5 求向量组 A:$\boldsymbol{a}_1=\begin{pmatrix}2\\1\\4\\3\end{pmatrix},\boldsymbol{a}_2=\begin{pmatrix}-1\\1\\-6\\6\end{pmatrix},\boldsymbol{a}_3=\begin{pmatrix}-1\\-2\\2\\-9\end{pmatrix},\boldsymbol{a}_4=\begin{pmatrix}1\\1\\-2\\7\end{pmatrix},\boldsymbol{a}_5=\begin{pmatrix}2\\4\\4\\9\end{pmatrix}$的秩和一个最大无关组,并把其他向量用最大无关组线性表示.

解 令矩阵 $\boldsymbol{A}=(\boldsymbol{a}_1,\boldsymbol{a}_2,\boldsymbol{a}_3,\boldsymbol{a}_4,\boldsymbol{a}_5)$. 利用初等行变换化 $\boldsymbol{A}$ 为行最简矩阵,有

$$\boldsymbol{A}=\begin{pmatrix}2&-1&-1&1&2\\1&1&-2&1&4\\4&-6&2&-2&4\\3&6&-9&7&9\end{pmatrix}\to\begin{pmatrix}1&0&-1&0&4\\0&1&-1&0&3\\0&0&0&1&-3\\0&0&0&0&0\end{pmatrix}$$
$$=(\boldsymbol{b}_1,\boldsymbol{b}_2,\boldsymbol{b}_3,\boldsymbol{b}_4,\boldsymbol{b}_5)=\boldsymbol{B}.$$

由于 $R(\boldsymbol{B})=3$,故 $R(\boldsymbol{A})=3$,又因 $\boldsymbol{B}$ 中任意 4 个向量所组成的向量组的秩都是 3,小于向量个数 4,所以 $\boldsymbol{b}_1,\boldsymbol{b}_2,\boldsymbol{b}_4$ 是 $\boldsymbol{B}$ 的一个最大无关组,且有 $\boldsymbol{b}_3=-\boldsymbol{b}_1-\boldsymbol{b}_2$ 以及 $\boldsymbol{b}_5=4\boldsymbol{b}_1+3\boldsymbol{b}_2-3\boldsymbol{b}_4$,所以 $\boldsymbol{a}_1,\boldsymbol{a}_2,\boldsymbol{a}_4$ 是 A 的一个最大无关组,且 $\boldsymbol{a}_3=-\boldsymbol{a}_1-\boldsymbol{a}_2$,$\boldsymbol{a}_5=4\boldsymbol{a}_1+3\boldsymbol{a}_2-3\boldsymbol{a}_4$.

例 3.6 全体 n 维向量构成的向量组记作 $\mathbf{R}^n$. 求 $\mathbf{R}^n$ 的一个最大无关组及它的秩.

解 取 n 维单位坐标向量组

$$E:\boldsymbol{e}_1=\begin{pmatrix}1\\0\\\vdots\\0\end{pmatrix},\quad \boldsymbol{e}_2=\begin{pmatrix}0\\1\\\vdots\\0\end{pmatrix},\quad \cdots,\quad \boldsymbol{e}_n=\begin{pmatrix}0\\0\\\vdots\\1\end{pmatrix}.$$

由线性无关的定义可以直接得出它们线性无关,而 $\mathbf{R}^n$ 的任意 $n+1$ 个向量所组成的向量组的秩都小于 $n+1$,因此向量组线性相关,于是 E 为 $\mathbf{R}^n$ 的一个最大无关组.

对于定义 3.4 中的第 2 个条件,如果将它改成向量组 A 中的任一向量都能由 A_0 来线性表示,则可以得出向量组 A 的秩等于 r,从而向量组 A 中的任意 $r+1$ 个向量形成的部分向量组的秩小于 $r+1$,所以向量组 A 中的任意 $r+1$ 个向量一定线性相关,于是便得到了最大无关组的等价定义.

定义 3.5(最大无关组的等价定义) 设有 m 个向量组成的向量组 A,如果在 A 中能选出 r 个向量所组成的部分向量组 A_0:$\boldsymbol{a}_1,\boldsymbol{a}_2,\cdots,\boldsymbol{a}_r$,满足条件:

(1) 向量组 A_0 线性无关;

(2) 向量组 A 中任意一个向量都可以由向量组 A_0 线性表示,那么向量组 A_0 为向量组 A 的一个最大无关组.

例 3.7 设齐次线性方程组

$$\begin{cases} x_1 + 2x_2 + x_3 - 2x_4 = 0, \\ 2x_1 + 3x_2 \qquad - x_4 = 0, \\ x_1 - x_2 - 5x_3 + 7x_4 = 0 \end{cases}$$

的全体解向量构成的向量组为 S. 求 S 的一个最大无关组和秩.

解 先解方程,把系数矩阵化成行最简矩阵:

$$\mathbf{A} = \begin{pmatrix} 1 & 2 & 1 & -2 \\ 2 & 3 & 0 & -1 \\ 1 & -1 & -5 & 7 \end{pmatrix} \to \begin{pmatrix} 1 & 2 & 1 & -2 \\ 0 & -1 & -2 & 3 \\ 0 & -3 & -6 & 9 \end{pmatrix} \to \begin{pmatrix} 1 & 0 & -3 & 4 \\ 0 & 1 & 2 & -3 \\ 0 & 0 & 0 & 0 \end{pmatrix},$$

得方程组的同解方程组为

$$\begin{cases} x_1 = 3x_3 - 4x_4, \\ x_2 = -2x_3 + 3x_4. \end{cases}$$

令自由未知数 $x_3 = c_1, x_4 = c_2$,得到方程的通解

$$\begin{pmatrix} x_1 \\ x_2 \\ x_3 \\ x_4 \end{pmatrix} = c_1 \begin{pmatrix} 3 \\ -2 \\ 1 \\ 0 \end{pmatrix} + c_2 \begin{pmatrix} -4 \\ 3 \\ 0 \\ 1 \end{pmatrix}, \quad c_1, c_2 \text{ 为任意实数}.$$

把上式记作 $\boldsymbol{x} = c_1\boldsymbol{\xi}_1 + c_2\boldsymbol{\xi}_2$,得出

$$S = \{\boldsymbol{x} = c_1\boldsymbol{\xi}_1 + c_2\boldsymbol{\xi}_2 \mid c_1, c_2 \in \mathbf{R}\},$$

即 S 中所有向量都能由 $\boldsymbol{\xi}_1, \boldsymbol{\xi}_2$ 线性表示. 又因 $\boldsymbol{\xi}_1, \boldsymbol{\xi}_2$ 线性无关,所以 $\boldsymbol{\xi}_1, \boldsymbol{\xi}_2$ 是 S 的一个最大无关组,而且 $R_S = 2$.

3.3 线性方程组解的判定定理

3.3.1 线性方程组解的判定定理

定理 3.5 n 元线性方程组 $\mathbf{A}\boldsymbol{x} = \boldsymbol{b}$,其中

$$\mathbf{A} = \begin{pmatrix} a_{11} & a_{12} & \cdots & a_{1n} \\ a_{21} & a_{22} & \cdots & a_{2n} \\ \vdots & \vdots & & \vdots \\ a_{m1} & a_{m2} & \cdots & a_{mn} \end{pmatrix}, \quad \boldsymbol{x} = \begin{pmatrix} x_1 \\ x_2 \\ \vdots \\ x_n \end{pmatrix}, \quad \boldsymbol{b} = \begin{pmatrix} b_1 \\ b_2 \\ \vdots \\ b_m \end{pmatrix},$$

(1) 无解的充要条件是 $R(\mathbf{A}) < R(\mathbf{A}, \boldsymbol{b})$;

(2) 有解的充要条件是 $R(\mathbf{A}) = R(\mathbf{A}, \boldsymbol{b})$,且有唯一解的充要条件是 $R(\mathbf{A}) =$

$R(\boldsymbol{A},\boldsymbol{b})=n$；有无穷多解的充要条件是 $R(\boldsymbol{A})=R(\boldsymbol{A},\boldsymbol{b})<n$.

证明 只需证明每种情形的充分性，必要性由逆否命题可得.

先设 $R(\boldsymbol{A})=r$，不妨假设可将 $\boldsymbol{B}=(\boldsymbol{A},\boldsymbol{b})$ 化为它的行最简形式，即

$$\boldsymbol{B}\to\begin{pmatrix}1&0&\cdots&0&b_{11}&\cdots&b_{1,n-r}&d_1\\0&1&\cdots&0&b_{21}&\cdots&b_{2,n-r}&d_2\\\vdots&\vdots&&\vdots&\vdots&&\vdots&\vdots\\0&0&\cdots&1&b_{r1}&\cdots&b_{r,n-r}&d_r\\0&0&\cdots&0&0&\cdots&0&d_{r+1}\\0&0&\cdots&0&0&\cdots&0&0\\\vdots&\vdots&&\vdots&\vdots&&\vdots&\vdots\\0&0&\cdots&0&0&\cdots&0&0\end{pmatrix}=\widetilde{\boldsymbol{B}}.$$

(1) 若 $R(\boldsymbol{A})<R(\boldsymbol{A},\boldsymbol{b})$，则 $\widetilde{\boldsymbol{B}}$ 中的 $d_{r+1}=1$，于是 $\widetilde{\boldsymbol{B}}$ 中的第 $r+1$ 行对应矛盾方程 $0=1$，故方程组无解.

(2) 若 $R(\boldsymbol{A})=R(\boldsymbol{A},\boldsymbol{b})=r=n$，则 $\widetilde{\boldsymbol{B}}$ 中的 $d_{r+1}=0$（或 d_{r+1} 不出现），且 b_{ij} 都不出现，于是对应的方程组

$$\begin{cases}x_1=d_1,\\x_2=d_2,\\\quad\cdots\cdots\\x_n=d_n\end{cases}$$

即为方程组的唯一解.

若 $R(\boldsymbol{A})=R(\boldsymbol{A},\boldsymbol{b})=r<n$，则在 $\widetilde{\boldsymbol{B}}$ 中的 $d_{r+1}=0$（或 d_{r+1} 不出现），$\widetilde{\boldsymbol{B}}$ 对应的方程组为

$$\begin{cases}x_1=-b_{11}x_{r+1}-\cdots-b_{1,n-r}x_n+d_1,\\x_2=-b_{21}x_{r+1}-\cdots-b_{2,n-r}x_n+d_2,\\\quad\cdots\cdots\\x_r=-b_{r1}x_{r+1}-\cdots-b_{r,n-r}x_n+d_r.\end{cases}$$

令自由未知数 $x_{r+1}=c_1,x_{r+2}=c_2,\cdots,x_n=c_{n-r}$，则方程组含有 $n-r$ 个参数的解为

$$\begin{pmatrix}x_1\\\vdots\\x_r\\x_{r+1}\\\vdots\\x_n\end{pmatrix}=c_1\begin{pmatrix}-b_{11}\\\vdots\\-b_{r1}\\1\\\vdots\\0\end{pmatrix}+\cdots+c_{n-r}\begin{pmatrix}-b_{1,n-r}\\\vdots\\-b_{r,n-r}\\0\\\vdots\\1\end{pmatrix}+\begin{pmatrix}d_1\\\vdots\\d_r\\0\\\vdots\\0\end{pmatrix}.$$

由参数的任意性知方程组有无穷多组解，上式可以表示方程组 $\boldsymbol{Ax}=\boldsymbol{b}$ 的任意解，称为方程组 $\boldsymbol{Ax}=\boldsymbol{b}$ 的**通解**.

对于齐次方程组 $\boldsymbol{Ax}=\boldsymbol{0}$，作为方程组 $\boldsymbol{Ax}=\boldsymbol{b}$ 的特殊形式，由于 $R(\boldsymbol{A})=R(\boldsymbol{A},\boldsymbol{0})$，因此，齐次方程组一定有解. 作为定理 3.5 的推论，可以直接得出齐次方程组解的判定定理.

定理 3.6 n 元线性方程组 $\boldsymbol{Ax}=\boldsymbol{0}$ 有唯一解的充要条件是 $R(\boldsymbol{A})=n$；有无穷多解的充要条件是 $R(\boldsymbol{A})<n$.

例 3.8 求解线性方程组

$$\begin{cases} x_1+2x_2+2x_3=0, \\ 2x_1+x_2-2x_3=0, \\ x_1-x_2-5x_3=0. \end{cases}$$

解 对系数矩阵进行初等行变换. 由于

$$\boldsymbol{A}=\begin{pmatrix} 1 & 2 & 2 \\ 2 & 1 & -2 \\ 1 & -1 & -5 \end{pmatrix} \to \begin{pmatrix} 1 & 2 & 2 \\ 0 & -3 & -6 \\ 0 & -3 & -7 \end{pmatrix} \to \begin{pmatrix} 1 & 2 & 2 \\ 0 & 1 & 2 \\ 0 & 0 & 1 \end{pmatrix},$$

于是 $R(\boldsymbol{A})=3$，所以方程组有唯一解，即只有零解.

例 3.9 求解齐次线性方程组 $\begin{cases} x_1+2x_2+2x_3+x_4=0, \\ 2x_1+x_2-2x_3-2x_4=0, \\ x_1-x_2-4x_3-3x_4=0. \end{cases}$

解 对系数矩阵进行初等行变换，有

$$\boldsymbol{A}=\begin{pmatrix} 1 & 2 & 2 & 1 \\ 2 & 1 & -2 & -2 \\ 1 & -1 & -4 & -3 \end{pmatrix} \to \begin{pmatrix} 1 & 2 & 2 & 1 \\ 0 & -3 & -6 & -4 \\ 0 & -3 & -6 & -4 \end{pmatrix} \to \begin{pmatrix} 1 & 0 & -2 & -\frac{5}{3} \\ 0 & 1 & 2 & \frac{4}{3} \\ 0 & 0 & 0 & 0 \end{pmatrix}.$$

由于 $R(\boldsymbol{A})=2<4$，则方程组有无穷多解，得到同解方程组为

$$\begin{cases} x_1=2x_3+\dfrac{5}{3}x_4, \\ x_2=-2x_3-\dfrac{4}{3}x_4, \end{cases} \quad x_3, x_4 \text{ 为任意实数.}$$

令自由未知量 $x_3=c_1, x_4=c_2$，得到方程组的通解为

$$\begin{pmatrix} x_1 \\ x_2 \\ x_3 \\ x_4 \end{pmatrix} = c_1 \begin{pmatrix} 2 \\ -2 \\ 1 \\ 0 \end{pmatrix} + c_2 \begin{pmatrix} \frac{5}{3} \\ -\frac{4}{3} \\ 0 \\ 1 \end{pmatrix}, \quad c_1, c_2 \text{ 为任意实数.}$$

例 3.10　求解非齐次线性方程组

$$\begin{cases} x_1 - 3x_2 + 3x_3 - x_4 = 1, \\ 3x_1 - 4x_2 + 5x_3 - 3x_4 = 2, \\ 2x_1 - x_2 + 2x_3 - 2x_4 = 4. \end{cases}$$

解　对增广矩阵进行初等行变换,有

$$\boldsymbol{B} = (\boldsymbol{A}, \boldsymbol{b}) = \begin{pmatrix} 1 & -3 & 3 & -1 & 1 \\ 3 & -4 & 5 & -3 & 2 \\ 2 & -1 & 2 & -2 & 4 \end{pmatrix} \to \begin{pmatrix} 1 & -3 & 3 & -1 & 1 \\ 0 & 5 & -4 & 0 & -1 \\ 0 & 5 & -4 & 0 & 2 \end{pmatrix}$$

$$\to \begin{pmatrix} 1 & -3 & 3 & -1 & 1 \\ 0 & 5 & -4 & 0 & -1 \\ 0 & 0 & 0 & 0 & 3 \end{pmatrix},$$

则 $R(\boldsymbol{A})=2\neq R(\boldsymbol{B})=3$,故方程组无解.

例 3.11　求解非齐次线性方程组

$$\begin{cases} x_1 + x_2 - x_3 + 2x_4 = 3, \\ 2x_1 + x_2 - 3x_4 = 1, \\ -2x_1 - 2x_3 + 10x_4 = 4. \end{cases}$$

解　对增广矩阵进行初等行变换,有

$$\boldsymbol{B} = (\boldsymbol{A}, \boldsymbol{b}) = \begin{pmatrix} 1 & 1 & -1 & 2 & 3 \\ 2 & 1 & 0 & -3 & 1 \\ -2 & 0 & -2 & 10 & 4 \end{pmatrix} \to \begin{pmatrix} 1 & 1 & -1 & 2 & 3 \\ 0 & -1 & 2 & -7 & -5 \\ 0 & 2 & -4 & 14 & 10 \end{pmatrix}$$

$$\to \begin{pmatrix} 1 & 0 & 1 & -5 & -2 \\ 0 & 1 & -2 & 7 & 5 \\ 0 & 0 & 0 & 0 & 0 \end{pmatrix},$$

则 $R(\boldsymbol{A})=2=R(\boldsymbol{B})$,方程组有无穷多组解,且方程组的同解方程组为

$$\begin{cases} x_1 = -x_3 + 5x_4 - 2, \\ x_2 = 2x_3 - 7x_4 + 5, \\ x_3 = x_3, \\ x_4 = x_4, \end{cases}$$

于是方程组的通解为$\begin{pmatrix}x_1\\x_2\\x_3\\x_4\end{pmatrix}=c_1\begin{pmatrix}-1\\2\\1\\0\end{pmatrix}+c_2\begin{pmatrix}5\\-7\\0\\1\end{pmatrix}+\begin{pmatrix}-2\\5\\0\\0\end{pmatrix}$（$c_1,c_2$ 为任意实数）.

例 3.12 设有线性方程组

$$\begin{cases}x_1+x_2+(1+\lambda)x_3=\lambda,\\x_1+(1+\lambda)x_2+x_3=3,\\(1+\lambda)x_1+x_2+x_3=0.\end{cases}$$

问当 λ 满足什么条件时，方程组(1) 有唯一解；(2) 无解；(3) 有无穷多解？并在有无穷多解时求其通解.

解 对增广矩阵进行初等行变换，有

$$\boldsymbol{B}=\begin{pmatrix}1&1&1+\lambda&\lambda\\1&1+\lambda&1&3\\1+\lambda&1&1&0\end{pmatrix}\to\begin{pmatrix}1&1&1+\lambda&\lambda\\0&\lambda&-\lambda&3-\lambda\\0&-\lambda&-\lambda(2+\lambda)&-\lambda(1+\lambda)\end{pmatrix}$$

$$\to\begin{pmatrix}1&1&1+\lambda&\lambda\\0&\lambda&-\lambda&3-\lambda\\0&0&-\lambda(3+\lambda)&(1-\lambda)(3+\lambda)\end{pmatrix}.$$

(1) 当 $\lambda\neq0$ 且 $\lambda\neq-3$ 时，$R(\boldsymbol{A})=R(\boldsymbol{B})=3$，方程组有唯一解；

(2) 当 $\lambda=0$ 时，$R(\boldsymbol{A})=1$，$R(\boldsymbol{B})=2$，方程组无解；

(3) 当 $\lambda=-3$ 时，$R(\boldsymbol{A})=R(\boldsymbol{B})=2$，方程组有无穷多解.

这时

$$\boldsymbol{B}\to\begin{pmatrix}1&1&-2&-3\\0&-3&3&6\\0&0&0&0\end{pmatrix}\to\begin{pmatrix}1&0&-1&-1\\0&1&-1&-2\\0&0&0&0\end{pmatrix},$$

于是得到通解

$$\begin{pmatrix}x_1\\x_2\\x_3\end{pmatrix}=c\begin{pmatrix}1\\1\\1\end{pmatrix}+\begin{pmatrix}-1\\-2\\0\end{pmatrix},\quad c\text{ 为任意实数.}$$

3.3.2 有关推论

作为定理 3.5 的推广，可以得出矩阵方程有解的充要条件.

推论 3.1 矩阵方程 $\boldsymbol{AX}=\boldsymbol{B}$ 有解的充要条件是 $R(\boldsymbol{A})=R(\boldsymbol{A},\boldsymbol{B})$.

由于一个向量由一个向量组线性表示等价于对应的线性方程组有解，于是利用定理3.5可以直接得出一个向量由一个向量组线性表示的充要条件以及一个向量组能用另一个向量组线性表示的充要条件.

推论 3.2 已知 n 维向量 $\boldsymbol{b}$ 和 n 维向量组 $A:\boldsymbol{a}_1,\boldsymbol{a}_2,\cdots,\boldsymbol{a}_m(m\leqslant n)$，则 $\boldsymbol{b}$ 能表示成 $A:\boldsymbol{a}_1,\boldsymbol{a}_2,\cdots,\boldsymbol{a}_m$ 的线性组合的充要条件是 $R(\boldsymbol{a}_1,\boldsymbol{a}_2,\cdots,\boldsymbol{a}_m)=R(\boldsymbol{a}_1,\boldsymbol{a}_2,\cdots,\boldsymbol{a}_m,\boldsymbol{b})$；进一步，表示式唯一的充要条件是 $R(\boldsymbol{a}_1,\boldsymbol{a}_2,\cdots,\boldsymbol{a}_m)=R(\boldsymbol{a}_1,\boldsymbol{a}_2,\cdots,\boldsymbol{a}_m,\boldsymbol{b})=m$.

推论 3.3 设有两个 n 维向量组 $B:\boldsymbol{b}_1,\boldsymbol{b}_2,\cdots,\boldsymbol{b}_l$ 和 $A:\boldsymbol{a}_1,\boldsymbol{a}_2,\cdots,\boldsymbol{a}_m$，则 B 能用 A 线性表示的充要条件是

$$R(\boldsymbol{a}_1,\boldsymbol{a}_2,\cdots,\boldsymbol{a}_m)=R(\boldsymbol{a}_1,\boldsymbol{a}_2,\cdots,\boldsymbol{a}_m,\boldsymbol{b}_1,\boldsymbol{b}_2,\cdots,\boldsymbol{b}_l).$$

若两个向量组能相互表示，则称它们**等价**.

推论 3.4 设有 n 维向量组 $A:\boldsymbol{a}_1,\boldsymbol{a}_2,\cdots,\boldsymbol{a}_m$ 和 $B:\boldsymbol{b}_1,\boldsymbol{b}_2,\cdots,\boldsymbol{b}_l$，则 A 与 B 等价的充要条件是

$$R(\boldsymbol{a}_1,\boldsymbol{a}_2,\cdots,\boldsymbol{a}_m)=R(\boldsymbol{b}_1,\boldsymbol{b}_2,\cdots,\boldsymbol{b}_l)=R(\boldsymbol{a}_1,\boldsymbol{a}_2,\cdots,\boldsymbol{a}_m,\boldsymbol{b}_1,\boldsymbol{b}_2,\cdots,\boldsymbol{b}_l).$$

例 3.13 设向量 $\boldsymbol{a}_1=\begin{pmatrix}1\\1\\2\\2\end{pmatrix},\boldsymbol{a}_2=\begin{pmatrix}1\\2\\1\\3\end{pmatrix},\boldsymbol{a}_3=\begin{pmatrix}1\\-1\\4\\0\end{pmatrix},\boldsymbol{b}=\begin{pmatrix}1\\0\\3\\1\end{pmatrix}$. 证明：向量 $\boldsymbol{b}$ 能由 $\boldsymbol{a}_1,\boldsymbol{a}_2,\boldsymbol{a}_3$ 线性表示，并求出表达式.

解 令矩阵 $\boldsymbol{B}=(\boldsymbol{A},\boldsymbol{b})=(\boldsymbol{a}_1,\boldsymbol{a}_2,\boldsymbol{a}_3,\boldsymbol{b})$，并进行初等行变换化为行最简矩阵，即

$$\boldsymbol{B}=\begin{pmatrix}1&1&1&1\\1&2&-1&0\\2&1&4&3\\2&3&0&1\end{pmatrix}\to\begin{pmatrix}1&1&1&1\\0&1&-2&-1\\0&-1&2&1\\0&1&-2&-1\end{pmatrix}\to\begin{pmatrix}1&0&3&2\\0&1&-2&-1\\0&0&0&0\\0&0&0&0\end{pmatrix}.$$

可见，$R(\boldsymbol{A})=R(\boldsymbol{B})=2$，因此向量 $\boldsymbol{b}$ 能由 $\boldsymbol{a}_1,\boldsymbol{a}_2,\boldsymbol{a}_3$ 线性表示，且表法不唯一. 由上述行最简形得方程组 $\boldsymbol{Ax}=\boldsymbol{b}$ 的通解为

$$\boldsymbol{x}=c\begin{pmatrix}-3\\2\\1\end{pmatrix}+\begin{pmatrix}2\\-1\\0\end{pmatrix}=\begin{pmatrix}2-3c\\-1+2c\\c\end{pmatrix},\quad c\text{ 为任意实数},$$

于是得 $\boldsymbol{b}=(\boldsymbol{a}_1,\boldsymbol{a}_2,\boldsymbol{a}_3)\boldsymbol{x}=(2-3c)\boldsymbol{a}_1+(-1+2c)\boldsymbol{a}_2+c\boldsymbol{a}_3$.

例 3.14 证明向量组

$$A:\boldsymbol{a}_1=\begin{pmatrix}1\\-1\\1\\-1\end{pmatrix},\boldsymbol{a}_2=\begin{pmatrix}3\\1\\1\\3\end{pmatrix}\quad 和\quad B:\boldsymbol{b}_1=\begin{pmatrix}2\\0\\1\\1\end{pmatrix},\boldsymbol{b}_2=\begin{pmatrix}1\\1\\0\\2\end{pmatrix},\boldsymbol{b}_3=\begin{pmatrix}3\\-1\\2\\0\end{pmatrix}$$

等价.

证明 记 $\boldsymbol{A}=(\boldsymbol{a}_1,\boldsymbol{a}_2)$,$\boldsymbol{B}=(\boldsymbol{b}_1,\boldsymbol{b}_2,\boldsymbol{b}_3)$,只要证明 $R(\boldsymbol{A})=R(\boldsymbol{B})=R(\boldsymbol{A},\boldsymbol{B})$ 即可. 用初等行变换将 $(\boldsymbol{A},\boldsymbol{B})$ 化为行阶梯形矩阵,即

$$(\boldsymbol{A},\boldsymbol{B})=\begin{pmatrix}1&3&2&1&3\\-1&1&0&1&-1\\1&1&1&0&2\\-1&3&1&2&0\end{pmatrix}\to\begin{pmatrix}1&3&2&1&3\\0&4&2&2&2\\0&-2&-1&-1&-1\\0&6&3&3&3\end{pmatrix}$$

$$\to\begin{pmatrix}1&3&2&1&3\\0&2&1&1&1\\0&0&0&0&0\\0&0&0&0&0\end{pmatrix}.$$

可见,$R(\boldsymbol{A})=R(\boldsymbol{A},\boldsymbol{B})=2$,而矩阵 $\boldsymbol{B}$ 中有不等于 **0** 的二阶子式,故 $R(\boldsymbol{B})\geqslant 2$;又 $R(\boldsymbol{B})\leqslant R(\boldsymbol{A},\boldsymbol{B})=2$,因此 $R(\boldsymbol{B})=2$,于是 $R(\boldsymbol{A})=R(\boldsymbol{B})=R(\boldsymbol{A},\boldsymbol{B})$,所以两个向量组等价.

3.4 线性方程组解的结构

前面介绍了用矩阵的初等变换解线性方程组的方法,并建立了两个重要的定理,即定理 3.5 和 3.6. 下面用向量组的线性相关性理论来讨论线性方程组在有无穷解的情况下解的结构.

3.4.1 齐次线性方程组的基础解系与解的结构

先讨论齐次线性方程组 $\boldsymbol{Ax}=\boldsymbol{0}$,其中

$$\boldsymbol{A}=\begin{pmatrix}a_{11}&a_{12}&\cdots&a_{1n}\\a_{21}&a_{22}&\cdots&a_{2n}\\\vdots&\vdots&&\vdots\\a_{m1}&a_{m2}&\cdots&a_{mn}\end{pmatrix},\quad \boldsymbol{x}=\begin{pmatrix}x_1\\x_2\\\vdots\\x_n\end{pmatrix}.$$

若向量 $\boldsymbol{x}=\boldsymbol{\xi}$ 满足 $\boldsymbol{A\xi}=\boldsymbol{0}$，则称 $\boldsymbol{x}=\boldsymbol{\xi}$ 为齐次线性方程组 $\boldsymbol{Ax}=\boldsymbol{0}$ 的**解向量**. 下面讨论解向量的性质.

性质 3.1 若 $\boldsymbol{\xi}_1,\boldsymbol{\xi}_2$ 是 $\boldsymbol{Ax}=\boldsymbol{0}$ 的解向量，c_1,c_2 为任意实数，则 $\boldsymbol{x}=c_1\boldsymbol{\xi}_1+c_2\boldsymbol{\xi}_2$ 也是 $\boldsymbol{Ax}=\boldsymbol{0}$ 的解向量.

证明 因为 $\boldsymbol{A}(c_1\boldsymbol{\xi}_1+c_2\boldsymbol{\xi}_2)=c_1\boldsymbol{A\xi}_1+c_2\boldsymbol{A\xi}_2=c_1\cdot\boldsymbol{0}+c_2\cdot\boldsymbol{0}=\boldsymbol{0}$，所以 $\boldsymbol{x}=c_1\boldsymbol{\xi}_1+c_2\boldsymbol{\xi}_2$ 也是 $\boldsymbol{Ax}=\boldsymbol{0}$ 的解向量.

性质 3.2 设 S 为方程组 $\boldsymbol{Ax}=\boldsymbol{0}$ 的全体解所组成的集合，S 的一个最大无关组为 $S_0:\boldsymbol{\xi}_1,\boldsymbol{\xi}_2,\cdots,\boldsymbol{\xi}_t$，则 $\boldsymbol{x}=c_1\boldsymbol{\xi}_1+c_2\boldsymbol{\xi}_2+\cdots+c_t\boldsymbol{\xi}_t$（$c_1,c_2\cdots,c_t$ 为任意实数）就是方程组 $\boldsymbol{Ax}=\boldsymbol{0}$ 的通解.

证明 因为方程组 $\boldsymbol{Ax}=\boldsymbol{0}$ 的任一解都可以由 S_0 线性表示，再由性质 3.1 知，S_0 的任意线性组合都是方程组 $\boldsymbol{Ax}=\boldsymbol{0}$ 的解，所以 $\boldsymbol{x}=c_1\boldsymbol{\xi}_1+c_2\boldsymbol{\xi}_2+\cdots+c_t\boldsymbol{\xi}_t$ 是方程组 $\boldsymbol{Ax}=\boldsymbol{0}$ 的通解.

齐次线性方程组的解集的一个最大无关组称为齐次线性方程组的**基础解系**.

设齐次线性方程组 $\boldsymbol{Ax}=\boldsymbol{0}$ 的系数矩阵 $\boldsymbol{A}$ 的秩 $R(\boldsymbol{A})=r$，不妨设 $\boldsymbol{A}$ 的前 r 个列向量线性无关，于是经过初等行变换得出 $\boldsymbol{A}$ 的行最简形矩阵为

$$\boldsymbol{B}=\begin{pmatrix} 1 & \cdots & 0 & b_{11} & \cdots & b_{1,n-r} \\ \vdots & & \vdots & \vdots & & \vdots \\ 0 & \cdots & 1 & b_{r1} & \cdots & b_{r,n-r} \\ 0 & & & & & 0 \\ \vdots & & & & & \vdots \\ 0 & & \cdots & \cdots & & 0 \end{pmatrix}.$$

对应的同解方程组为

$$\begin{cases} x_1=-b_{11}x_{r+1}-\cdots-b_{1,n-r}x_n, \\ \qquad\cdots\cdots \\ x_r=-b_{r1}x_{r+1}-\cdots-b_{r,n-r}x_n. \end{cases} \tag{3.4.1}$$

把 $x_{r+1},x_{r+2},\cdots,x_n$ 作为自由未知量，并令它们依次为 $c_1,c_2,\cdots,c_{n-r}$，可得到方程组的通解为

$$\begin{pmatrix} x_1 \\ \vdots \\ x_r \\ x_{r+1} \\ x_{r+2} \\ \vdots \\ x_n \end{pmatrix}=c_1\begin{pmatrix} -b_{11} \\ \vdots \\ -b_{r1} \\ 1 \\ 0 \\ \vdots \\ 0 \end{pmatrix}+c_2\begin{pmatrix} -b_{12} \\ \vdots \\ -b_{r2} \\ 0 \\ 1 \\ \vdots \\ 0 \end{pmatrix}+\cdots+c_{n-r}\begin{pmatrix} -b_{1,n-r} \\ \vdots \\ -b_{r,n-r} \\ 0 \\ 0 \\ \vdots \\ 1 \end{pmatrix}.$$

记上式为

$$\boldsymbol{x}=c_1\boldsymbol{\xi}_1+c_2\boldsymbol{\xi}_2+\cdots+c_{n-r}\boldsymbol{\xi}_{n-r},$$

则解集 S 中的任一个向量 $\boldsymbol{x}$ 都能由 $S_0:\boldsymbol{\xi}_1,\boldsymbol{\xi}_2,\cdots,\boldsymbol{\xi}_{n-r}$ 线性表示，又因为 S_0 线性无关，于是 S_0 成为 S 的一个最大无关组，所以 $S_0:\boldsymbol{\xi}_1,\boldsymbol{\xi}_2,\cdots,\boldsymbol{\xi}_{n-r}$ 为方程组 $\boldsymbol{Ax}=\boldsymbol{0}$ 的基础解系.

另外也可以先求出基础解系，再将它们组合后得出通解. 方法是在(3.4.1)式中令自由未知量依次取下列 $n-r$ 组数

$$\begin{pmatrix}x_{r+1}\\x_{r+2}\\\vdots\\x_n\end{pmatrix}=\begin{pmatrix}1\\0\\\vdots\\0\end{pmatrix},\quad\begin{pmatrix}0\\1\\\vdots\\0\end{pmatrix},\quad\cdots,\quad\begin{pmatrix}0\\0\\\vdots\\1\end{pmatrix}.$$

显然它们线性无关. 依次得出

$$\begin{pmatrix}x_1\\\vdots\\x_r\end{pmatrix}=\begin{pmatrix}-b_{11}\\\vdots\\-b_{r1}\end{pmatrix},\quad\begin{pmatrix}-b_{12}\\\vdots\\-b_{r2}\end{pmatrix},\quad\cdots,\quad\begin{pmatrix}-b_{1,n-r}\\\vdots\\-b_{r,n-r}\end{pmatrix}.$$

于是得到基础解系

$$\boldsymbol{\xi}_1=\begin{pmatrix}-b_{11}\\\vdots\\-b_{r1}\\1\\0\\\vdots\\0\end{pmatrix},\quad\boldsymbol{\xi}_2=\begin{pmatrix}-b_{12}\\\vdots\\-b_{r2}\\0\\1\\\vdots\\0\end{pmatrix},\quad\cdots,\quad\boldsymbol{\xi}_{n-r}=\begin{pmatrix}-b_{1,n-r}\\\vdots\\-b_{r,n-r}\\0\\0\\\vdots\\1\end{pmatrix}.$$

由上面的研究，可以得出下面关于齐次线性方程组的定理.

定理 3.7 设 $m\times n$ 矩阵 $\boldsymbol{A}$ 的秩 $R(\boldsymbol{A})=r$，则 n 元齐次线性方程组 $\boldsymbol{Ax}=\boldsymbol{0}$ 的解集 S 的秩 $R_S=n-r$.

进一步，当 $R(\boldsymbol{A})=n$ 时，方程组 $\boldsymbol{Ax}=\boldsymbol{0}$ 没有基础解系(解集中只有一个零向量)；当 $R(\boldsymbol{A})=r<n$ 时，方程组 $\boldsymbol{Ax}=\boldsymbol{0}$ 的基础解系中含有 $n-r$ 个向量，由最大无关组的性质可知，方程组 $\boldsymbol{Ax}=\boldsymbol{0}$ 的任意 $n-r$ 个线性无关的解向量都可以构成方程组的基础解系. 由此可知基础解系的非唯一性，从而通解的形式也不是唯一的.

例 3.15 求齐次线性方程组

$$\begin{cases} x_1 + x_2 - 2x_3 - x_4 = 0, \\ 2x_1 - 5x_2 + x_3 + 2x_4 = 0, \\ 7x_1 - 7x_2 - 4x_3 + x_4 = 0 \end{cases}$$

的基础解系与通解.

解 对系数矩阵作初等行变换,化为行最简矩阵,即

$$\boldsymbol{A} = \begin{pmatrix} 1 & 1 & -2 & -1 \\ 2 & -5 & 1 & 2 \\ 7 & -7 & -4 & 1 \end{pmatrix} \to \begin{pmatrix} 1 & 1 & -2 & -1 \\ 0 & -7 & 5 & 4 \\ 0 & -14 & 10 & 8 \end{pmatrix}$$

$$\to \begin{pmatrix} 1 & 1 & -2 & -1 \\ 0 & -7 & 5 & 4 \\ 0 & 0 & 0 & 0 \end{pmatrix} \to \begin{pmatrix} 1 & 0 & -\frac{9}{7} & -\frac{3}{7} \\ 0 & 1 & -\frac{5}{7} & -\frac{4}{7} \\ 0 & 0 & 0 & 0 \end{pmatrix}.$$

得到同解方程组 $\begin{cases} x_1 = \frac{9}{7}x_3 + \frac{3}{7}x_4, \\ x_2 = \frac{5}{7}x_3 + \frac{4}{7}x_4. \end{cases}$

分别令 $\begin{pmatrix} x_3 \\ x_4 \end{pmatrix} = \begin{pmatrix} 1 \\ 0 \end{pmatrix}, \begin{pmatrix} 0 \\ 1 \end{pmatrix}$,则对应的基础解系为

$$\boldsymbol{\xi}_1 = \begin{pmatrix} \frac{9}{7} \\ \frac{5}{7} \\ 1 \\ 0 \end{pmatrix}, \quad \boldsymbol{\xi}_2 = \begin{pmatrix} \frac{3}{7} \\ \frac{4}{7} \\ 0 \\ 1 \end{pmatrix}.$$

于是得出通解为

$$\boldsymbol{x} = c_1\boldsymbol{\xi}_1 + c_2\boldsymbol{\xi}_2, \quad c_1, c_2 \text{ 为任意实数}.$$

另外还可以取 $\begin{pmatrix} x_3 \\ x_4 \end{pmatrix} = \begin{pmatrix} 1 \\ 1 \end{pmatrix}, \begin{pmatrix} 1 \\ 2 \end{pmatrix}$,得到另一基础解系

$$\boldsymbol{\eta}_1 = \begin{pmatrix} \frac{12}{7} \\ \frac{9}{7} \\ 1 \\ 1 \end{pmatrix}, \quad \boldsymbol{\eta}_2 = \begin{pmatrix} \frac{15}{7} \\ \frac{13}{7} \\ 1 \\ 2 \end{pmatrix}.$$

通解为 $\boldsymbol{x}=k_1\boldsymbol{\eta}_1+k_2\boldsymbol{\eta}_2$（$k_1,k_2$ 为任意实数）.

显然上述两个基础解系是等价的.虽然两个通解形式不同，但都有两个任意常数，且都可以表示方程组的任意解.

例 3.16 证明：矩阵 $\boldsymbol{A}_{m\times n}$ 与 $\boldsymbol{B}_{l\times n}$ 的行向量组等价的充要条件是齐次方程组 $\boldsymbol{Ax}=\boldsymbol{0}$ 与 $\boldsymbol{Bx}=\boldsymbol{0}$ 同解.

证明 必要性是显然的，下面证明充分性.

设齐次方程组 $\boldsymbol{Ax}=\boldsymbol{0}$ 与 $\boldsymbol{Bx}=\boldsymbol{0}$ 同解，于是它们也与方程组

$$\begin{cases}\boldsymbol{Ax}=\boldsymbol{0},\\ \boldsymbol{Bx}=\boldsymbol{0}\end{cases}$$

即

$$\begin{pmatrix}\boldsymbol{A}\\ \boldsymbol{B}\end{pmatrix}\boldsymbol{x}=\boldsymbol{0}$$

同解，所以 3 个系数矩阵的秩相等，即

$$R(\boldsymbol{A})=R(\boldsymbol{B})=R\begin{pmatrix}\boldsymbol{A}\\ \boldsymbol{B}\end{pmatrix},$$

因此 $R(\boldsymbol{A}^{\mathrm{T}})=R(\boldsymbol{B}^{\mathrm{T}})=R(\boldsymbol{A}^{\mathrm{T}},\boldsymbol{B}^{\mathrm{T}})$，于是 $\boldsymbol{A}^{\mathrm{T}}$ 与 $\boldsymbol{B}^{\mathrm{T}}$ 的列向量组等价，即矩阵 $\boldsymbol{A}$ 与 $\boldsymbol{B}$ 的行向量组等价.

例 3.17 证明 $R(\boldsymbol{A}^{\mathrm{T}}\boldsymbol{A})=R(\boldsymbol{A})$.

证明 设 $\boldsymbol{A}$ 为 $m\times n$ 矩阵，$\boldsymbol{x}$ 为 n 维列向量.如果 $\boldsymbol{x}$ 满足 $\boldsymbol{Ax}=\boldsymbol{0}$，则有 $\boldsymbol{A}^{\mathrm{T}}(\boldsymbol{Ax})=\boldsymbol{0}$，也即 $(\boldsymbol{A}^{\mathrm{T}}\boldsymbol{A})\boldsymbol{x}=\boldsymbol{0}$；

反之，若 $\boldsymbol{x}$ 满足 $(\boldsymbol{A}^{\mathrm{T}}\boldsymbol{A})\boldsymbol{x}=\boldsymbol{0}$，则 $\boldsymbol{x}^{\mathrm{T}}(\boldsymbol{A}^{\mathrm{T}}\boldsymbol{A})\boldsymbol{x}=0$，即 $(\boldsymbol{Ax})^{\mathrm{T}}(\boldsymbol{Ax})=0$，于是 $\boldsymbol{Ax}=\boldsymbol{0}$.

综上可知方程组 $\boldsymbol{Ax}=\boldsymbol{0}$ 与 $(\boldsymbol{A}^{\mathrm{T}}\boldsymbol{A})\boldsymbol{x}=\boldsymbol{0}$ 同解，则 $\boldsymbol{A}$ 与 $\boldsymbol{A}^{\mathrm{T}}\boldsymbol{A}$ 的行向量组等价，因此 $R(\boldsymbol{A}^{\mathrm{T}}\boldsymbol{A})=R(\boldsymbol{A})$.

3.4.2 非齐次线性方程组解的结构

下面讨论非齐次线性方程组的解的结构.

对于非齐次线性方程组

$$\begin{cases}a_{11}x_1+a_{12}x_2+\cdots+a_{1n}x_n=b_1,\\ a_{21}x_1+a_{22}x_2+\cdots+a_{2n}x_n=b_2,\\ \qquad\cdots\cdots\\ a_{m1}x_1+a_{m2}x_2+\cdots+a_{mn}x_n=b_m,\end{cases}\tag{3.4.2}$$

简写成向量方程

$$\boldsymbol{Ax}=\boldsymbol{b}.$$

它的解也就是方程组(3.4.2)的解向量,具有以下性质.

性质 3.3 设 $\boldsymbol{\eta}_1,\boldsymbol{\eta}_2$ 都是 $\boldsymbol{Ax}=\boldsymbol{b}$ 的解,则 $\boldsymbol{\eta}_1-\boldsymbol{\eta}_2$ 为对应的齐次方程组 $\boldsymbol{Ax}=\boldsymbol{0}$ 的解.

证明 $\boldsymbol{A}(\boldsymbol{\eta}_1-\boldsymbol{\eta}_2)=\boldsymbol{A\eta}_1-\boldsymbol{A\eta}_2=\boldsymbol{b}-\boldsymbol{b}=\boldsymbol{0}$,即结论成立.

性质 3.4 设 $\boldsymbol{\eta}$ 是 $\boldsymbol{Ax}=\boldsymbol{b}$ 的解,$\boldsymbol{\xi}$ 为对应的齐次方程组 $\boldsymbol{Ax}=\boldsymbol{0}$ 的解,则 $\boldsymbol{\xi}+\boldsymbol{\eta}$ 也是 $\boldsymbol{Ax}=\boldsymbol{b}$ 的解.

证明 $\boldsymbol{A}(\boldsymbol{\xi}+\boldsymbol{\eta})=\boldsymbol{A\xi}+\boldsymbol{A\eta}=\boldsymbol{0}+\boldsymbol{b}=\boldsymbol{b}$,则结论成立.

于是对于非齐次线性方程组,有如下通解结构定理.

定理 3.8 设齐次线性方程组 $\boldsymbol{Ax}=\boldsymbol{0}$ 的通解为 $\boldsymbol{x}=c_1\boldsymbol{\xi}_1+c_2\boldsymbol{\xi}_2+\cdots+c_{n-r}\boldsymbol{\xi}_{n-r}$,非齐次线性方程组 $\boldsymbol{Ax}=\boldsymbol{b}$ 的一个解为 $\boldsymbol{\eta}^*$,则非齐次线性方程组 $\boldsymbol{Ax}=\boldsymbol{b}$ 的通解为

$$\boldsymbol{x}=c_1\boldsymbol{\xi}_1+c_2\boldsymbol{\xi}_2+\cdots+c_{n-r}\boldsymbol{\xi}_{n-r}+\boldsymbol{\eta}^*.$$

例 3.18 解方程组

$$\begin{cases}x_1-x_2-x_3+\ x_4=-2,\\ x_1-x_2+x_3-3x_4=2,\\ x_1-x_2\qquad\ \ -x_4=0.\end{cases}$$

解 对增广矩阵 $\boldsymbol{B}$ 施行初等行变换,即

$$\boldsymbol{B}=\begin{pmatrix}1&-1&-1&1&-2\\1&-1&1&-3&2\\1&-1&0&-1&0\end{pmatrix}\to\begin{pmatrix}1&-1&-1&1&-2\\0&0&2&-4&4\\0&0&1&-2&2\end{pmatrix}$$

$$\to\begin{pmatrix}1&-1&0&-1&0\\0&0&1&-2&2\\0&0&0&0&0\end{pmatrix},$$

则 $R(\boldsymbol{A})=R(\boldsymbol{B})=2$,故方程组有无穷多解,且有

$$\begin{cases}x_1=x_2+x_4,\\ x_3=2x_4+2.\end{cases}$$

取 $x_2=x_4=0$,则 $x_1=0,x_3=2$,从而得出方程组的一个解

$$\boldsymbol{\eta}^*=\begin{pmatrix}0\\0\\2\\0\end{pmatrix}.$$

在对应的齐次方程组 $\begin{cases}x_1=x_2+x_4,\\ x_3=2x_4\end{cases}$ 中分别令 $\begin{pmatrix}x_2\\x_4\end{pmatrix}=\begin{pmatrix}1\\0\end{pmatrix},\begin{pmatrix}0\\1\end{pmatrix}$,得出 $\begin{pmatrix}x_1\\x_3\end{pmatrix}=\begin{pmatrix}1\\0\end{pmatrix}$,

$\begin{pmatrix}1\\2\end{pmatrix}$,从而得出齐次方程组的基础解系为

$$\boldsymbol{\xi}_1=\begin{pmatrix}1\\1\\0\\0\end{pmatrix},\quad \boldsymbol{\xi}_2=\begin{pmatrix}1\\0\\2\\1\end{pmatrix},$$

所以所求的通解为

$$\begin{pmatrix}x_1\\x_2\\x_3\\x_4\end{pmatrix}=c_1\boldsymbol{\xi}_1+c_2\boldsymbol{\xi}_2+\boldsymbol{\eta}^*=c_1\begin{pmatrix}1\\1\\0\\0\end{pmatrix}+c_2\begin{pmatrix}1\\0\\2\\1\end{pmatrix}+\begin{pmatrix}0\\0\\2\\0\end{pmatrix},\quad c_1,c_2\text{ 为任意实数}.$$

3.5 向量空间简介

定义 3.6 设 V 为 n 维向量的集合,如果 V 非空,并且对于加法及数乘两种运算封闭,那么就称 V 为**向量空间**,其中运算封闭是指若 $\boldsymbol{a}\in V,\boldsymbol{b}\in V,k\in\mathbf{R}$,则有 $\boldsymbol{a}+\boldsymbol{b}\in V,k\boldsymbol{a}\in V$.

例如,n 维向量的全体集合 $\mathbf{R}^n$ 是向量空间.

再如,集合 $V=\{\boldsymbol{x}=(0,x_2,\cdots,x_n)\mid x_2,\cdots,x_n\in\mathbf{R}\}$是向量空间. 齐次线性方程组 $\boldsymbol{Ax}=\mathbf{0}$ 的解集 $S=\{\boldsymbol{x}\mid\boldsymbol{Ax}=\mathbf{0}\}$是向量空间(称为齐次线性方程组的**解空间**).

而集合 $W=\{\boldsymbol{x}=(1,x_2,\cdots,x_n)\mid x_2,\cdots,x_n\in\mathbf{R}\}$不是向量空间.

定义 3.7 设有向量空间 V_1,V_2,如果 $V_1\subset V_2$,则称 V_1 是 V_2 的**子空间**. 例如向量空间 $V=\{\boldsymbol{x}=(0,x_2,\cdots,x_n)\mid x_2,\cdots,x_n\in\mathbf{R}\}$是 $\mathbf{R}^n$ 的子空间.

定义 3.8 设 V 是向量空间,如果 r 个向量 $\boldsymbol{a}_1,\boldsymbol{a}_2,\cdots,\boldsymbol{a}_r$ 是 V 的一个最大无关组,那么向量组 $\boldsymbol{a}_1,\boldsymbol{a}_2,\cdots,\boldsymbol{a}_r$ 称为向量空间 V 的一个**基**,r 称为向量空间 V 的**维数**,并称 V 为 r **维向量空间**.

如果 V 的一个向量 $\boldsymbol{a}=\lambda_1\boldsymbol{a}_1+\lambda_2\boldsymbol{a}_2+\cdots+\lambda_r\boldsymbol{a}_r$,则数 $\lambda_1,\lambda_2,\cdots,\lambda_r$ 称为向量 $\boldsymbol{a}$ 在基 $\boldsymbol{a}_1,\boldsymbol{a}_2,\cdots,\boldsymbol{a}_r$ 下的**坐标**.

例如,n 维向量空间 $\mathbf{R}^n$ 的单位坐标向量 $\boldsymbol{e}_1,\boldsymbol{e}_2,\cdots,\boldsymbol{e}_n$ 就是一组基,称为**自然基**.

例 3.19 设 $\boldsymbol{A}=(\boldsymbol{a}_1,\boldsymbol{a}_2,\boldsymbol{a}_3)=\begin{pmatrix}2&2&-1\\4&-2&4\\-1&2&2\end{pmatrix}$,$\boldsymbol{B}=(\boldsymbol{b}_1,\boldsymbol{b}_2)=\begin{pmatrix}1&4\\0&6\\-4&2\end{pmatrix}$. 证明 $\boldsymbol{a}_1,\boldsymbol{a}_2,\boldsymbol{a}_3$ 是 $\mathbf{R}^3$ 的一组基,并求 $\boldsymbol{b}_1,\boldsymbol{b}_2$ 在这组基下的坐标.

解　只要证明 $R(\boldsymbol{A})=3$ 并解方程 $\boldsymbol{AX}=\boldsymbol{B}$ 即可. 因为

$$(\boldsymbol{A},\boldsymbol{B})=\begin{pmatrix}2&2&-1&1&4\\4&-2&4&0&6\\-1&2&2&-4&2\end{pmatrix}\to\begin{pmatrix}1&0&0&\frac{2}{3}&\frac{4}{3}\\0&1&0&-\frac{2}{3}&1\\0&0&1&-1&\frac{2}{3}\end{pmatrix},$$

于是 $R(\boldsymbol{A})=3$，所以 $\boldsymbol{a}_1,\boldsymbol{a}_2,\boldsymbol{a}_3$ 是 $\mathbf{R}^3$ 的一组基，$\boldsymbol{b}_1,\boldsymbol{b}_2$ 在这组基下的坐标分别为 $\frac{2}{3}$，$-\frac{2}{3}$，-1 和 $\frac{4}{3}$，1，$\frac{2}{3}$.

例 3.20　在 $\mathbf{R}^3$ 中取定一个基 $\boldsymbol{a}_1,\boldsymbol{a}_2,\boldsymbol{a}_3$，再取一个新基 $\boldsymbol{b}_1,\boldsymbol{b}_2,\boldsymbol{b}_3$. 设 $\boldsymbol{A}=(\boldsymbol{a}_1,\boldsymbol{a}_2,\boldsymbol{a}_3)$，$\boldsymbol{B}=(\boldsymbol{b}_1,\boldsymbol{b}_2,\boldsymbol{b}_3)$. 求用 $\boldsymbol{a}_1,\boldsymbol{a}_2,\boldsymbol{a}_3$ 表示 $\boldsymbol{b}_1,\boldsymbol{b}_2,\boldsymbol{b}_3$ 的表示式(**基变换公式**)，并求向量在两个基中的坐标之间的关系式(**坐标变换公式**).

解　设 $\boldsymbol{e}_1,\boldsymbol{e}_2,\boldsymbol{e}_3$ 是 $\mathbf{R}^3$ 的自然基，则

$$\boldsymbol{A}=(\boldsymbol{a}_1,\boldsymbol{a}_2,\boldsymbol{a}_3)=(\boldsymbol{e}_1,\boldsymbol{e}_2,\boldsymbol{e}_3)\boldsymbol{A},\quad(\boldsymbol{e}_1,\boldsymbol{e}_2,\boldsymbol{e}_3)=(\boldsymbol{a}_1,\boldsymbol{a}_2,\boldsymbol{a}_3)\boldsymbol{A}^{-1}.$$

故

$$\boldsymbol{B}=(\boldsymbol{b}_1,\boldsymbol{b}_2,\boldsymbol{b}_3)=(\boldsymbol{e}_1,\boldsymbol{e}_2,\boldsymbol{e}_3)\boldsymbol{B}=(\boldsymbol{a}_1,\boldsymbol{a}_2,\boldsymbol{a}_3)\boldsymbol{A}^{-1}\boldsymbol{B},$$

即基变换公式为

$$(\boldsymbol{b}_1,\boldsymbol{b}_2,\boldsymbol{b}_3)=(\boldsymbol{a}_1,\boldsymbol{a}_2,\boldsymbol{a}_3)\boldsymbol{A}^{-1}\boldsymbol{B}.$$

令 $\boldsymbol{P}=\boldsymbol{A}^{-1}\boldsymbol{B}$，称 $\boldsymbol{P}$ 为从旧基到新基的**过渡矩阵**.

设向量 $\boldsymbol{x}$ 在旧基和新基中的坐标分别为 y_1,y_2,y_3 和 z_1,z_2,z_3，即

$$\boldsymbol{x}=(\boldsymbol{a}_1,\boldsymbol{a}_2,\boldsymbol{a}_3)\begin{pmatrix}y_1\\y_2\\y_3\end{pmatrix},\quad\boldsymbol{x}=(\boldsymbol{b}_1,\boldsymbol{b}_2,\boldsymbol{b}_3)\begin{pmatrix}z_1\\z_2\\z_3\end{pmatrix},$$

因此，$\boldsymbol{A}\begin{pmatrix}y_1\\y_2\\y_3\end{pmatrix}=\boldsymbol{B}\begin{pmatrix}z_1\\z_2\\z_3\end{pmatrix}$，于是 $\begin{pmatrix}z_1\\z_2\\z_3\end{pmatrix}=\boldsymbol{B}^{-1}\boldsymbol{A}\begin{pmatrix}y_1\\y_2\\y_3\end{pmatrix}$，即 $\begin{pmatrix}z_1\\z_2\\z_3\end{pmatrix}=\boldsymbol{P}^{-1}\begin{pmatrix}y_1\\y_2\\y_3\end{pmatrix}$.

*3.6　应用举例

3.6.1　线性方程组在交通控制上的应用

例 3.21　某一城区单行道路网如图 3.1 所示，进出口的车流量(辆/小时)及

各路段的车流向都已经标出.

(1) 求出各路段的车流量;

(2) 若 BC 路段关闭,那么 AD 路段的车流量应控制在什么范围内才能保证所有路段的车流量都不超过 300?

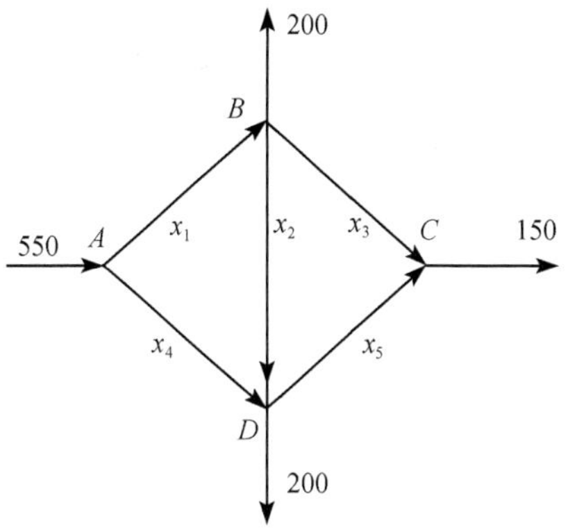

图 3.1

解 (1) 分别设 AB,BD,BC,AD,DC 路段的车流量为 x_1,x_2,x_3,x_4,x_5,在通行正常时进出路口的车辆数应当相等,于是(1)就可以转为解线性方程组

$$\begin{cases} x_1 + x_4 = 550, \\ x_1 - x_2 - x_3 = 200, \\ x_3 + x_5 = 150, \\ x_2 + x_4 - x_5 = 200. \end{cases} \tag{3.6.1}$$

对增广矩阵 $\boldsymbol{B}$ 进行初等行变换,化为行最简矩阵,即

$$\boldsymbol{B} = \begin{pmatrix} 1 & 0 & 0 & 1 & 0 & 550 \\ 1 & -1 & -1 & 0 & 0 & 200 \\ 0 & 0 & 1 & 0 & 1 & 150 \\ 0 & 1 & 0 & 1 & -1 & 200 \end{pmatrix} \to \begin{pmatrix} 1 & 0 & 0 & 1 & 0 & 550 \\ 0 & 1 & 0 & 1 & -1 & 200 \\ 0 & 0 & 1 & 0 & 1 & 150 \\ 0 & 0 & 0 & 0 & 0 & 0 \end{pmatrix}.$$

由于系数矩阵的秩 $R(\boldsymbol{B})=3<5$,所以方程组有无穷多解. 取 $x_4=c_1,x_5=c_2$ 为自由未知量,从而得出各路段的流量为

$$\begin{pmatrix} x_1 \\ x_2 \\ x_3 \\ x_4 \\ x_5 \end{pmatrix} = c_1 \begin{pmatrix} -1 \\ -1 \\ 0 \\ 1 \\ 0 \end{pmatrix} + c_2 \begin{pmatrix} 0 \\ 1 \\ -1 \\ 0 \\ 1 \end{pmatrix} + \begin{pmatrix} 550 \\ 200 \\ 150 \\ 0 \\ 0 \end{pmatrix}, \quad 0 \leqslant c_1 \leqslant 550, 0 \leqslant c_2 \leqslant 150, c_1, c_2 \in \mathbf{Z}.$$

(2) 由 BC 段封闭得出 $x_3=0$,则 $c_2=150$,于是得出

$$\begin{cases} x_1 = 550 - c_1 \leqslant 300, \\ x_2 = 350 - c_1 \leqslant 300, \\ x_4 = c_1 \leqslant 300. \end{cases}$$

因此 c_1 为整数且满足 $250 \leqslant c_1 \leqslant 300$,所以 AD 段车流量应当控制在区间[250,300]内.

3.6.2 线性方程组在空间解析几何上的应用

例 3.22 设在空间坐标系上有 3 个平面,它们的方程分别为

$$\pi_1: x+2y+z-a=0,$$
$$\pi_2: 2x+5y+3z-b=0,$$
$$\pi_3: x-3y-az-a+b=0.$$

(1) 在何种情况下 3 个平面没有公共点?

(2) 在何种情况下 3 个平面相交于一点?

(3) 在何种情况下 3 个平面相交于一条直线?

解 构造线性方程组

$$\begin{cases} x+2y+z=a, \\ 2x+5y+3z=b, \\ x-3y-az=a-b, \end{cases}$$

则(1),(2),(3)分别等价于方程组无解、有唯一解、有无穷多解且解中只有一个自由未知量.

对方程组的增广矩阵进行初等行变换

$$\boldsymbol{B}=\begin{pmatrix} 1 & 2 & 1 & a \\ 2 & 5 & 3 & b \\ 1 & -3 & -a & a-b \end{pmatrix} \to \begin{pmatrix} 1 & 2 & 1 & a \\ 0 & 1 & 1 & b-2a \\ 0 & -5 & -a-1 & -b \end{pmatrix}$$
$$\to \begin{pmatrix} 1 & 0 & -1 & 5a-2b \\ 0 & 1 & 1 & b-2a \\ 0 & 0 & 4-a & 4b-10a \end{pmatrix},$$

于是得出

(1) 当 $a=4, b\neq 10$ 时,$R(\boldsymbol{A})=2\neq R(\boldsymbol{B})=3$,方程组无解,则 3 个平面无公共点.

(2) 当 $a\neq 4$ 时,$R(\boldsymbol{A})=R(\boldsymbol{B})=3$,方程组有唯一解,则 3 个平面交于一点.

(3) 当 $a=4, b=10$ 时,$R(\boldsymbol{A})=R(\boldsymbol{B})=2$,方程组有一个自由未知量,则 3 个平面相交于一条直线.

3.6.3 投入产出模型

例 3.23 一个城镇有 3 个主要生产企业:煤矿、电厂和地方铁路作为它的经济系统.已知生产价值一元的煤,需消耗 0.25 元的电费和 0.35 元的运输费;生产价值一元的电,需消耗 0.40 元的煤费、0.05 元的电费和 0.10 元的运输费;而提供价值一元的铁路运输服务,则需消耗 0.45 元的煤、0.10 元的电费和 0.10 元的运输费.假设在某个星期内,除了这 3 个企业间的彼此需求,煤矿得到 50000 元的订单,电厂得到

25000 元的电量供应要求，而地方铁路得到价值 30000 元的运输需求.

(1) 这 3 个企业在这星期各应生产多少产值才能满足内外需求？

(2) 除了外部需求，试求这星期各企业之间的消耗需求，同时求出各企业新创造的价值(产值中除去各企业的消耗所剩的部分).

(3) 如果煤矿需要增加总产值 10000 元，它对各个企业的产品或服务的完全需求分别将是多少？

分析 这是一个小型的经济上的投入产出模型. 在一个国家或区域的经济系统中，各部门(或企业)既有消耗又有生产，或者说既有"投入"又有"产出"，生产的产品供给各部门和系统外以满足需求，同时也要消耗系统内各部门提供的产品. 消耗的目的是为了生产，生产的结果必然要创造新价值，用以支付工资和获取利润. 显然对每一部门，物资消耗和新创造的价值等于它生产的总价值. 这就是"投入"和"产出"之间的平衡关系.

解 设煤矿、电厂和地方铁路在这星期总产值分别为 x_1(元)，x_2(元)和 x_3(元)，则易得

$$\begin{cases}0x_1+0.40x_2+0.45x_3+50000=x_1,\\0.25x_1+0.05x_2+0.10x_3+25000=x_2,\\0.35x_1+0.10x_2+0.10x_3+30000=x_3.\end{cases}\tag{3.6.2}$$

方程组(3.6.2)中的每个等式以价值形式说明了每个企业需满足

中间产品(作为系统内各企业的消耗)＋最终产品(外部需求)＝总产品，

称为**分配平衡方程组**.

另外，若设 z_1(元)，z_2(元)和 z_3(元)分别为煤矿、电厂和地方铁路在这星期的新创价值，那么应有

$$\begin{cases}0x_1+0.25x_1+0.35x_1+z_1=x_1,\\0.40x_2+0.05x_2+0.10x_2+z_2=x_2,\\0.45x_3+0.10x_3+0.10x_3+z_3=x_3.\end{cases}\tag{3.6.3}$$

方程组(3.6.3)说明每个企业需满足

系统内各企业产品的消耗＋新创价值＝总产值，

称为**消耗平衡方程组**.

设

$$\boldsymbol{A}=\begin{pmatrix}0&0.40&0.45\\0.25&0.05&0.10\\0.35&0.10&0.10\end{pmatrix},\quad \boldsymbol{x}=\begin{pmatrix}x_1\\x_2\\x_3\end{pmatrix},\quad \boldsymbol{y}=\begin{pmatrix}50000\\25000\\30000\end{pmatrix},$$

经济学上分别称为**直接消耗矩阵**、**产出向量**和**最后需求(或最终产品)向量**，$\boldsymbol{A}$ 中的

元素 a_{ij} 称为**直接消耗系数**,则方程组(3.6.2)可改写为矩阵形式 $\boldsymbol{Ax}+\boldsymbol{y}=\boldsymbol{x}$,即

$$(\boldsymbol{E}-\boldsymbol{A})\boldsymbol{x}=\boldsymbol{y}, \tag{3.6.4}$$

其中 $\boldsymbol{E}$ 是单位矩阵,$\boldsymbol{E}-\boldsymbol{A}$ 称为 **Leontief** 矩阵.

3 个列向量

$$x_1\cdot\begin{pmatrix}0\\0.25\\0.35\end{pmatrix},\quad x_2\cdot\begin{pmatrix}0.40\\0.05\\0.10\end{pmatrix},\quad x_3\cdot\begin{pmatrix}0.45\\0.10\\0.10\end{pmatrix}$$

分别表示 3 个企业相对于煤矿、电厂和铁路的总产值的产品消耗(或称投入). 这 3 个列向量组成的矩阵 $\boldsymbol{T}$ 可以由下式得到

$$\boldsymbol{T}=\boldsymbol{A}\begin{pmatrix}x_1&0&0\\0&x_2&0\\0&0&x_3\end{pmatrix},$$

它是投入产出分析中的投入产出表的基本部分. 有了总产值和各企业的投入,就立即得到新创价值.

由式(3.6.4)利用解方程组的方法,易求得各个企业的总产值(产出向量)为 $x_1=114458.0$(元),$x_2=65395.4$(元),$x_3=85111.0$(元),代入式(3.6.3)可得各企业新创造的价值为 $z_1=45783.2$(元),$z_2=29427.9$(元),$z_3=29788.8$(元).

将结果列成下表,即投入产出表(仅取到个位数,并且考虑到产生的误差而略作修正).

表 3.1 (单位:元)

投入 \ 产出		中间产品				最终产品	总产值
		煤矿	电厂	铁路	小计		
中间投入	煤矿	0	26158	38300	64458	50000	114458
	电厂	28614	3270	8511	40395	25000	65395
	铁路	40060	6540	8511	55111	30000	85111
	小计	68674	35968	55322	159964	105000	264964
新创价值		45784	29427	29789	105000		
总产值		114458	65395	85111	264964		

由于某个企业在进行生产或提供服务时,对任何一个产品的直接消耗事实上还蕴涵着对其他产品的间接消耗. 例如,地方铁路在运输时直接消耗了煤,但它还通过消耗电而间接消耗煤,因为电的生产需要消耗煤. 这样就有了完全消耗系数的概念. 完全消耗系数是指某企业生产单位产值的产品而对其他企业产品的总消耗值.

现在设煤矿、电厂和地方铁路生产单位产值对煤、电和铁路运输的总消耗值

(即完全消耗系数)分别为 $b_{ij}(i,j=1,2,3)$,则有

$$a_{ij}+\sum_{k=1}^{n}b_{ik}a_{kj}=b_{ij}. \tag{3.6.5}$$

记 $\boldsymbol{B}=\begin{pmatrix}b_{11}&b_{12}&b_{13}\\b_{21}&b_{22}&b_{23}\\b_{31}&b_{32}&b_{33}\end{pmatrix}$,称为**完全消耗矩阵**.则式(3.6.5)可以写成矩阵形式 $\boldsymbol{A}+\boldsymbol{BA}=\boldsymbol{B}$,从而

$$\begin{aligned}\boldsymbol{B}&=\boldsymbol{A}(\boldsymbol{E}-\boldsymbol{A})^{-1}=[\boldsymbol{E}-(\boldsymbol{E}-\boldsymbol{A})](\boldsymbol{E}-\boldsymbol{A})^{-1}=(\boldsymbol{E}-\boldsymbol{A})^{-1}-\boldsymbol{E}\\&=\begin{pmatrix}0.456583&0.698125&0.805861\\0.448179&0.279897&0.366300\\0.616246&0.413704&0.465201\end{pmatrix}.\end{aligned}$$

一般来说,在对一个国家或区域的经济用投入产出法进行分析和研究时,首先就是根据统计数字制定投入产出表,进而计算出有关的技术系数(如直接消耗系数).通过对这些系数的分析,可以了解经济系统的结构和各部门之间的数量关系;还可以建立上述的反映分配平衡和消耗平衡关系的代数方程组,通过求解方程组来获知最终需求的变动对各部门生产的影响.

与直接消耗矩阵 $\boldsymbol{A}$ 一样,完全消耗矩阵 $\boldsymbol{B}$ 反映了煤矿、电厂和铁路在生产需求上的关系.但后者从完全需求的角度揭示了它们在更深层次上的相互依赖关系.这意味着如果该城镇要扩大煤的生产而每周增加产值 1 万元,那就不仅需要相应增加 0.25 万元的电和 0.35 万元的运输能力作为直接消耗,事实上而且还必须有约 0.46 万元的煤、0.24 万元的电和 0.27 万元的运输能力作为间接消耗.这对经济部门的计划决策者而言是极其重要的数量依据.在为某企业或部门扩大生产而进行投资等问题上,需要充分考虑其他部门的相应能力.

阅读小资料

高斯(图 3.2),德国著名数学家、物理学家、天文学家,享有"数学王子"的美誉.

图 3.2 高斯

1792 年,15 岁的高斯进入 Braunschweig 学院.在那里高斯开始研究高等数学,独立发现了二项式定理的一般形式、数论上的"二次互反律"、素数定理及算术-几何平均数.

1795 年高斯进入格丁根大学.1796 年,19 岁的高斯得到了一个数学史上极重要的结果,就是《正十七边形尺规作图之理论与方法》.

大约在1800年，高斯提出了高斯消元法，并用它解决了天体计算和后来的地球表面测量计算中的最小二乘法问题. 高斯消元法是线性代数中的一个基本算法，可用来为线性方程组求解、求矩阵的秩以及求可逆方阵的逆矩阵，而高斯-若尔当消元法是高斯消元法的另一个版本，其方法与高斯消去法相类似. 唯一相异之处就是高斯-若尔当消元法产生出来的矩阵是一个简化行梯阵式，而不是高斯消元法中的行梯阵式. 与高斯消元法相比，高斯-若尔当消元法的效率比较低，但可把方程组的解用矩阵一次性表示出来.

1855年2月23日清晨，77岁的高斯于睡梦中去世.

习 题 3

(A)

1. 设向量 $\boldsymbol{a}_1=\begin{pmatrix}1\\2\\1\end{pmatrix},\boldsymbol{a}_2=\begin{pmatrix}2\\3\\-1\end{pmatrix},\boldsymbol{a}_3=\begin{pmatrix}-3\\4\\2\end{pmatrix}$. 求 $\boldsymbol{a}_1+\boldsymbol{a}_2,2\boldsymbol{a}_1-\boldsymbol{a}_2+3\boldsymbol{a}_3$.

2. 判断下列向量组是线性相关还是线性无关：

(1) $\begin{pmatrix}-2\\3\\1\end{pmatrix},\begin{pmatrix}3\\2\\1\end{pmatrix},\begin{pmatrix}1\\5\\2\end{pmatrix}$；　　(2) $\begin{pmatrix}2\\5\\0\end{pmatrix},\begin{pmatrix}-1\\3\\0\end{pmatrix},\begin{pmatrix}1\\0\\4\end{pmatrix}$.

3. 当 k 取何值时下列向量组线性相关：

$$\boldsymbol{a}_1=\begin{pmatrix}k\\1\\1\end{pmatrix},\quad \boldsymbol{a}_2=\begin{pmatrix}1\\k\\-1\end{pmatrix},\quad \boldsymbol{a}_3=\begin{pmatrix}1\\-1\\k\end{pmatrix}.$$

4. 令 $\boldsymbol{b}_1=\boldsymbol{a}_1+\boldsymbol{a}_2,\boldsymbol{b}_2=\boldsymbol{a}_2+\boldsymbol{a}_3,\boldsymbol{b}_3=\boldsymbol{a}_3+\boldsymbol{a}_4,\boldsymbol{b}_4=\boldsymbol{a}_4+\boldsymbol{a}_1$. 证明：它们线性相关.

5. 设 $\boldsymbol{b}_1=\boldsymbol{a}_1,\boldsymbol{b}_2=\boldsymbol{a}_1+\boldsymbol{a}_2,\cdots,\boldsymbol{b}_r=\boldsymbol{a}_1+\boldsymbol{a}_2+\cdots+\boldsymbol{a}_r$，且向量组 $\boldsymbol{a}_1,\boldsymbol{a}_2,\cdots,\boldsymbol{a}_r$ 线性无关. 证明：向量组 $\boldsymbol{b}_1,\boldsymbol{b}_2,\cdots,\boldsymbol{b}_r$ 也线性无关.

6. 求下列向量组的秩，并求出一个最大无关组：

(1) $\boldsymbol{a}_1=\begin{pmatrix}1\\2\\-1\\4\end{pmatrix},\boldsymbol{a}_2=\begin{pmatrix}9\\100\\10\\4\end{pmatrix},\boldsymbol{a}_3=\begin{pmatrix}-2\\-4\\2\\-8\end{pmatrix}$；

(2) $\boldsymbol{a}_1=\begin{pmatrix}1\\2\\1\\3\end{pmatrix},\boldsymbol{a}_2=\begin{pmatrix}4\\-1\\-5\\-6\end{pmatrix},\boldsymbol{a}_3=\begin{pmatrix}1\\-3\\-4\\-7\end{pmatrix},\boldsymbol{a}_4=\begin{pmatrix}3\\6\\3\\9\end{pmatrix}$.

7. 设向量组

$$\begin{pmatrix}a\\3\\1\end{pmatrix},\quad \begin{pmatrix}1\\2\\1\end{pmatrix},\quad \begin{pmatrix}2\\b\\3\end{pmatrix},\quad \begin{pmatrix}2\\3\\1\end{pmatrix}$$

的秩为 2. 求 a,b 的值.

8. 求解下列齐次线性方程组：

(1) $\begin{cases}x_1+x_2+2x_3-x_4=0,\\2x_1+x_2+x_3-x_4=0,\\2x_1+2x_2+x_3+2x_4=0;\end{cases}$　　(2) $\begin{cases}3x_1+4x_2-5x_3+7x_4=0,\\2x_1-3x_2+3x_3-2x_4=0,\\4x_1+11x_2-13x_3+16x_4=0,\\7x_1-2x_2+x_3+3x_4=0.\end{cases}$

9. 解下列非齐次线性方程组：

(1) $\begin{cases}4x+2y-z=2,\\3x-y+2z=10,\\11x+3y=8;\end{cases}$　　(2) $\begin{cases}2x_1+x_2-x_3+x_4=1,\\3x_1-2x_2+x_3-3x_4=4,\\x_1+4x_2-3x_3+5x_4=-2.\end{cases}$

10. λ 取何值时，非齐次线性方程组

$$\begin{cases}\lambda x_1+x_2+x_3=1,\\x_1+\lambda x_2+x_3=\lambda,\\x_1+x_2+\lambda x_3=\lambda^2\end{cases}$$

(1) 有唯一解；(2) 无解；(3) 有无穷多组解？并在有无穷多组解时求出通解.

11. 已知向量组

$$A: a_1=\begin{pmatrix}-1\\0\\1\end{pmatrix},\quad a_2=\begin{pmatrix}1\\2\\1\end{pmatrix},\quad a_3=\begin{pmatrix}3\\2\\-1\end{pmatrix};$$

$$B: b_1=\begin{pmatrix}0\\1\\1\end{pmatrix},\quad b_2=\begin{pmatrix}1\\1\\0\end{pmatrix}.$$

证明它们等价.

12. 求齐次线性方程组

$$\begin{cases}x_1+8x_2+6x_3-3x_4=0,\\3x_1+5x_2+4x_3-2x_4=0,\\8x_1+7x_2+6x_3-3x_4=0\end{cases}$$

的基础解系.

13. 设齐次线性方程组

$$\text{Ⅰ}:\begin{cases}x_1+x_2=0,\\x_2-x_4=0;\end{cases}\quad \text{Ⅱ}:\begin{cases}x_1-x_2+x_3=0,\\x_2-x_3+x_4=0.\end{cases}$$

求：(1) 方程组Ⅰ与Ⅱ的基础解系；(2) 方程组Ⅰ与Ⅱ的公共解.

14. 判断下列方程组解的情况，如果有无穷多组解，写出它们通解的结构：

(1) $\begin{cases} x_1+x_2 = 5, \\ 2x_1+x_2+x_3+2x_4 = 1, \\ 5x_1+3x_2+2x_3+2x_4=3; \end{cases}$ (2) $\begin{cases} x_1-5x_2+2x_3-3x_4=11, \\ 5x_1+3x_2+6x_3-x_4=-1, \\ 2x_1+4x_2+2x_3+x_4=-6. \end{cases}$

15. 已知 $\boldsymbol{\xi}_0=\begin{pmatrix}2\\1\\1\\0\end{pmatrix}$是非齐次线性方程组

$$\begin{cases} ax_1 - x_2 + 3x_3 - 2x_4 = 4, \\ x_1 + bx_2 + 2x_3 - 6x_4 = 1, \\ x_1 + 5x_2 + cx_3 + 10x_4 = 6 \end{cases}$$

的一个解.求对应齐次方程组的基础解系中向量的个数.

16. 设 $\boldsymbol{\eta}_1,\boldsymbol{\eta}_2,\cdots,\boldsymbol{\eta}_s$ 是非齐次线性方程组 $\boldsymbol{Ax}=\boldsymbol{b}$ 的解,$k_1,k_2,\cdots,k_s$ 为实数,且满足 $k_1+k_2+\cdots+k_s=1$. 证明:$\boldsymbol{x}=k_1\boldsymbol{\eta}_1+k_2\boldsymbol{\eta}_2+\cdots+k_s\boldsymbol{\eta}_s$ 也是方程组的解.

17. 设集合

$$V_1=\{\boldsymbol{x}=(x_1,x_2,\cdots,x_n)^{\mathrm{T}} \mid x_1+x_2+\cdots+x_n=0, x_1,x_2,\cdots,x_n\in\mathbf{R}\},$$
$$V_2=\{\boldsymbol{x}=(x_1,x_2,\cdots,x_n)^{\mathrm{T}} \mid x_1+x_2+\cdots+x_n=1, x_1,x_2,\cdots,x_n\in\mathbf{R}\}.$$

试判断它们是不是向量空间.

18. 试证:由 $\boldsymbol{a}_1=\begin{pmatrix}0\\1\\1\end{pmatrix},\boldsymbol{a}_2=\begin{pmatrix}1\\0\\1\end{pmatrix},\boldsymbol{a}_3=\begin{pmatrix}1\\1\\0\end{pmatrix}$所生成的向量空间就是 $\mathbf{R}^3$.

19. 由 $\boldsymbol{a}_1=\begin{pmatrix}1\\1\\0\\0\end{pmatrix},\boldsymbol{a}_2=\begin{pmatrix}1\\0\\2\\2\end{pmatrix}$所生成的向量空间为 L_1,由 $\boldsymbol{b}_1=\begin{pmatrix}2\\-1\\3\\3\end{pmatrix},\boldsymbol{b}_2=\begin{pmatrix}0\\1\\-1\\-1\end{pmatrix}$所生成的向量空间为 L_2. 证明:$L_1=L_2$.

(B)

1. 填空题.

(1) 已知 $\boldsymbol{A}$、$\boldsymbol{B}$ 均是三阶的非零阵,$R(\boldsymbol{A})=2$,$\boldsymbol{AB}=\boldsymbol{O}$,则 $R(\boldsymbol{B})=$________.

(2) 设 $\boldsymbol{A}$ 为三阶非零矩阵,$\boldsymbol{B}=\begin{pmatrix}2&-1&-1\\3&-1&-2\\-1&1&a\end{pmatrix}$,且 $(\boldsymbol{AB})^{\mathrm{T}}=\boldsymbol{O}$,则 $a=$________.

(3) 设 $\boldsymbol{A}$ 为五阶方阵,$R(\boldsymbol{A})=4$,则 $R(\boldsymbol{A}^*)=$________.

(4) 设 $\boldsymbol{x}_1,\boldsymbol{x}_2,\cdots,\boldsymbol{x}_r$ 为非齐次线性方程组 $\boldsymbol{Ax}=\boldsymbol{b}$ 的一组解,如果 $c_1\boldsymbol{x}_1+c_2\boldsymbol{x}_2+\cdots+c_r\boldsymbol{x}_r$ 也是 $\boldsymbol{Ax}=\boldsymbol{b}$ 的解,则 $c_1+c_2+\cdots+c_r=$________.

(5) 设有一个4元齐次线性方程组 $\boldsymbol{Ax}=\boldsymbol{0}$,$R(\boldsymbol{A})=2$,$\boldsymbol{\alpha}_1,\boldsymbol{\alpha}_2,\boldsymbol{\alpha}_3$ 为其解向量,且 $\boldsymbol{\alpha}_1=\begin{pmatrix}2\\0\\0\\9\end{pmatrix}$,

$\boldsymbol{\alpha}_2+\boldsymbol{\alpha}_3=\begin{pmatrix}2\\0\\1\\0\end{pmatrix}$,则方程组的通解为________.

2. 选择题.

(1) n 维向量组 $\boldsymbol{\alpha}_1,\boldsymbol{\alpha}_2,\cdots,\boldsymbol{\alpha}_s(3\leqslant s\leqslant n)$线性无关的充分必要条件是(　　).

(A) 存在一组不全为 0 的常数 $k_1,k_2,\cdots,k_s$,使 $k_1\boldsymbol{\alpha}_1+k_2\boldsymbol{\alpha}_2+\cdots+k_s\boldsymbol{\alpha}_s\neq\mathbf{0}$;

(B) 该向量组中任意两个向量都线性无关;

(C) 该向量组中存在一个向量,它不能用其余向量线性表示;

(D) 该向量组中任意一向量都不能用其余向量线性表示.

(2) 齐次线性方程组 $\boldsymbol{Ax}=\mathbf{0}$ 有非零解的充要条件是(　　).

(A) $\boldsymbol{A}$ 的任意两个列向量线性无关;

(B) $\boldsymbol{A}$ 的任意两个列向量线性相关;

(C) 必有 $\boldsymbol{A}$ 的一列向量是其余列向量的线性组合;

(D) $\boldsymbol{A}$ 的任一列向量都是其余列向量的线性组合.

(3) 设 $\boldsymbol{A}$ 是 $m\times n$ 阶矩阵,$\boldsymbol{Ax}=\mathbf{0}$ 是非齐次线性方程组 $\boldsymbol{Ax}=\boldsymbol{b}$ 所对应的齐次线性方程组,则下列结论正确的是(　　).

(A) 若 $\boldsymbol{Ax}=\mathbf{0}$ 仅有零解,则 $\boldsymbol{Ax}=\boldsymbol{b}$ 有唯一解;

(B) 若 $\boldsymbol{Ax}=\mathbf{0}$ 有非零解,则 $\boldsymbol{Ax}=\boldsymbol{b}$ 有无穷多解;

(C) 若 $\boldsymbol{Ax}=\boldsymbol{b}$ 有无穷多解,则 $\boldsymbol{Ax}=\mathbf{0}$ 仅有零解;

(D) 若 $\boldsymbol{Ax}=\boldsymbol{b}$ 有无穷多解,则 $\boldsymbol{Ax}=\mathbf{0}$ 有非零解.

(4) 设 $m\times n$ 矩阵 $\boldsymbol{A}$ 的秩为 $R(\boldsymbol{A})=n-1$,且 $\boldsymbol{\xi}_1,\boldsymbol{\xi}_2$ 是齐次方程组 $\boldsymbol{Ax}=\mathbf{0}$ 的两个不同的解,则 $\boldsymbol{Ax}=\mathbf{0}$ 的通解为(　　).

(A) $k\boldsymbol{\xi}_1,k\in\mathbf{R}$;　(B) $k\boldsymbol{\xi}_2,k\in\mathbf{R}$;　(C) $k(\boldsymbol{\xi}_1+\boldsymbol{\xi}_2),k\in\mathbf{R}$;　(D) $k(\boldsymbol{\xi}_1-\boldsymbol{\xi}_2),k\in\mathbf{R}$.

(5) 三阶矩阵 $\boldsymbol{B}\neq\boldsymbol{O}$,且 $\boldsymbol{B}$ 的每个列向量是方程组 $\begin{cases}x_1+2x_2-2x_3=0,\\2x_1-x_2+\lambda x_3=0,\\3x_1+x_2-x_3=0\end{cases}$ 的解,则 $\lambda=$(　　).

(A) 1;　(B) 2;　(C) 3;　(D) 4.

3. 已知向量组 $\boldsymbol{a}_1,\boldsymbol{a}_2,\cdots,\boldsymbol{a}_r$ 线性无关,但 $\boldsymbol{a}_1,\boldsymbol{a}_2,\cdots,\boldsymbol{a}_r,\boldsymbol{b}$ 线性相关.证明:$\boldsymbol{b}$ 可以用 $\boldsymbol{a}_1,\boldsymbol{a}_2,\cdots,\boldsymbol{a}_r$ 线性表示,且表示方法唯一.

4. 利用初等行变换求矩阵 $\boldsymbol{A}$ 的列向量组的一个最大无关组,并把其余列向量用最大无关组线性表示,

$$\boldsymbol{A}=\begin{pmatrix}1&1&2&2&1\\0&2&1&5&-1\\2&0&3&-1&3\\1&1&0&4&-1\end{pmatrix}.$$

5. 写出一个以 $\boldsymbol{x}=c_1\begin{pmatrix}2\\-3\\1\\0\end{pmatrix}+c_2\begin{pmatrix}-2\\4\\0\\1\end{pmatrix}$ 为通解的齐次线性方程组.

6. 设

$$\begin{cases}\boldsymbol{\beta}_1 = \quad\ \ \boldsymbol{a}_2+\boldsymbol{a}_3+\cdots+\boldsymbol{a}_n,\\ \boldsymbol{\beta}_2=\boldsymbol{a}_1\quad\ \ +\boldsymbol{a}_3+\cdots+\boldsymbol{a}_n,\\ \quad\cdots\cdots\\ \boldsymbol{\beta}_n=\boldsymbol{a}_1+\boldsymbol{a}_2+\cdots+\boldsymbol{a}_{n-1}.\end{cases}$$

证明向量组 $A:\boldsymbol{a}_1,\boldsymbol{a}_2,\cdots,\boldsymbol{a}_n$ 与向量组 $B:\boldsymbol{\beta}_1,\boldsymbol{\beta}_2,\cdots,\boldsymbol{\beta}_n$ 等价.

7. 设有一个四元非齐次线性方程组的系数矩阵的秩是3,已知 $\boldsymbol{\eta}_1,\boldsymbol{\eta}_2,\boldsymbol{\eta}_3$ 是它的3个解向量,且

$$\boldsymbol{\eta}_1=\begin{pmatrix}2\\3\\4\\5\end{pmatrix},\quad \boldsymbol{\eta}_2+\boldsymbol{\eta}_3=\begin{pmatrix}1\\2\\3\\4\end{pmatrix}.$$

求该方程组的通解.

8. 已知 $\mathbf{R}^3$ 的两个基

$$\boldsymbol{a}_1=\begin{pmatrix}1\\1\\1\end{pmatrix},\quad \boldsymbol{a}_2=\begin{pmatrix}1\\0\\-1\end{pmatrix},\quad \boldsymbol{a}_3\begin{pmatrix}1\\0\\1\end{pmatrix}$$

及

$$\boldsymbol{b}_1=\begin{pmatrix}1\\2\\1\end{pmatrix},\quad \boldsymbol{b}_2=\begin{pmatrix}2\\3\\4\end{pmatrix},\quad \boldsymbol{b}_3=\begin{pmatrix}3\\4\\3\end{pmatrix}.$$

求由基 $\boldsymbol{a}_1,\boldsymbol{a}_2,\boldsymbol{a}_3$ 到基 $\boldsymbol{b}_1,\boldsymbol{b}_2,\boldsymbol{b}_3$ 的过渡矩阵.

9. 求向量组 A:

$$\boldsymbol{a}_1=\begin{pmatrix}1\\1\\1\\3\end{pmatrix},\quad \boldsymbol{a}_2=\begin{pmatrix}1\\3\\-5\\-1\end{pmatrix},\quad \boldsymbol{a}_3=\begin{pmatrix}3\\1\\10\\15\end{pmatrix},\quad \boldsymbol{a}_4=\begin{pmatrix}2\\6\\-10\\-2k\end{pmatrix},\quad \boldsymbol{a}_5=\begin{pmatrix}1\\3\\b\\3\end{pmatrix}$$

的最大无关组.

第 4 章

特征值、特征向量与二次型

本章主要讨论方阵的特征值与特征向量、方阵的相似对角化和二次型的化简等问题.下面首先介绍向量的内积、长度及正交等预备知识.

4.1　向量的内积与正交性

4.1.1　向量的内积与夹角

定义 4.1　设有 n 维向量

$$\boldsymbol{x}=\begin{pmatrix}x_1\\x_2\\\vdots\\x_n\end{pmatrix},\quad \boldsymbol{y}=\begin{pmatrix}y_1\\y_2\\\vdots\\y_n\end{pmatrix},$$

称$[\boldsymbol{x},\boldsymbol{y}]=x_1y_1+x_2y_2+\cdots+x_ny_n$ 为向量 $\boldsymbol{x}$ 与 $\boldsymbol{y}$ 的**内积**.

内积是向量的一种运算,实际上,内积是解析几何中向量的数量积的推广.

若用矩阵记号表示,当 $\boldsymbol{x}$ 与 $\boldsymbol{y}$ 都是列向量时,有

$$[\boldsymbol{x},\boldsymbol{y}]=\boldsymbol{x}^{\mathrm{T}}\boldsymbol{y}.$$

内积具有下列性质($\boldsymbol{x},\boldsymbol{y},\boldsymbol{z}$ 为 n 维向量,λ 为实数):

(1) $[\boldsymbol{x},\boldsymbol{y}]=[\boldsymbol{y},\boldsymbol{x}]$;

(2) $[\lambda\boldsymbol{x},\boldsymbol{y}]=\lambda[\boldsymbol{x},\boldsymbol{y}]$;

(3) $[\boldsymbol{x}+\boldsymbol{y},\boldsymbol{z}]=[\boldsymbol{x},\boldsymbol{z}]+[\boldsymbol{y},\boldsymbol{z}]$;

(4) $[\boldsymbol{x},\boldsymbol{x}]\geqslant 0$,当且仅当 $\boldsymbol{x}=\boldsymbol{0}$ 时有$[\boldsymbol{x},\boldsymbol{x}]=0$.

定义 4.2　令 $\|\boldsymbol{x}\|=\sqrt{[\boldsymbol{x},\boldsymbol{x}]}=\sqrt{x_1^2+x_2^2+\cdots+x_n^2}$,称 $\|\boldsymbol{x}\|$ 为 n 维向量 $\boldsymbol{x}$ 的**长度**(或**范数**).

当 $\|x\|=1$ 时，x 称为**单位向量**；对 n 维非零向量 x，称 $\varepsilon=\dfrac{x}{\|x\|}$ 为 x 的**规范化向量**，这个过程叫做向量的**规范化**（或**单位化**）.

向量的长度具有下列性质.

(1) 非负性：$\|x\|\geqslant 0$，当且仅当 $x=\mathbf{0}$ 时，$\|x\|=0$；

(2) 齐次性：$\|\lambda x\|=|\lambda|\,\|x\|$；

(3) 三角不等式：$\|x+y\|\leqslant\|x\|+\|y\|$.

(4) 柯西-施瓦茨(Cauchy-Schwarz)不等式：$|[x,y]|\leqslant\|x\|\,\|y\|$，当且仅当 x 与 y 线性相关时等号成立.

进一步，称 $x-y$ 的范数为 x 与 y 的**距离**，记为 $d(x,y)$，即距离

$$d(x,y)=\|x-y\|=\sqrt{(x_1-y_1)^2+(x_2-y_2)^2+\cdots+(x_n-y_n)^2}.$$

定义 4.3 设 x,y 为 n 维非零向量，则 x 与 y 的**夹角**定义为

$$\theta=\arccos\frac{[x,y]}{\|x\|\,\|y\|},\quad 0\leqslant\theta\leqslant\pi,$$

即

$$\cos\theta=\frac{[x,y]}{\|x\|\,\|y\|},\quad 0\leqslant\theta\leqslant\pi.$$

定义 4.4 当 $[x,y]=0$，即夹角 $\theta=\dfrac{\pi}{2}$ 时，称 x 与 y **正交**，记作 $x\perp y$. 显然，零向量与任何向量都正交.

例 4.1 设向量 α 与 β 正交，证明：

(1) $\|\alpha+\beta\|^2=\|\alpha\|^2+\|\beta\|^2$；

(2) $\|\alpha+\beta\|=\|\alpha-\beta\|$.

证明 (1) $\|\alpha+\beta\|^2=[\alpha+\beta,\alpha+\beta]=[\alpha,\alpha]+2[\alpha,\beta]+[\beta,\beta]$

$=[\alpha,\alpha]+[\beta,\beta]=\|\alpha\|^2+\|\beta\|^2$.

此例是勾股定理在向量空间中的推广.

(2) 同理可证 $\|\alpha-\beta\|^2=\|\alpha\|^2+\|\beta\|^2=\|\alpha+\beta\|^2$，故 $\|\alpha+\beta\|=\|\alpha-\beta\|$.

4.1.2 正交向量组

定义 4.5 **正交向量组**是指由两两正交的非零向量 $\alpha_1,\alpha_2,\cdots,\alpha_r$ 构成的向量组. 它有如下性质.

定理 4.1 正交向量组 $\alpha_1,\alpha_2,\cdots,\alpha_r$ 必线性无关.

证明 设有 $k_1,k_2,\cdots k_r$，使得

$$k_1\boldsymbol{\alpha}_1+k_2\boldsymbol{\alpha}_2+\cdots+k_r\boldsymbol{\alpha}_r=\mathbf{0}.$$

两边用 $\boldsymbol{\alpha}_i(1\leqslant i\leqslant r)$ 作内积，即得

$$\begin{aligned}&[k_1\boldsymbol{\alpha}_1+k_2\boldsymbol{\alpha}_2+\cdots+k_r\boldsymbol{\alpha}_r,\boldsymbol{\alpha}_i]\\=&k_1[\boldsymbol{\alpha}_1,\boldsymbol{\alpha}_i]+k_2[\boldsymbol{\alpha}_2,\boldsymbol{\alpha}_i]+\cdots+k_r[\boldsymbol{\alpha}_r,\boldsymbol{\alpha}_i]=k_i[\boldsymbol{\alpha}_i,\boldsymbol{\alpha}_i]=0.\end{aligned}$$

由于向量非零，$[\boldsymbol{\alpha}_i,\boldsymbol{\alpha}_i]\neq0$，故 $k_i=0(1\leqslant i\leqslant r)$，因此 $\boldsymbol{\alpha}_1,\boldsymbol{\alpha}_2,\cdots,\boldsymbol{\alpha}_r$ 线性无关.

例 4.2 已知 3 维向量空间 $\mathbf{R}^3$ 中两个向量

$$\boldsymbol{\alpha}_1=\begin{pmatrix}1\\1\\1\end{pmatrix},\quad\boldsymbol{\alpha}_2=\begin{pmatrix}1\\-2\\1\end{pmatrix}$$

正交. 试求一个非零向量 $\boldsymbol{\alpha}_3$，使得 $\boldsymbol{\alpha}_1,\boldsymbol{\alpha}_2,\boldsymbol{\alpha}_3$ 两两正交.

解 设 $\boldsymbol{\alpha}_3=\begin{pmatrix}x_1\\x_2\\x_3\end{pmatrix}$. 由 $\boldsymbol{\alpha}_3$ 与 $\boldsymbol{\alpha}_1,\boldsymbol{\alpha}_2$ 正交，得

$$\begin{cases}x_1+x_2+x_3=0,\\x_1-2x_2+x_3=0.\end{cases}$$

令 $\boldsymbol{A}=\begin{pmatrix}1&1&1\\1&-2&1\end{pmatrix}$，则 $\boldsymbol{\alpha}_3$ 就是 $\boldsymbol{Ax}=\mathbf{0}$ 的解.

由 $\boldsymbol{A}\to\begin{pmatrix}1&1&1\\0&-3&0\end{pmatrix}\to\begin{pmatrix}1&0&1\\0&1&0\end{pmatrix}$，得 $\begin{cases}x_1=-x_3,\\x_2=0,\end{cases}$ 从而有基础解系 $\begin{pmatrix}-1\\0\\1\end{pmatrix}$. 取 $\boldsymbol{\alpha}_3=\begin{pmatrix}-1\\0\\1\end{pmatrix}$ 即为所求.

定义 4.6 设 n 维向量 $\boldsymbol{e}_1,\boldsymbol{e}_2,\cdots,\boldsymbol{e}_n$ 是向量空间 $V(V\subset\mathbf{R}^n)$ 的一个基. 如果 $\boldsymbol{e}_1,\boldsymbol{e}_2,\cdots,\boldsymbol{e}_n$ 两两正交，且都是单位向量，则称 $\boldsymbol{e}_1,\boldsymbol{e}_2,\cdots,\boldsymbol{e}_n$ 是 V 的一个**规范正交基**. 例如，

$$\boldsymbol{e}_1=\begin{pmatrix}\frac{1}{\sqrt{2}}\\\frac{1}{\sqrt{2}}\\0\\0\end{pmatrix},\quad\boldsymbol{e}_2=\begin{pmatrix}\frac{1}{\sqrt{2}}\\-\frac{1}{\sqrt{2}}\\0\\0\end{pmatrix},\quad\boldsymbol{e}_3=\begin{pmatrix}0\\0\\\frac{1}{\sqrt{2}}\\\frac{1}{\sqrt{2}}\end{pmatrix},\quad\boldsymbol{e}_4=\begin{pmatrix}0\\0\\\frac{1}{\sqrt{2}}\\-\frac{1}{\sqrt{2}}\end{pmatrix}$$

就是 $\mathbf{R}^4$ 的一个规范正交基.

由于规范正交基的运算比较简便，一个直观的想法就是如何将向量空间 V 中的任意一个基转化为规范正交基，这个过程称为对基实施**规范正交化**过程，对此有下面的定理及转换.

定理 4.2（施密特(Schmidt)正交化方法） 设 $\boldsymbol{\alpha}_1,\boldsymbol{\alpha}_2,\cdots,\boldsymbol{\alpha}_r$ 是向量空间 V 的一个基，若令

$$\boldsymbol{\beta}_1=\boldsymbol{\alpha}_1;$$

$$\boldsymbol{\beta}_2=\boldsymbol{\alpha}_2-\frac{[\boldsymbol{\beta}_1,\boldsymbol{\alpha}_2]}{[\boldsymbol{\beta}_1,\boldsymbol{\beta}_1]}\boldsymbol{\beta}_1;$$

……

$$\boldsymbol{\beta}_r=\boldsymbol{\alpha}_r-\frac{[\boldsymbol{\beta}_1,\boldsymbol{\alpha}_r]}{[\boldsymbol{\beta}_1,\boldsymbol{\beta}_1]}\boldsymbol{\beta}_1-\frac{[\boldsymbol{\beta}_2,\boldsymbol{\alpha}_r]}{[\boldsymbol{\beta}_2,\boldsymbol{\beta}_2]}\boldsymbol{\beta}_2-\cdots-\frac{[\boldsymbol{\beta}_{r-1},\boldsymbol{\alpha}_r]}{[\boldsymbol{\beta}_{r-1},\boldsymbol{\beta}_{r-1}]}\boldsymbol{\beta}_{r-1},$$

则 $\boldsymbol{\beta}_1,\boldsymbol{\beta}_2,\cdots,\boldsymbol{\beta}_r$ 就是 V 的正交基.

再把它们单位化，即取

$$\boldsymbol{e}_1=\frac{1}{\|\boldsymbol{\beta}_1\|}\boldsymbol{\beta}_1,\quad \boldsymbol{e}_2=\frac{1}{\|\boldsymbol{\beta}_2\|}\boldsymbol{\beta}_2,\quad \cdots,\quad \boldsymbol{e}_r=\frac{1}{\|\boldsymbol{\beta}_r\|}\boldsymbol{\beta}_r,$$

就得到 V 的一个规范正交基.

例 4.3 将 $\mathbf{R}^3$ 的一个基 $\boldsymbol{\alpha}_1=\begin{pmatrix}1\\1\\1\end{pmatrix},\boldsymbol{\alpha}_2=\begin{pmatrix}1\\2\\1\end{pmatrix},\boldsymbol{\alpha}_3=\begin{pmatrix}0\\1\\1\end{pmatrix}$化为规范正交基.

解 正交化：

取

$$\boldsymbol{\beta}_1=\boldsymbol{\alpha}_1=\begin{pmatrix}1\\1\\1\end{pmatrix},\quad \boldsymbol{\beta}_2=\boldsymbol{\alpha}_2-\frac{[\boldsymbol{\beta}_1,\boldsymbol{\alpha}_2]}{[\boldsymbol{\beta}_1,\boldsymbol{\beta}_1]}\boldsymbol{\beta}_1=\begin{pmatrix}1\\2\\1\end{pmatrix}-\frac{4}{3}\begin{pmatrix}1\\1\\1\end{pmatrix}=\begin{pmatrix}-\frac{1}{3}\\\frac{2}{3}\\-\frac{1}{3}\end{pmatrix},$$

$$\boldsymbol{\beta}_3=\boldsymbol{\alpha}_3-\frac{[\boldsymbol{\beta}_1,\boldsymbol{\alpha}_3]}{[\boldsymbol{\beta}_1,\boldsymbol{\beta}_1]}\boldsymbol{\beta}_1-\frac{[\boldsymbol{\beta}_2,\boldsymbol{\alpha}_3]}{[\boldsymbol{\beta}_2,\boldsymbol{\beta}_2]}\boldsymbol{\beta}_2=\begin{pmatrix}0\\1\\1\end{pmatrix}-\frac{2}{3}\begin{pmatrix}1\\1\\1\end{pmatrix}-\frac{1}{2}\begin{pmatrix}-\frac{1}{3}\\\frac{2}{3}\\-\frac{1}{3}\end{pmatrix}=\begin{pmatrix}-\frac{1}{2}\\0\\\frac{1}{2}\end{pmatrix}.$$

单位化：

$$e_1=\frac{\boldsymbol{\beta}_1}{\|\boldsymbol{\beta}_1\|}=\begin{pmatrix}\frac{1}{\sqrt{3}}\\ \frac{1}{\sqrt{3}}\\ \frac{1}{\sqrt{3}}\end{pmatrix},\quad e_2=\frac{\boldsymbol{\beta}_2}{\|\boldsymbol{\beta}_2\|}=\begin{pmatrix}-\frac{1}{\sqrt{6}}\\ \frac{2}{\sqrt{6}}\\ -\frac{1}{\sqrt{6}}\end{pmatrix},\quad e_3=\frac{\boldsymbol{\beta}_3}{\|\boldsymbol{\beta}_3\|}=\begin{pmatrix}-\frac{1}{\sqrt{2}}\\ 0\\ \frac{1}{\sqrt{2}}\end{pmatrix},$$

则 e_1,e_2,e_3 即为所求.

例 4.4 已知 $\boldsymbol{\alpha}_1=\begin{pmatrix}1\\1\\1\end{pmatrix}$. 求一组非零向量 $\boldsymbol{\alpha}_2,\boldsymbol{\alpha}_3$,使得 $\boldsymbol{\alpha}_1,\boldsymbol{\alpha}_2,\boldsymbol{\alpha}_3$ 两两正交.

解 $\boldsymbol{\alpha}_2,\boldsymbol{\alpha}_3$ 应满足方程 $\boldsymbol{\alpha}_1^{\mathrm{T}}\boldsymbol{x}=0$,即 $x_1+x_2+x_3=0$. 它的基础解系为

$$\boldsymbol{\xi}_1=\begin{pmatrix}1\\0\\-1\end{pmatrix},\quad \boldsymbol{\xi}_2=\begin{pmatrix}0\\1\\-1\end{pmatrix},$$

把基础解系正交化即为所求,即取

$$\boldsymbol{\alpha}_2=\boldsymbol{\xi}_1,\quad \boldsymbol{\alpha}_3=\boldsymbol{\xi}_2-\frac{[\boldsymbol{\xi}_1,\boldsymbol{\xi}_2]}{[\boldsymbol{\xi}_1,\boldsymbol{\xi}_1]}\boldsymbol{\xi}_1,$$

其中 $[\boldsymbol{\xi}_1,\boldsymbol{\xi}_2]=1$, $[\boldsymbol{\xi}_1,\boldsymbol{\xi}_1]=2$,于是得

$$\boldsymbol{\alpha}_2=\begin{pmatrix}1\\0\\-1\end{pmatrix},\quad \boldsymbol{\alpha}_3=\begin{pmatrix}0\\1\\-1\end{pmatrix}-\frac{1}{2}\begin{pmatrix}1\\0\\-1\end{pmatrix}=\frac{1}{2}\begin{pmatrix}-1\\2\\-1\end{pmatrix}.$$

4.1.3 正交矩阵

定义 4.7 如果 n 阶矩阵 $\boldsymbol{A}$ 满足

$$\boldsymbol{A}^{\mathrm{T}}\boldsymbol{A}=\boldsymbol{E}\quad(\text{即 }\boldsymbol{A}^{-1}=\boldsymbol{A}^{\mathrm{T}}),$$

那么称 $\boldsymbol{A}$ 为**正交矩阵**.

将上式用 $\boldsymbol{A}$ 的列向量表示,得

$$\begin{pmatrix}\boldsymbol{a}_1^{\mathrm{T}}\\ \boldsymbol{a}_2^{\mathrm{T}}\\ \vdots\\ \boldsymbol{a}_n^{\mathrm{T}}\end{pmatrix}(\boldsymbol{a}_1,\boldsymbol{a}_2,\cdots,\boldsymbol{a}_n)=\boldsymbol{E}=\begin{pmatrix}1&&&\\&1&&\\&&\ddots&\\&&&1\end{pmatrix},$$

即

$$a_i^{\mathrm{T}}a_j=\begin{cases}1, & \text{当 } i=j \text{ 时},\\ 0, & \text{当 } i\neq j \text{ 时},\end{cases}\quad i,j=1,2,\cdots n.$$

这就说明,方阵 $\boldsymbol{A}$ 为正交矩阵的充分必要条件是 $\boldsymbol{A}$ 的列向量都是单位向量,且两两正交.

因为 $\boldsymbol{A}^{\mathrm{T}}\boldsymbol{A}=\boldsymbol{E}$ 与 $\boldsymbol{A}\boldsymbol{A}^{\mathrm{T}}=\boldsymbol{E}$ 等价,所以上述结论对 $\boldsymbol{A}$ 的行向量也成立.

由此可见,n 阶正交矩阵 $\boldsymbol{A}$ 的 n 个列(行)向量构成向量空间 $\mathbf{R}^n$ 的一个规范正交基.

例 4.5 验证矩阵

$$\boldsymbol{P}=\begin{pmatrix}\frac{1}{2} & -\frac{1}{2} & \frac{1}{2} & -\frac{1}{2}\\ \frac{1}{2} & -\frac{1}{2} & -\frac{1}{2} & \frac{1}{2}\\ \frac{1}{\sqrt{2}} & \frac{1}{\sqrt{2}} & 0 & 0\\ 0 & 0 & \frac{1}{\sqrt{2}} & \frac{1}{\sqrt{2}}\end{pmatrix}$$

是正交阵.

证明 $\boldsymbol{P}$ 的列向量都是单位向量,且两两正交,所以 $\boldsymbol{P}$ 是正交阵.

正交阵具有以下性质:

(1) 正交矩阵的行列式为 1 或 -1;

(2) 若 $\boldsymbol{A}$ 为正交矩阵,则 $\boldsymbol{A}^{\mathrm{T}},\boldsymbol{A}^{-1},\boldsymbol{A}^{*}$ 仍是正交矩阵;

(3) 若 $\boldsymbol{A},\boldsymbol{B}$ 均为正交矩阵,则 $\boldsymbol{AB}$ 仍是正交矩阵.

定义 4.8 若 $\boldsymbol{P}$ 是正交矩阵,则线性变换 $\boldsymbol{y}=\boldsymbol{Px}$ 称为**正交变换**.

可以证明 $\|\boldsymbol{y}\|=\|\boldsymbol{x}\|$,即正交变换保持线段长度不变,这是正交变换的优良特性.

4.2 矩阵的特征值与特征向量

4.2.1 特征值与特征向量的概念

定义 4.9 设 $\boldsymbol{A}$ 是 n 阶方阵,若存在数 λ 和 n 维非零列向量 $\boldsymbol{x}$,使得

$$\boldsymbol{Ax}=\lambda\boldsymbol{x}\tag{4.2.1}$$

成立,则称数 λ 为矩阵 $\boldsymbol{A}$ 的**特征值**,非零向量 $\boldsymbol{x}$ 为矩阵 $\boldsymbol{A}$ 的对应于(或属于)λ 的**特征向量**.

式(4.2.1)可等价改写成

$$(\boldsymbol{A}-\lambda\boldsymbol{E})\boldsymbol{x}=\boldsymbol{0},$$

这是一个 n 个未知数 n 个方程的齐次线性方程组,它有非零解的充分必要条件是系数行列式 $|\boldsymbol{A}-\lambda\boldsymbol{E}|=0$,即

$$\begin{vmatrix} a_{11}-\lambda & a_{12} & \cdots & a_{1n} \\ a_{21} & a_{22}-\lambda & \cdots & a_{2n} \\ \vdots & \vdots & & \vdots \\ a_{n1} & a_{n2} & \cdots & a_{nn}-\lambda \end{vmatrix}=0.$$

上式是以 λ 为未知数的一元 n 次方程,称为矩阵 $\boldsymbol{A}$ 的**特征方程**. 其左端 $|\boldsymbol{A}-\lambda\boldsymbol{E}|$ 是 λ 的 n 次多项式,称为矩阵 $\boldsymbol{A}$ 的**特征多项式**.

特征方程的根就是 $\boldsymbol{A}$ 的特征值,也称为 $\boldsymbol{A}$ 的**特征根**. 代数基本定理表明:在复数范围内,一元 n 次代数方程必有 n 个根(重根按重数计算),因此,n 阶矩阵 $\boldsymbol{A}$ 在复数范围内有 n 个特征值.

4.2.2 特征值与特征向量的求法

求方阵 $\boldsymbol{A}$ 的特征值与特征向量的步骤如下:

(1) 求特征方程 $|\boldsymbol{A}-\lambda\boldsymbol{E}|=0$ 的全部根,即 $\boldsymbol{A}$ 的全部特征值;

(2) 对每一个特征值 λ_i,代入齐次线性方程组 $(\boldsymbol{A}-\lambda_i\boldsymbol{E})\boldsymbol{x}=\boldsymbol{0}$,求出全部非零解,得到对应于 λ_i 的特征向量.

例 4.6 求矩阵 $\boldsymbol{A}=\begin{pmatrix} 1 & 1 & -1 \\ 0 & 2 & 1 \\ 0 & 0 & 3 \end{pmatrix}$ 的特征值和特征向量.

解 由特征方程 $|\boldsymbol{A}-\lambda\boldsymbol{E}|=0$,即

$$|\boldsymbol{A}-\lambda\boldsymbol{E}|=\begin{vmatrix} 1-\lambda & 1 & -1 \\ 0 & 2-\lambda & 1 \\ 0 & 0 & 3-\lambda \end{vmatrix}=(1-\lambda)(2-\lambda)(3-\lambda)=0,$$

得 $\boldsymbol{A}$ 的 3 个特征值为 $\lambda_1=1,\lambda_2=2,\lambda_3=3$.

对于 $\lambda_1=1$,解方程组 $(\boldsymbol{A}-\lambda_1\boldsymbol{E})\boldsymbol{x}=\boldsymbol{0}$. 由

$$\boldsymbol{A}-\boldsymbol{E}=\begin{pmatrix} 0 & 1 & -1 \\ 0 & 1 & 1 \\ 0 & 0 & 2 \end{pmatrix}\rightarrow\begin{pmatrix} 0 & 1 & -1 \\ 0 & 0 & 2 \\ 0 & 0 & 2 \end{pmatrix}\rightarrow\begin{pmatrix} 0 & 1 & 0 \\ 0 & 0 & 1 \\ 0 & 0 & 0 \end{pmatrix},$$

得基础解系 $\boldsymbol{p}_1=\begin{pmatrix} 1 \\ 0 \\ 0 \end{pmatrix}$,所以 $k_1\boldsymbol{p}_1(k_1\neq 0)$ 是对应于 $\lambda_1=1$ 的全部特征向量.

对于 $\lambda_2=2$，解方程组 $(\boldsymbol{A}-\lambda_2\boldsymbol{E})\boldsymbol{x}=\boldsymbol{0}$，由

$$\boldsymbol{A}-2\boldsymbol{E}=\begin{pmatrix}-1&1&-1\\0&0&1\\0&0&1\end{pmatrix}\to\begin{pmatrix}1&-1&0\\0&0&1\\0&0&0\end{pmatrix},$$

得基础解系 $\boldsymbol{p}_2=\begin{pmatrix}1\\1\\0\end{pmatrix}$，所以 $k_2\boldsymbol{p}_2(k_2\neq0)$ 是对应于 $\lambda_2=2$ 的全部特征向量.

对于 $\lambda_3=3$，解方程组 $(\boldsymbol{A}-\lambda_3\boldsymbol{E})\boldsymbol{x}=\boldsymbol{0}$，由

$$\boldsymbol{A}-3\boldsymbol{E}=\begin{pmatrix}-2&1&-1\\0&-1&1\\0&0&0\end{pmatrix}\to\begin{pmatrix}1&0&0\\0&1&-1\\0&0&0\end{pmatrix},$$

得基础解系 $\boldsymbol{p}_3=\begin{pmatrix}0\\1\\1\end{pmatrix}$，所以 $k_3\boldsymbol{p}_3(k_3\neq0)$ 是对应于 $\lambda_3=3$ 的全部特征向量.

例 4.7　求矩阵 $\boldsymbol{A}=\begin{pmatrix}-1&1&0\\-4&3&0\\1&0&2\end{pmatrix}$ 的特征值和特征向量.

解　$\boldsymbol{A}$ 的特征多项式为

$$|\boldsymbol{A}-\lambda\boldsymbol{E}|=\begin{vmatrix}-1-\lambda&1&0\\-4&3-\lambda&0\\1&0&2-\lambda\end{vmatrix}=(2-\lambda)(1-\lambda)^2,$$

所以 $\boldsymbol{A}$ 的特征值为 $\lambda_1=2,\lambda_2=\lambda_3=1$.

当 $\lambda_1=2$ 时，解方程组 $(\boldsymbol{A}-2\boldsymbol{E})\boldsymbol{x}=\boldsymbol{0}$，由

$$\boldsymbol{A}-2\boldsymbol{E}=\begin{pmatrix}-3&1&0\\-4&1&0\\1&0&0\end{pmatrix}\to\begin{pmatrix}1&0&0\\0&1&0\\0&0&0\end{pmatrix},$$

得基础解系 $\boldsymbol{p}_1=\begin{pmatrix}0\\0\\1\end{pmatrix}$，所以 $k_1\boldsymbol{p}_1(k_1\neq0)$ 是对应于 $\lambda_1=2$ 的全部特征向量.

当 $\lambda_2=\lambda_3=1$ 时，解方程组 $(\boldsymbol{A}-\boldsymbol{E})\boldsymbol{x}=\boldsymbol{0}$，由

$$\boldsymbol{A}-\boldsymbol{E}=\begin{pmatrix}-2&1&0\\-4&2&0\\1&0&1\end{pmatrix}\to\begin{pmatrix}1&0&1\\0&1&2\\0&0&0\end{pmatrix},$$

得基础解系 $\boldsymbol{p}_2=\begin{pmatrix}-1\\-2\\1\end{pmatrix}$,所以 $k_2\boldsymbol{p}_2(k_2\neq0)$是对应于 $\lambda_2=\lambda_3=1$ 的全部特征向量.

例 4.8 求矩阵 $\boldsymbol{A}=\begin{pmatrix}6&2&4\\2&3&2\\4&2&6\end{pmatrix}$的特征值和特征向量.

解 特征多项式为

$$|\boldsymbol{A}-\lambda\boldsymbol{E}|=\begin{vmatrix}6-\lambda&2&4\\2&3-\lambda&2\\4&2&6-\lambda\end{vmatrix}=(11-\lambda)(\lambda-2)^2,$$

得特征值为 $\lambda_1=11,\lambda_2=\lambda_3=2$.

当 $\lambda_1=11$ 时,有

$$\boldsymbol{A}-11\boldsymbol{E}=\begin{pmatrix}-5&2&4\\2&-8&2\\4&2&-5\end{pmatrix}\to\begin{pmatrix}1&-4&1\\0&2&-1\\0&0&0\end{pmatrix}\to\begin{pmatrix}1&-2&0\\0&2&-1\\0&0&0\end{pmatrix},$$

得基础解系 $\boldsymbol{p}_1=\begin{pmatrix}2\\1\\2\end{pmatrix}$,所以 $k_1\boldsymbol{p}_1(k_1\neq0)$是对应于 $\lambda_1=11$ 的全部特征向量.

当 $\lambda_2=\lambda_3=2$ 时,

$$\boldsymbol{A}-2\boldsymbol{E}=\begin{pmatrix}4&2&4\\2&1&2\\4&2&4\end{pmatrix}\to\begin{pmatrix}2&1&2\\0&0&0\\0&0&0\end{pmatrix},$$

得基础解系 $\boldsymbol{p}_2=\begin{pmatrix}1\\-2\\0\end{pmatrix},\boldsymbol{p}_3=\begin{pmatrix}0\\-2\\1\end{pmatrix}$,所以对应于 $\lambda_2=\lambda_3=2$ 的全部特征向量为 $k_2\boldsymbol{p}_2+k_3\boldsymbol{p}_3(k_2,k_3$ 不同时为 0).

4.2.3 特征值与特征向量的性质

上面给出的矩阵的特征值与特征向量的算法适用于具体的数值矩阵,而对于抽象矩阵的特征值与特征向量的计算,则往往需要用定义和性质加以讨论.对此有下列定理.

定理 4.3 设 λ 是 n 阶矩阵 $\boldsymbol{A}$ 的特征值,$\boldsymbol{x}$ 是对应的特征向量,则

(1) $k\lambda$ 是 $k\boldsymbol{A}$ 的特征值,λ^m 是 $\boldsymbol{A}^m$ 的特征值;

(2) λ 是 $\boldsymbol{A}^{\mathrm{T}}$ 的特征值，且若 $\boldsymbol{A}$ 可逆，则 λ^{-1} 是 $\boldsymbol{A}^{-1}$ 的特征值；

(3) 设 $f(x)=a_0+a_1x+\cdots+a_mx^m$ 是 x 的 m 次多项式，则 $f(\lambda)$ 是 $f(\boldsymbol{A})$ 的特征值($f(\boldsymbol{A})=a_0\boldsymbol{E}+a_1\boldsymbol{A}+\cdots+a_m\boldsymbol{A}^m$ 是矩阵 $\boldsymbol{A}$ 的多项式).

证明 以上结论都可由定义推得，这里只证明(3)，

$$\begin{aligned}f(\boldsymbol{A})\boldsymbol{x}&=(a_0\boldsymbol{E}+a_1\boldsymbol{A}+\cdots+a_m\boldsymbol{A}^m)\boldsymbol{x}=(a_0\boldsymbol{x}+a_1\boldsymbol{A}\boldsymbol{x}+\cdots+a_m\boldsymbol{A}^m\boldsymbol{x})\\&=(a_0\boldsymbol{x}+a_1\lambda\boldsymbol{x}+\cdots+a_m\lambda^m\boldsymbol{x})=(a_0+a_1\lambda+\cdots+a_m\lambda^m)\boldsymbol{x}=f(\lambda)\boldsymbol{x},\end{aligned}$$

故 $f(\lambda)$ 是 $f(\boldsymbol{A})$ 的特征值.

定理 4.4 设 $\lambda_1,\lambda_2,\cdots,\lambda_n$ 是 n 阶方阵 $\boldsymbol{A}=(a_{ij})_{n\times n}$ 的 n 个特征值，则

$$\lambda_1+\lambda_2+\cdots+\lambda_n=a_{11}+a_{22}+\cdots+a_{nn}=\mathrm{tr}(\boldsymbol{A}),$$
$$\lambda_1\lambda_2\cdots\lambda_n=|\boldsymbol{A}|,$$

其中 $\mathrm{tr}(\boldsymbol{A})$ 是 $\boldsymbol{A}$ 的主对角线元素之和，称为方阵 $\boldsymbol{A}$ 的**迹**.

例 4.9 设矩阵 $\boldsymbol{A}=\begin{pmatrix}6&2&4\\a&b&2\\4&2&6\end{pmatrix}$ 有特征值 2,11,2，求 a,b.

解 由定理 4.4 得 $\mathrm{tr}(\boldsymbol{A})=6+b+6=2+11+2$，故 $b=3$. 又因

$$|\boldsymbol{A}|=20b-4a-8=2\times11\times2,$$

所以 $a=2$.

例 4.10 设 3 阶矩阵 $\boldsymbol{A}$ 的特征值为 1，-1，2. 求行列式

(1) $|\boldsymbol{A}^3+2\boldsymbol{A}^2-5\boldsymbol{E}|$； (2) $|\boldsymbol{A}^*+3\boldsymbol{A}-2\boldsymbol{E}|$.

解 (1) 由定理 4.3 知，$f(\boldsymbol{A})$ 的特征值是 $f(\lambda)$，而

$$f(\boldsymbol{A})=\boldsymbol{A}^3+2\boldsymbol{A}^2-5\boldsymbol{E},$$

故

$$f(\lambda)=\lambda^3+2\lambda^2-5.$$

又因 $\boldsymbol{A}$ 的特征值 λ 分别为 1，-1，2，故 $f(\boldsymbol{A})$ 得特征值 $f(\lambda)$ 分别为

$$f(1)=-2,\quad f(-1)=-4,\quad f(2)=11,$$

再由定理 4.4 得

$$|\boldsymbol{A}^3+2\boldsymbol{A}^2-5\boldsymbol{E}|=-2\times(-4)\times11=88.$$

(2) 由 $|\boldsymbol{A}|=1\times(-1)\times2=-2\neq0$ 知 $\boldsymbol{A}$ 可逆，且有 $\boldsymbol{A}^*=|\boldsymbol{A}|\boldsymbol{A}^{-1}=-2\boldsymbol{A}^{-1}$，故

$$\boldsymbol{A}^*+3\boldsymbol{A}-2\boldsymbol{E}=-2\boldsymbol{A}^{-1}+3\boldsymbol{A}-2\boldsymbol{E}=f(\boldsymbol{A}),$$

同理有 $f(\lambda)=-2\lambda^{-1}+3\lambda-2$，即 $f(1)=-1$，$f(-1)=-3$，$f(2)=3$ 是 $f(\boldsymbol{A})$ 的 3

个特征值，所以$|\boldsymbol{A}^{*}+3\boldsymbol{A}-2\boldsymbol{E}|=-1\times(-3)\times3=9$.

定理 4.5 设$\lambda_1,\lambda_2,\cdots,\lambda_m$是方阵$\boldsymbol{A}$的$m$个互不相同的特征值，$\boldsymbol{x}_1,\boldsymbol{x}_2,\cdots,\boldsymbol{x}_m$是分别与$\lambda_1,\lambda_2,\cdots,\lambda_m$对应的特征向量，则$\boldsymbol{x}_1,\boldsymbol{x}_2,\cdots,\boldsymbol{x}_m$线性无关.

例 4.11 设λ_1,λ_2是方阵$\boldsymbol{A}$的两个互不相同的特征值，$\boldsymbol{x}_1,\boldsymbol{x}_2$是分别与$\lambda_1,\lambda_2$对应的特征向量. 证明：$\boldsymbol{x}_1+\boldsymbol{x}_2$不是$\boldsymbol{A}$的特征向量.

证明 按题意设，有$\boldsymbol{A}\boldsymbol{x}_1=\lambda_1\boldsymbol{x}_1,\boldsymbol{A}\boldsymbol{x}_2=\lambda_2\boldsymbol{x}_2$，故

$$\boldsymbol{A}(\boldsymbol{x}_1+\boldsymbol{x}_2)=\lambda_1\boldsymbol{x}_1+\lambda_2\boldsymbol{x}_2.$$

用反证法，假设$\boldsymbol{x}_1+\boldsymbol{x}_2$是$\boldsymbol{A}$的特征向量，则应存在数$\lambda$，使得$\boldsymbol{A}(\boldsymbol{x}_1+\boldsymbol{x}_2)=\lambda(\boldsymbol{x}_1+\boldsymbol{x}_2)$，于是

$$\lambda(\boldsymbol{x}_1+\boldsymbol{x}_2)=\lambda_1\boldsymbol{x}_1+\lambda_2\boldsymbol{x}_2,$$

即$(\lambda_1-\lambda)\boldsymbol{x}_1+(\lambda_2-\lambda)\boldsymbol{x}_2=\boldsymbol{0}$.

因$\lambda_1\neq\lambda_2$，由定理 4.5 知$\boldsymbol{x}_1,\boldsymbol{x}_2$线性无关，故对上式有$\lambda_1-\lambda=\lambda_2-\lambda=0$，即$\lambda_1=\lambda_2$. 与题设矛盾，因此$\boldsymbol{x}_1+\boldsymbol{x}_2$不是$\boldsymbol{A}$的特征向量.

定理 4.6 设$\lambda_1,\lambda_2,\cdots,\lambda_m$是方阵$\boldsymbol{A}$的$m$个互不相同的特征值，而$\boldsymbol{x}_{i1},\boldsymbol{x}_{i2},\cdots,\boldsymbol{x}_{ir_i}(i=1,2,\cdots,m)$是$\boldsymbol{A}$的属于特征值$\lambda_i$的线性无关的特征向量，则向量组$\boldsymbol{x}_{11},\boldsymbol{x}_{12},\cdots,\boldsymbol{x}_{1r_1},\boldsymbol{x}_{21},\boldsymbol{x}_{22},\cdots,\boldsymbol{x}_{2r_2},\cdots,\boldsymbol{x}_{m1},\boldsymbol{x}_{m2},\cdots,\boldsymbol{x}_{mr_m}$线性无关.

由定理 4.6 可知，对于一个n阶矩阵$\boldsymbol{A}$，首先求出它的属于每个不同特征值的线性无关的特征向量，然后把它们合在一起仍然是线性无关的，它们就是$\boldsymbol{A}$的线性无关的特征向量.

4.3 相似矩阵与矩阵对角化

4.3.1 相似矩阵及其性质

定义 4.10 设$\boldsymbol{A},\boldsymbol{B}$都是$n$阶矩阵，若存在可逆矩阵$\boldsymbol{P}$，使得

$$\boldsymbol{P}^{-1}\boldsymbol{A}\boldsymbol{P}=\boldsymbol{B},$$

则称$\boldsymbol{A}$与$\boldsymbol{B}$**相似**，或$\boldsymbol{B}$是$\boldsymbol{A}$的**相似矩阵**，记作$\boldsymbol{A}\backsim\boldsymbol{B}$. 并称$\boldsymbol{P}$为把$\boldsymbol{A}$变成$\boldsymbol{B}$的**相似变换矩阵**.

矩阵的相似关系满足

① 自反性：$\boldsymbol{A}\backsim\boldsymbol{A}$.

② 对称性：若$\boldsymbol{A}\backsim\boldsymbol{B}$，则$\boldsymbol{B}\backsim\boldsymbol{A}$.

③ 传递性：若$\boldsymbol{A}\backsim\boldsymbol{B},\boldsymbol{B}\backsim\boldsymbol{C}$，则$\boldsymbol{A}\backsim\boldsymbol{C}$.

相似矩阵还具有以下性质：

定理 4.7 设$\boldsymbol{A},\boldsymbol{B}$为$n$阶矩阵，若$\boldsymbol{A}\backsim\boldsymbol{B}$，则有

(1) $|\boldsymbol{A}|=|\boldsymbol{B}|$；

(2) $R(\boldsymbol{A})=R(\boldsymbol{B})$；

(3) $\boldsymbol{A}$ 与 $\boldsymbol{B}$ 的特征值相同；

(4) $\boldsymbol{A}^{\mathrm{T}}\backsim\boldsymbol{B}^{\mathrm{T}}$，且若 $\boldsymbol{A},\boldsymbol{B}$ 可逆，则 $\boldsymbol{A}^{-1}\backsim\boldsymbol{B}^{-1}$；

(5) 设 $f(x)=a_0+a_1x+\cdots+a_mx^m$ 是一个多项式，则 $f(\boldsymbol{A})\backsim f(\boldsymbol{B})$.

证明 这里证(3)，其余由读者自行验证.

(3)
$$\begin{aligned}|\boldsymbol{B}-\lambda\boldsymbol{E}|&=|\boldsymbol{P}^{-1}\boldsymbol{A}\boldsymbol{P}-\boldsymbol{P}^{-1}(\lambda\boldsymbol{E})\boldsymbol{P}|=|\boldsymbol{P}^{-1}(\boldsymbol{A}-\lambda\boldsymbol{E})\boldsymbol{P}|\\&=|\boldsymbol{P}^{-1}|\cdot|(\boldsymbol{A}-\lambda\boldsymbol{E})|\cdot|\boldsymbol{P}|=|\boldsymbol{A}-\lambda\boldsymbol{E}|,\end{aligned}$$

故特征值相同.

4.3.2 矩阵相似对角化的条件

由于相似变换矩阵 $\boldsymbol{P}$ 的任意性，所以与 $\boldsymbol{A}$ 相似的矩阵 $\boldsymbol{B}$ 有无穷多个. 在这无穷多个矩阵中可能存在一种简单的矩阵——对角阵 $\boldsymbol{\Lambda}$. 因为相似矩阵有许多共同性质，所以如果 $\boldsymbol{A}$ 与对角阵 $\boldsymbol{\Lambda}$ 相似，就可以从对 $\boldsymbol{\Lambda}$ 的研究中推导出 $\boldsymbol{A}$ 的不少相关性质.

下面要讨论的问题是：什么样的 n 阶矩阵才能与对角矩阵 $\boldsymbol{\Lambda}$ 相似？如果相似，又如何寻找相似变换矩阵 $\boldsymbol{P}$，使得 $\boldsymbol{P}^{-1}\boldsymbol{A}\boldsymbol{P}=\boldsymbol{\Lambda}$？这个过程称为**把矩阵 $\boldsymbol{A}$ 相似对角化**. 显然，对角矩阵 $\boldsymbol{\Lambda}$ 的特征值就是其主对角线上的各元素.

定理 4.8 n 阶矩阵 $\boldsymbol{A}$ 与对角矩阵 $\boldsymbol{\Lambda}$ 相似的充分必要条件是 $\boldsymbol{A}$ 有 n 个线性无关的特征向量.

证明 必要性. 设 $\boldsymbol{A}$ 可对角化，即有可逆矩阵 $\boldsymbol{P}$，使得

$$\boldsymbol{P}^{-1}\boldsymbol{A}\boldsymbol{P}=\boldsymbol{\Lambda}=\begin{pmatrix}\lambda_1&&&\\&\lambda_2&&\\&&\ddots&\\&&&\lambda_n\end{pmatrix},$$

故 $\boldsymbol{A}\boldsymbol{P}=\boldsymbol{P}\boldsymbol{\Lambda}$.

设 $\boldsymbol{P}=(\boldsymbol{x}_1,\boldsymbol{x}_2,\cdots,\boldsymbol{x}_n)$，其中 $\boldsymbol{x}_i(i=1,2,\cdots n)$ 是 $\boldsymbol{P}$ 的第 i 列向量，于是

$$\boldsymbol{A}(\boldsymbol{x}_1,\boldsymbol{x}_2,\cdots,\boldsymbol{x}_n)=(\boldsymbol{x}_1,\boldsymbol{x}_2,\cdots,\boldsymbol{x}_n)\begin{pmatrix}\lambda_1&&&\\&\lambda_2&&\\&&\ddots&\\&&&\lambda_n\end{pmatrix},$$

因而 $(\boldsymbol{A}\boldsymbol{x}_1,\boldsymbol{A}\boldsymbol{x}_2,\cdots,\boldsymbol{A}\boldsymbol{x}_n)=(\lambda_1\boldsymbol{x}_1,\lambda_2\boldsymbol{x}_2,\cdots,\lambda_n\boldsymbol{x}_n)$，即

$$\boldsymbol{A}\boldsymbol{x}_i=\lambda_i\boldsymbol{x}_i,\quad i=1,2,\cdots,n,$$

所以 $\boldsymbol{x}_1,\boldsymbol{x}_2,\cdots,\boldsymbol{x}_n$ 是 $\boldsymbol{A}$ 的分别属于特征值 $\lambda_1,\lambda_2,\cdots,\lambda_n$ 的特征向量. 又由于 $\boldsymbol{P}$ 可逆,故 $\boldsymbol{x}_1,\boldsymbol{x}_2,\cdots,\boldsymbol{x}_n$ 线性无关.

充分性. 设 $\boldsymbol{A}$ 有 n 个线性无关的特征向量 $\boldsymbol{x}_1,\boldsymbol{x}_2,\cdots,\boldsymbol{x}_n$,分别对应于特征值 $\lambda_1,\lambda_2,\cdots,\lambda_n$,则有 $\boldsymbol{A}\boldsymbol{x}_i=\lambda_i\boldsymbol{x}_i(i=1,2,\cdots n)$. 令 $\boldsymbol{P}=(\boldsymbol{x}_1,\boldsymbol{x}_2,\cdots,\boldsymbol{x}_n)$,则有

$$\boldsymbol{AP}=\boldsymbol{A}(\boldsymbol{x}_1,\boldsymbol{x}_2,\cdots,\boldsymbol{x}_n)=(\boldsymbol{A}\boldsymbol{x}_1,\boldsymbol{A}\boldsymbol{x}_2,\cdots,\boldsymbol{A}\boldsymbol{x}_n)=(\lambda_1\boldsymbol{x}_1,\lambda_2\boldsymbol{x}_2,\cdots,\lambda_n\boldsymbol{x}_n)$$

$$=(\boldsymbol{x}_1,\boldsymbol{x}_2,\cdots,\boldsymbol{x}_n)\begin{pmatrix}\lambda_1 & & & \\ & \lambda_2 & & \\ & & \ddots & \\ & & & \lambda_n\end{pmatrix}=\boldsymbol{P}\begin{pmatrix}\lambda_1 & & & \\ & \lambda_2 & & \\ & & \ddots & \\ & & & \lambda_n\end{pmatrix}=\boldsymbol{P\Lambda}.$$

又因 $\boldsymbol{x}_1,\boldsymbol{x}_2,\cdots,\boldsymbol{x}_n$ 线性无关,可知 $\boldsymbol{P}=(\boldsymbol{x}_1,\boldsymbol{x}_2,\cdots,\boldsymbol{x}_n)$可逆,所以

$$\boldsymbol{P}^{-1}\boldsymbol{AP}=\boldsymbol{\Lambda}=\begin{pmatrix}\lambda_1 & & & \\ & \lambda_2 & & \\ & & \ddots & \\ & & & \lambda_n\end{pmatrix},$$

即 $\boldsymbol{A}$ 相似于对角矩阵 $\boldsymbol{\Lambda}$.

结合定理 4.5,得到如下推论.

推论 4.1 如果 n 阶矩阵 $\boldsymbol{A}$ 的 n 个特征值互不相等,则 $\boldsymbol{A}$ 与对角矩阵相似.

例 4.12 下列矩阵中,哪些可以对角化,哪些不可对角化? 对于可对角化的矩阵,求出可逆阵 $\boldsymbol{P}$,使得 $\boldsymbol{P}^{-1}\boldsymbol{AP}=\boldsymbol{\Lambda}$.

$$(1)\ \boldsymbol{A}_1=\begin{pmatrix}1&1&-1\\0&2&1\\0&0&3\end{pmatrix};\quad (2)\ \boldsymbol{A}_2=\begin{pmatrix}-1&1&0\\-4&3&0\\1&0&2\end{pmatrix};\quad (3)\ \boldsymbol{A}_3=\begin{pmatrix}6&2&4\\2&3&2\\4&2&6\end{pmatrix}.$$

解 以上 3 个矩阵就是 4.2 节的例 4.6、例 4.7 和例 4.8 中的矩阵.

(1) $\boldsymbol{A}_1$ 的 3 个特征值互不相同,由推论 4.1 知 $\boldsymbol{A}_1$ 可对角化. 记对应于特征值 $\lambda_1=1,\lambda_2=2,\lambda_3=3$ 的特征向量分别为 $\boldsymbol{p}_1=\begin{pmatrix}1\\0\\0\end{pmatrix},\boldsymbol{p}_2=\begin{pmatrix}1\\1\\0\end{pmatrix},\boldsymbol{p}_3=\begin{pmatrix}0\\1\\1\end{pmatrix}$,令

$$\boldsymbol{P}=(\boldsymbol{p}_1,\boldsymbol{p}_2,\boldsymbol{p}_3)=\begin{pmatrix}1&1&0\\0&1&1\\0&0&1\end{pmatrix},\quad \boldsymbol{\Lambda}=\begin{pmatrix}1&0&0\\0&2&0\\0&0&3\end{pmatrix},$$

则必有 $\boldsymbol{P}^{-1}\boldsymbol{A}_1\boldsymbol{P}=\boldsymbol{\Lambda}$.

(2) $\boldsymbol{A}_2$ 有两个互不相同的特征值:$\lambda_1=2,\lambda_2=\lambda_3=1$,对应于二重根 $\lambda_2=\lambda_3=1$

的线性无关的特征向量只有一个：$\boldsymbol{p}_2=\begin{pmatrix}-1\\-2\\1\end{pmatrix}$，而 $\lambda_1=2$ 对应的特征向量为 $\boldsymbol{p}_1=\begin{pmatrix}0\\0\\1\end{pmatrix}$. 由于 $\boldsymbol{A}_2$ 只有两个线性无关的特征向量，故由定理 4.8 知，$\boldsymbol{A}_2$ 不能对角化.

(3) $\boldsymbol{A}_3$ 也有两个互不相同的特征值：$\lambda_1=11,\lambda_2=\lambda_3=2$，但对应于二重根 $\lambda_2=\lambda_3=2$ 的线性无关的特征向量有两个：$\boldsymbol{p}_2=\begin{pmatrix}1\\-2\\0\end{pmatrix}$，$\boldsymbol{p}_3=\begin{pmatrix}0\\-2\\1\end{pmatrix}$，而 $\lambda_1=11$ 对应的特征向量为 $\boldsymbol{p}_1=\begin{pmatrix}2\\1\\2\end{pmatrix}$. 由于 $\boldsymbol{A}_3$ 有 3 个线性无关的特征向量，故由定理 4.8 知，$\boldsymbol{A}_3$ 可以对角化. 令 $\boldsymbol{P}=(\boldsymbol{p}_1,\boldsymbol{p}_2,\boldsymbol{p}_3)=\begin{pmatrix}2&1&0\\1&-2&-2\\2&0&1\end{pmatrix}$，$\boldsymbol{\Lambda}=\begin{pmatrix}11&0&0\\0&2&0\\0&0&2\end{pmatrix}$，则必有 $\boldsymbol{P}^{-1}\boldsymbol{A}_3\boldsymbol{P}=\boldsymbol{\Lambda}$.

要注意的是，相似对角阵 $\boldsymbol{\Lambda}$ 并不唯一. 事实上，随着 $\boldsymbol{P}=(\boldsymbol{p}_1,\boldsymbol{p}_2,\boldsymbol{p}_3)$ 的列向量先后顺序的变化，对角阵 $\boldsymbol{\Lambda}$ 也应作相应的调整.

例如，对于例 4.12 的 $\boldsymbol{A}_3$，若令 $\boldsymbol{P}=(\boldsymbol{p}_2,\boldsymbol{p}_1,\boldsymbol{p}_3)=\begin{pmatrix}1&2&0\\-2&1&-2\\0&2&1\end{pmatrix}$，则对角阵 $\boldsymbol{\Lambda}$ 相应变为 $\boldsymbol{\Lambda}=\begin{pmatrix}2&0&0\\0&11&0\\0&0&2\end{pmatrix}$，使得 $\boldsymbol{P}^{-1}\boldsymbol{A}_3\boldsymbol{P}=\boldsymbol{\Lambda}$ 成立.

例 4.13 设 $\boldsymbol{A}=\begin{pmatrix}2&0&0\\0&a&2\\0&2&3\end{pmatrix}$，$\boldsymbol{B}=\begin{pmatrix}2&0&0\\0&1&0\\0&0&b\end{pmatrix}$，已知矩阵 $\boldsymbol{A}$ 与 $\boldsymbol{B}$ 相似. 求：

(1) a,b 的值；(2) 可逆矩阵 $\boldsymbol{P}$，使得 $\boldsymbol{P}^{-1}\boldsymbol{A}\boldsymbol{P}=\boldsymbol{B}$；(3) $\boldsymbol{A}^n$（n 为正整数）.

解 (1) 由相似矩阵有相同的特征值及特征值的性质，知

$$\operatorname{tr}(\boldsymbol{A})=\operatorname{tr}(\boldsymbol{B}),\quad |\boldsymbol{A}|=|\boldsymbol{B}|,$$

即

$$2+a+3=2+1+b,\quad 2(3a-4)=2b,$$

解得

$$a=3,\quad b=5.$$

(2) 由 $\boldsymbol{A}$ 与 $\boldsymbol{B}$ 相似知，$\boldsymbol{A}$ 与 $\boldsymbol{B}$ 有相同的特征值 2,1,5，将其分别代入方程组 $(\boldsymbol{A}-\lambda\boldsymbol{E})\boldsymbol{x}=\boldsymbol{0}$，求出对应的特征向量.

对 $\lambda=2$，有 $(\boldsymbol{A}-2\boldsymbol{E})\boldsymbol{x}=\boldsymbol{0}$. 由

$$\boldsymbol{A}-2\boldsymbol{E}=\begin{pmatrix}0&0&0\\0&1&2\\0&2&1\end{pmatrix}\rightarrow\begin{pmatrix}0&0&0\\0&1&2\\0&0&1\end{pmatrix}\rightarrow\begin{pmatrix}0&0&0\\0&1&0\\0&0&1\end{pmatrix},$$

得基础解系 $\boldsymbol{p}_1=\begin{pmatrix}1\\0\\0\end{pmatrix}$.

对 $\lambda=1$，有 $(\boldsymbol{A}-\boldsymbol{E})\boldsymbol{x}=\boldsymbol{0}$. 由

$$\boldsymbol{A}-\boldsymbol{E}=\begin{pmatrix}1&0&0\\0&2&2\\0&2&2\end{pmatrix}\rightarrow\begin{pmatrix}1&0&0\\0&1&1\\0&0&0\end{pmatrix},$$

得基础解系 $\boldsymbol{p}_2=\begin{pmatrix}0\\-1\\1\end{pmatrix}$.

对 $\lambda=5$，有 $(\boldsymbol{A}-5\boldsymbol{E})\boldsymbol{x}=\boldsymbol{0}$. 由

$$\boldsymbol{A}-5\boldsymbol{E}=\begin{pmatrix}-3&0&0\\0&-2&2\\0&2&-2\end{pmatrix}\rightarrow\begin{pmatrix}1&0&0\\0&1&-1\\0&0&0\end{pmatrix},$$

得基础解系 $\boldsymbol{p}_3=\begin{pmatrix}0\\1\\1\end{pmatrix}$.

令 $\boldsymbol{P}=(\boldsymbol{p}_1,\boldsymbol{p}_2,\boldsymbol{p}_3)=\begin{pmatrix}1&0&0\\0&-1&1\\0&1&1\end{pmatrix}$，则 $\boldsymbol{P}^{-1}\boldsymbol{A}\boldsymbol{P}=\boldsymbol{B}$ 成立.

(3) 因 $\boldsymbol{P}^{-1}\boldsymbol{A}\boldsymbol{P}=\boldsymbol{B}$，有 $\boldsymbol{A}=\boldsymbol{P}\boldsymbol{B}\boldsymbol{P}^{-1}$，故 $\boldsymbol{A}^n=\boldsymbol{P}\boldsymbol{B}^n\boldsymbol{P}^{-1}=\boldsymbol{P}\begin{pmatrix}2&0&0\\0&1&0\\0&0&5\end{pmatrix}^n\boldsymbol{P}^{-1}$.

由 $\boldsymbol{P}=\begin{pmatrix}1&0&0\\0&-1&1\\0&1&1\end{pmatrix}$，解得 $\boldsymbol{P}^{-1}=\begin{pmatrix}1&0&0\\0&-\frac{1}{2}&\frac{1}{2}\\0&\frac{1}{2}&\frac{1}{2}\end{pmatrix}$，故

$$A^n=\begin{pmatrix}1&0&0\\0&-1&1\\0&1&1\end{pmatrix}\begin{pmatrix}2^n&0&0\\0&1&0\\0&0&5^n\end{pmatrix}\begin{pmatrix}1&0&0\\0&-\frac{1}{2}&\frac{1}{2}\\0&\frac{1}{2}&\frac{1}{2}\end{pmatrix}=\begin{pmatrix}2^n&0&0\\0&\frac{5^n+1}{2}&\frac{5^n-1}{2}\\0&\frac{5^n-1}{2}&\frac{5^n+1}{2}\end{pmatrix}.$$

4.3.3 实对称矩阵的相似对角化

一个 n 阶矩阵具备什么条件才能对角化？这是一个复杂的问题.对此这里不进行一般性的讨论,仅讨论 $\boldsymbol{A}$ 为实对称阵的情形.

对实对称矩阵来说,其特征值和特征向量具有一些特殊的性质.

定理 4.9 实对称阵的特征值为实数.

定理 4.10 实对称阵的不同特征值对应的特征向量是正交的.

证明 设 λ_1,λ_2 为实对称矩阵 $\boldsymbol{A}$ 的两个不同的特征值,$\boldsymbol{p}_1$ 和 $\boldsymbol{p}_2$ 分别为它们所对应的特征向量,即

$$\boldsymbol{A}\boldsymbol{p}_1=\lambda_1\boldsymbol{p}_1,\quad \boldsymbol{A}\boldsymbol{p}_2=\lambda_2\boldsymbol{p}_2.$$

又

$$\boldsymbol{p}_1^{\mathrm{T}}\boldsymbol{A}\boldsymbol{p}_2=\boldsymbol{p}_1^{\mathrm{T}}(\boldsymbol{A}\boldsymbol{p}_2)=\boldsymbol{p}_1^{\mathrm{T}}\lambda_2\boldsymbol{p}_2=\lambda_2\boldsymbol{p}_1^{\mathrm{T}}\boldsymbol{p}_2,$$

$$\boldsymbol{p}_1^{\mathrm{T}}\boldsymbol{A}\boldsymbol{p}_2=(\boldsymbol{p}_1^{\mathrm{T}}\boldsymbol{A})\boldsymbol{p}_2=(\boldsymbol{p}_1^{\mathrm{T}}\boldsymbol{A}^{\mathrm{T}})\boldsymbol{p}_2=(\boldsymbol{A}\boldsymbol{p}_1)^{\mathrm{T}}\boldsymbol{p}_2=(\lambda_1\boldsymbol{p}_1)^{\mathrm{T}}\boldsymbol{p}_2=\lambda_1\boldsymbol{p}_1^{\mathrm{T}}\boldsymbol{p}_2,$$

两式相减得 $(\lambda_1-\lambda_2)\boldsymbol{p}_1^{\mathrm{T}}\boldsymbol{p}_2=0$. 而 $\lambda_1\neq\lambda_2$,所以 $\boldsymbol{p}_1^{\mathrm{T}}\boldsymbol{p}_2=0$,即 $\boldsymbol{p}_1,\boldsymbol{p}_2$ 正交.

定理 4.11 设 $\boldsymbol{A}$ 为 n 阶实对称矩阵,则存在 n 阶正交矩阵 $\boldsymbol{P}$,使得

$$\boldsymbol{P}^{-1}\boldsymbol{A}\boldsymbol{P}=\boldsymbol{P}^{\mathrm{T}}\boldsymbol{A}\boldsymbol{P}=\boldsymbol{\Lambda},$$

其中

$$\boldsymbol{\Lambda}=\begin{pmatrix}\lambda_1&&&\\&\lambda_2&&\\&&\ddots&\\&&&\lambda_n\end{pmatrix},$$

$\lambda_1,\lambda_2,\cdots,\lambda_n$ 是矩阵 $\boldsymbol{A}$ 的特征值.

推论 4.2 设 λ 是实对称阵 $\boldsymbol{A}$ 的 k 重特征值,则属于 λ 的线性无关的特征向量恰有 k 个,且 $R(\boldsymbol{A}-\lambda\boldsymbol{E})=n-k$.

例 4.14 设实对称阵 $\boldsymbol{A}=\begin{pmatrix}2&2&-2\\2&5&-4\\-2&-4&5\end{pmatrix}$,求正交矩阵 $\boldsymbol{P}$,使得 $\boldsymbol{P}^{-1}\boldsymbol{A}\boldsymbol{P}=\boldsymbol{\Lambda}$ 为对角阵.

解 因为

$$|\boldsymbol{A}-\lambda\boldsymbol{E}|=\begin{vmatrix}2-\lambda & 2 & -2\\ 2 & 5-\lambda & -4\\ -2 & -4 & 5-\lambda\end{vmatrix}=\begin{vmatrix}2-\lambda & 2 & -2\\ 2 & 5-\lambda & -4\\ 0 & 1-\lambda & 1-\lambda\end{vmatrix}$$

$$=\begin{vmatrix}2-\lambda & 2 & -4\\ 2 & 5-\lambda & \lambda-9\\ 0 & 1-\lambda & 0\end{vmatrix}=(1-\lambda)(-1)^{3+2}\begin{vmatrix}2-\lambda & -4\\ 2 & \lambda-9\end{vmatrix}$$

$$=(\lambda-1)^2(10-\lambda)=0,$$

所以 $\boldsymbol{A}$ 的特征值为 $\lambda_1=\lambda_2=1,\lambda_3=10$.

当 $\lambda_1=\lambda_2=1$ 时，$\boldsymbol{A}-\boldsymbol{E}=\begin{pmatrix}1 & 2 & -2\\ 2 & 4 & -4\\ -2 & -4 & 4\end{pmatrix}\rightarrow\begin{pmatrix}1 & 2 & -2\\ 0 & 0 & 0\\ 0 & 0 & 0\end{pmatrix}$，得基础解系

$$\boldsymbol{\alpha}_1=\begin{pmatrix}-2\\ 1\\ 0\end{pmatrix},\quad \boldsymbol{\alpha}_2=\begin{pmatrix}2\\ 0\\ 1\end{pmatrix},$$

将它们施密特正交化，得 $\boldsymbol{\beta}_1=\boldsymbol{\alpha}_1=\begin{pmatrix}-2\\ 1\\ 0\end{pmatrix}$，$\boldsymbol{\beta}_2=\boldsymbol{\alpha}_2-\dfrac{[\boldsymbol{\beta}_1,\boldsymbol{\alpha}_2]}{[\boldsymbol{\beta}_1,\boldsymbol{\beta}_1]}\boldsymbol{\beta}_1=\begin{pmatrix}\frac{2}{5}\\ \frac{4}{5}\\ 1\end{pmatrix}$，再单位化，得

$\boldsymbol{\varepsilon}_1=\dfrac{1}{\sqrt{5}}\begin{pmatrix}-2\\ 1\\ 0\end{pmatrix}$，$\boldsymbol{\varepsilon}_2=\dfrac{1}{3\sqrt{5}}\begin{pmatrix}2\\ 4\\ 5\end{pmatrix}$.

对于 $\lambda_3=10$，$\boldsymbol{A}-10\boldsymbol{E}=\begin{pmatrix}-8 & 2 & -2\\ 2 & -5 & -4\\ -2 & -4 & -5\end{pmatrix}\sim\begin{pmatrix}2 & -1 & 0\\ 0 & 1 & 1\\ 0 & 0 & 0\end{pmatrix}$，得基础解系 $\boldsymbol{\alpha}_3=$ $\begin{pmatrix}1\\ 2\\ -2\end{pmatrix}$，再单位化，得 $\boldsymbol{\varepsilon}_3=\dfrac{1}{3}\begin{pmatrix}1\\ 2\\ -2\end{pmatrix}$.

令正交阵 $\boldsymbol{P}=(\boldsymbol{\varepsilon}_1,\boldsymbol{\varepsilon}_2,\boldsymbol{\varepsilon}_3)$，即

$$\boldsymbol{P}=\begin{pmatrix}\frac{-2}{\sqrt{5}} & \frac{2}{3\sqrt{5}} & \frac{1}{3}\\ \frac{1}{\sqrt{5}} & \frac{4}{3\sqrt{5}} & \frac{2}{3}\\ 0 & \frac{\sqrt{5}}{3} & \frac{-2}{3}\end{pmatrix},$$

有 $\boldsymbol{P}^{-1}\boldsymbol{AP}=\boldsymbol{\Lambda}=\begin{pmatrix}1 & & \\ & 1 & \\ & & 10\end{pmatrix}$.

4.4 二次型及其标准形

在解析几何中，为了便于研究二次曲线

$$ax^2+bxy+cy^2=1 \tag{4.4.1}$$

的几何性质，可以选择适当的坐标旋转变换

$$\begin{cases}x=x'\cos\theta-y'\sin\theta,\\ y=x'\sin\theta+y'\cos\theta,\end{cases}$$

把方程化为标准形 $mx'^2+ny'^2=1$.

式(4.4.1)的左边是一个二次齐次多项式.从代数学的观点看，标准化的过程就是通过变量的线性变换化简一个二次齐次多项式，使它只含有平方项.这样的问题，在许多理论问题或实际应用中经常遇到.现在把这类问题一般化，讨论 n 个变量的二次齐次多项式的化简问题.

4.4.1 二次型的定义

定义 4.11 含有 n 个变量 $x_1,x_2,\cdots,x_n$ 的二次齐次函数

$$\begin{aligned}f(x_1,x_2,\cdots,x_n)=&a_{11}x_1^2+2a_{12}x_1x_2+\cdots+2a_{1n}x_1x_n\\&+a_{22}x_2^2+\cdots+2a_{2n}x_2x_n\\&+\cdots+a_{nn}x_n^2\end{aligned} \tag{4.4.2}$$

称为**二次型**(这里仅研究 a_{ij} 为实数时的实二次型).

只含有平方项的二次型，如 $f=k_1y_1^2+k_2y_2^2+\cdots+k_ny_n^2$(以 y_i 为变量)称为二次型的**标准形**.如果标准形的系数 $k_1,k_2,\cdots,k_n$ 只在 $1,-1,0$ 中取值，即 $f=y_1^2+\cdots+y_p^2-y_{p+1}^2-\cdots-y_r^2$，称 f 为二次型的**规范形**.

首先讨论二次型的**矩阵表示式**.

在(4.4.2)式中，令 $a_{ij}=a_{ji}$，则 $2a_{ij}x_ix_j=a_{ij}x_ix_j+a_{ji}x_jx_i$，于是式(4.4.2)可改写成

$$\begin{aligned}f(x_1,x_2,\cdots,x_n)=&a_{11}x_1^2+a_{12}x_1x_2+\cdots+a_{1n}x_1x_n\\&+a_{21}x_2x_1+a_{22}x_2^2+\cdots+a_{2n}x_2x_n\\&+\cdots+a_{n1}x_nx_1+a_{n2}x_nx_2+\cdots+a_{nn}x_n^2\\=&\sum_{i,j=1}^{n}a_{ij}x_ix_j.\end{aligned}$$

将上式进一步改写为

$$\begin{aligned}f(x_1,x_2,\cdots,x_n)&=x_1(a_{11}x_1+a_{12}x_2+\cdots+a_{1n}x_n)\\&\quad+x_2(a_{21}x_1+a_{22}x_2+\cdots+a_{2n}x_n)\\&\quad+\cdots+x_n(a_{n1}x_1+a_{n2}x_2+\cdots+a_{nn}x_n)\\&=(x_1,x_2,\cdots,x_n)\begin{pmatrix}a_{11}x_1+a_{12}x_2+\cdots+a_{1n}x_n\\a_{21}x_1+a_{22}x_2+\cdots+a_{2n}x_n\\\vdots\\a_{n1}x_1+a_{n2}x_2+\cdots+a_{nn}x_n\end{pmatrix}\\&=(x_1,x_2,\cdots,x_n)\begin{pmatrix}a_{11}&a_{12}&\cdots&a_{1n}\\a_{21}&a_{22}&\cdots&a_{2n}\\\vdots&\vdots&&\vdots\\a_{n1}&a_{n2}&\cdots&a_{nn}\end{pmatrix}\begin{pmatrix}x_1\\x_2\\\vdots\\x_n\end{pmatrix},\end{aligned}$$

记 $\boldsymbol{A}=\begin{pmatrix}a_{11}&a_{12}&\cdots&a_{1n}\\a_{21}&a_{22}&\cdots&a_{2n}\\\vdots&\vdots&&\vdots\\a_{n1}&a_{n2}&\cdots&a_{nn}\end{pmatrix}$,$\boldsymbol{x}=\begin{pmatrix}x_1\\x_2\\\vdots\\x_n\end{pmatrix}$,则二次型可记作

$$f=\boldsymbol{x}^{\mathrm{T}}\boldsymbol{A}\boldsymbol{x},\tag{4.4.3}$$

这就是二次型的**矩阵表示式**,其中 $\boldsymbol{A}$ 是实对称阵,即 $\boldsymbol{A}^{\mathrm{T}}=\boldsymbol{A}$.

由此可知,二次型 f 与实对称矩阵 $\boldsymbol{A}$ 之间存在一一对应的关系,于是称对称阵 $\boldsymbol{A}$ 为**二次型 f 的矩阵**,称 f 为**对称阵 $\boldsymbol{A}$ 的二次型**. 对称阵 $\boldsymbol{A}$ 的秩叫做**二次型 f 的秩**.

例如,标准形 $f=k_1y_1^2+k_2y_2^2+\cdots+k_ny_n^2$ 可表示为

$$f=\boldsymbol{y}^{\mathrm{T}}\boldsymbol{A}\boldsymbol{y}=(y_1,y_2,\cdots,y_n)\begin{pmatrix}k_1&&&\\&k_2&&\\&&\ddots&\\&&&k_n\end{pmatrix}\begin{pmatrix}y_1\\y_2\\\vdots\\y_n\end{pmatrix},$$

其中 $\boldsymbol{A}=\begin{pmatrix}k_1&&&\\&k_2&&\\&&\ddots&\\&&&k_n\end{pmatrix}$是对角阵.

例 4.15 已知二次型

$$f(x_1,x_2,\cdots,x_n)=x_1^2-3x_2^2+\frac{1}{2}x_3^2+\frac{9}{2}x_4^2-x_1x_2+4x_1x_3-12x_1x_4-3x_3x_4,$$

写出对应的矩阵 $\boldsymbol{A}$,并求二次型的秩.

解 设二次型 $f=\boldsymbol{x}^{\mathrm{T}}\boldsymbol{A}\boldsymbol{x}$,则

$$\boldsymbol{A}=\begin{pmatrix} 1 & -\frac{1}{2} & 2 & -6 \\ -\frac{1}{2} & -3 & 0 & 0 \\ 2 & 0 & \frac{1}{2} & -\frac{3}{2} \\ -6 & 0 & -\frac{3}{2} & \frac{9}{2} \end{pmatrix}.$$

可以求出 $R(\boldsymbol{A})=3$,所以 $R(f)=3$.

对于一个一般的二次型,一个重要的问题是,如何将其化为标准形,即对一个二次型

$$\begin{aligned} f(x_1,x_2,\cdots,x_n)=&a_{11}x_1^2+a_{12}x_1x_2+\cdots+a_{1n}x_1x_n\\ &+a_{21}x_2x_1+a_{22}x_2^2+\cdots+a_{2n}x_2x_n\\ &+\cdots+a_{n1}x_nx_1+a_{n2}x_nx_2+\cdots+a_{nn}x_n^2 \end{aligned} \tag{4.4.4}$$

寻找可逆的线性变换

$$\begin{cases} x_1=c_{11}y_1+c_{12}y_2+\cdots+c_{1n}y_n, \\ x_2=c_{21}y_1+c_{22}y_2+\cdots+c_{2n}y_n, \\ \quad\cdots\cdots \\ x_n=c_{n1}y_1+c_{n2}y_2+\cdots+c_{nn}y_n, \end{cases} \tag{4.4.5}$$

使得将(4.4.5)代入(4.4.4)后,二次型只含平方项,即 $f=k_1y_1^2+k_2y_2^2+\cdots+k_ny_n^2$.

为此,记 $\boldsymbol{C}=(c_{ij})$,把可逆变换(4.4.5)记作 $\boldsymbol{x}=\boldsymbol{C}\boldsymbol{y}$,代入式(4.4.3),有 $f=\boldsymbol{x}^{\mathrm{T}}\boldsymbol{A}\boldsymbol{x}=(\boldsymbol{C}\boldsymbol{y})^{\mathrm{T}}\boldsymbol{A}\boldsymbol{C}\boldsymbol{y}=\boldsymbol{y}^{\mathrm{T}}(\boldsymbol{C}^{\mathrm{T}}\boldsymbol{A}\boldsymbol{C})\boldsymbol{y}$.

定义 4.12 设 $\boldsymbol{A}$ 和 $\boldsymbol{B}$ 是 n 阶矩阵,若有可逆矩阵 $\boldsymbol{C}$,使得 $\boldsymbol{B}=\boldsymbol{C}^{\mathrm{T}}\boldsymbol{A}\boldsymbol{C}$,则称矩阵 $\boldsymbol{A}$ 与 $\boldsymbol{B}$ 合同.

合同有以下性质.

① 自反性:$\boldsymbol{A}$ 合同于 $\boldsymbol{A}$.

② 对称性:若 $\boldsymbol{A}$ 合同于 $\boldsymbol{B}$,则 $\boldsymbol{B}$ 合同于 $\boldsymbol{A}$.

③ 传递性:若 $\boldsymbol{A}$ 合同于 $\boldsymbol{B}$,$\boldsymbol{B}$ 合同于 $\boldsymbol{C}$,则 $\boldsymbol{A}$ 合同于 $\boldsymbol{C}$.

④ 合同矩阵的秩相等:$R(\boldsymbol{A})=R(\boldsymbol{B})$.

⑤ 若 $\boldsymbol{A}$ 为对称矩阵,$\boldsymbol{A}$ 合同于 $\boldsymbol{B}$,则 $\boldsymbol{B}$ 也是对称矩阵.

综上所述,要使二次型 $f=\boldsymbol{x}^{\mathrm{T}}\boldsymbol{A}\boldsymbol{x}$ 经可逆变换 $\boldsymbol{x}=\boldsymbol{C}\boldsymbol{y}$ 变成标准形,就是使

$$f=\boldsymbol{x}^{\mathrm{T}}\boldsymbol{A}\boldsymbol{x}=\boldsymbol{y}^{\mathrm{T}}(\boldsymbol{C}^{\mathrm{T}}\boldsymbol{A}\boldsymbol{C})\boldsymbol{y}=k_1y_1^2+k_2y_2^2+\cdots+k_ny_n^2$$

$$= (y_1, y_2, \cdots, y_n)\begin{pmatrix} k_1 & & & \\ & k_2 & & \\ & & \ddots & \\ & & & k_n \end{pmatrix}\begin{pmatrix} y_1 \\ y_2 \\ \vdots \\ y_n \end{pmatrix},$$

也就是使 $\boldsymbol{C}^{\mathrm{T}}\boldsymbol{A}\boldsymbol{C}$ 成为对角阵.

所以,二次型化为标准形的问题归结为:对于对称阵 $\boldsymbol{A}$,寻找可逆矩阵 $\boldsymbol{C}$,使 $\boldsymbol{C}^{\mathrm{T}}\boldsymbol{A}\boldsymbol{C}$ 为对角阵. 这个问题称为把对称阵 $\boldsymbol{A}$ 合同对角化. 对此介绍下述两种方法.

4.4.2 正交变换法化二次型为标准形

定理 4.12 对任一个二次型 $f=\boldsymbol{x}^{\mathrm{T}}\boldsymbol{A}\boldsymbol{x}$,均有正交变换 $\boldsymbol{x}=\boldsymbol{P}\boldsymbol{y}$,使 f 化为标准形,即

$$f = \lambda_1 y_1^2 + \lambda_2 y_2^2 + \cdots + \lambda_n y_n^2,$$

其中 $\lambda_1, \lambda_2, \cdots, \lambda_n$ 是 f 的矩阵 $\boldsymbol{A}=(a_{ij})$ 的特征值.

证明 由 4.3 节定理 4.11 知,任给对称阵 $\boldsymbol{A}$,总有正交阵 $\boldsymbol{P}$,使得 $\boldsymbol{P}^{-1}\boldsymbol{A}\boldsymbol{P}=\boldsymbol{\Lambda}$. 即 $\boldsymbol{P}^{\mathrm{T}}\boldsymbol{A}\boldsymbol{P}=\boldsymbol{\Lambda}$. 故矩阵 $\boldsymbol{P}$ 就是定理 4.12 中要求的正交变换矩阵 $\boldsymbol{P}$,$\lambda_1, \lambda_2, \cdots, \lambda_n$ 是 $\boldsymbol{A}$ 的特征值(重根按重数计),因此定理 4.12 成立.

推论 4.3 任给 n 元二次型 $f=\boldsymbol{x}^{\mathrm{T}}\boldsymbol{A}\boldsymbol{x}$,总有可逆变换 $\boldsymbol{x}=\boldsymbol{C}\boldsymbol{z}$,使 f 化为规范形.

例 4.16 试确定一个正交变换 $\boldsymbol{x}=\boldsymbol{P}\boldsymbol{y}$,化二次型

$$f(x_1, x_2, x_3) = x_1^2 + 2x_2^2 + 3x_3^2 - 4x_1x_2 - 4x_2x_3$$

为标准形.

解 二次型的矩阵为 $\boldsymbol{A}=\begin{pmatrix} 1 & -2 & 0 \\ -2 & 2 & -2 \\ 0 & -2 & 3 \end{pmatrix}$. 令 $|\boldsymbol{A}-\lambda\boldsymbol{E}|=0$,可求 $\boldsymbol{A}$ 的特征值. 由

$$|\boldsymbol{A}-\lambda\boldsymbol{E}| = \begin{vmatrix} 1-\lambda & -2 & 0 \\ -2 & 2-\lambda & -2 \\ 0 & -2 & 3-\lambda \end{vmatrix} = -(\lambda+1)(\lambda-2)(\lambda-5) = 0,$$

得 $\lambda_1=-1, \lambda_2=2, \lambda_3=5$.

对 $\lambda_1=-1$,解齐次线性方程组 $(\boldsymbol{A}-\boldsymbol{E})\boldsymbol{x}=\boldsymbol{0}$,由

$$\boldsymbol{A}-\boldsymbol{E} = \begin{pmatrix} 2 & -2 & 0 \\ -2 & 3 & -2 \\ 0 & -2 & 4 \end{pmatrix} \to \begin{pmatrix} 1 & -1 & 0 \\ 1 & 0 & -2 \\ 0 & 0 & 0 \end{pmatrix},$$

得其基础解系 $\boldsymbol{\alpha}_1=\begin{pmatrix}2\\2\\1\end{pmatrix}$;

同理,可得 $\lambda_2=2,\lambda_3=5$ 的特征向量分别为 $\boldsymbol{\alpha}_2=\begin{pmatrix}2\\-1\\-2\end{pmatrix},\boldsymbol{\alpha}_3=\begin{pmatrix}1\\-2\\2\end{pmatrix}$.

因为 $\boldsymbol{\alpha}_1,\boldsymbol{\alpha}_2,\boldsymbol{\alpha}_3$ 相互正交,故单位化可得 $\boldsymbol{A}$ 的单位正交向量

$$\boldsymbol{\varepsilon}_1=\begin{pmatrix}\frac{2}{3}\\\frac{2}{3}\\\frac{1}{3}\end{pmatrix},\quad \boldsymbol{\varepsilon}_2=\begin{pmatrix}\frac{2}{3}\\-\frac{1}{3}\\-\frac{2}{3}\end{pmatrix},\quad \boldsymbol{\varepsilon}_3=\begin{pmatrix}\frac{1}{3}\\-\frac{2}{3}\\\frac{2}{3}\end{pmatrix}.$$

令 $\boldsymbol{P}=(\boldsymbol{\varepsilon}_1,\boldsymbol{\varepsilon}_2,\boldsymbol{\varepsilon}_3)=\begin{pmatrix}\frac{2}{3}&\frac{2}{3}&\frac{1}{3}\\\frac{2}{3}&-\frac{1}{3}&-\frac{2}{3}\\\frac{1}{3}&-\frac{2}{3}&\frac{2}{3}\end{pmatrix}$,则正交变换 $\boldsymbol{x}=\boldsymbol{P}\boldsymbol{y}$,即

$$\begin{pmatrix}x_1\\x_2\\x_3\end{pmatrix}=\begin{pmatrix}\frac{2}{3}&\frac{2}{3}&\frac{1}{3}\\\frac{2}{3}&-\frac{1}{3}&-\frac{2}{3}\\\frac{1}{3}&-\frac{2}{3}&\frac{2}{3}\end{pmatrix}\begin{pmatrix}y_1\\y_2\\y_3\end{pmatrix}$$

化二次型

$$f=x_1^2+2x_2^2+3x_3^2-4x_1x_2-4x_2x_3$$

为标准形

$$f=-y_1^2+2y_2^2+5y_3^2.$$

例 4.16 还有两个要注意的地方:

(1) 如果要进一步把二次型 f 化为规范形,只需令

$$\begin{cases}y_1=z_1,\\y_2=\dfrac{1}{\sqrt{2}}z_2,\\y_3=\dfrac{1}{\sqrt{5}}z_3,\end{cases}$$

即得 f 的规范形 $f=-z_1^2+z_2^2+z_3^2$. 此时的变换为

$$\boldsymbol{y}=\boldsymbol{C}\boldsymbol{z}:\begin{pmatrix}y_1\\y_2\\y_3\end{pmatrix}=\begin{pmatrix}1&0&0\\0&\frac{1}{\sqrt{2}}&0\\0&0&\frac{1}{\sqrt{5}}\end{pmatrix}\begin{pmatrix}z_1\\z_2\\z_3\end{pmatrix},$$

因此将二次型 $f=x_1^2+2x_2^2+3x_3^2-4x_1x_2-4x_2x_3$ 化成规范形 $f=-z_1^2+z_2^2+z_3^2$ 所用的变换为 $\boldsymbol{x}=\boldsymbol{P}\boldsymbol{y}=\boldsymbol{P}(\boldsymbol{C}\boldsymbol{z})=(\boldsymbol{P}\boldsymbol{C})\boldsymbol{z}$,所用的变换矩阵为

$$\boldsymbol{Q}=\boldsymbol{P}\boldsymbol{C}=\begin{pmatrix}\frac{2}{3}&\frac{2}{3}&\frac{1}{3}\\\frac{2}{3}&-\frac{1}{3}&-\frac{2}{3}\\\frac{1}{3}&-\frac{2}{3}&\frac{2}{3}\end{pmatrix}\begin{pmatrix}1&0&0\\0&\frac{1}{\sqrt{2}}&0\\0&0&\frac{1}{\sqrt{5}}\end{pmatrix}=\begin{pmatrix}\frac{2}{3}&\frac{\sqrt{2}}{3}&\frac{1}{3\sqrt{5}}\\\frac{2}{3}&-\frac{1}{3\sqrt{2}}&-\frac{2}{3\sqrt{5}}\\\frac{1}{3}&-\frac{\sqrt{2}}{3}&\frac{2}{3\sqrt{5}}\end{pmatrix}.$$

此时变换矩阵 $\boldsymbol{Q}$ 已不是正交矩阵.

(2) 在化标准形的过程中,所求的正交矩阵 $\boldsymbol{P}$ 并不唯一,若令 $\boldsymbol{P}=(\boldsymbol{\varepsilon}_2,\boldsymbol{\varepsilon}_3,\boldsymbol{\varepsilon}_1)$,则变换 $\boldsymbol{x}=\boldsymbol{P}\boldsymbol{y}$ 化原二次型为另一标准形 $f=2y_1^2+5y_2^2-y_3^2$.

由于正交变换保持线段长度不变,即 $\|\boldsymbol{y}\|=\|\boldsymbol{x}\|$,所以用正交变换化二次型为标准形具有保持几何形状不变的优点.

如果不限于用正交变换,还有多种方法(对应有多个可逆的线性变换)可以把二次型化成标准形. 下面只介绍拉格朗日配方法.

4.4.3 配方法(拉格朗日法)化二次型为标准形

例 4.17 化二次型 $f=x_1^2+2x_2^2+5x_3^2+2x_1x_2+2x_1x_3+6x_2x_3$ 为标准形,并求所用的变换矩阵.

解 由于 f 中含变量 x_1 的平方项,故把含 x_1 的项归并起来,配方可得

$$\begin{aligned}f&=x_1^2+2x_1x_2+2x_1x_3+2x_2^2+5x_3^2+6x_2x_3\\&=(x_1+x_2+x_3)^2-x_2^2-x_3^2-2x_2x_3+2x_2^2+5x_3^2+6x_2x_3\\&=(x_1+x_2+x_3)^2+x_2^2+4x_2x_3+4x_3^2.\end{aligned}$$

上式右端除第 1 项外已不再含 x_1. 继续配方可得

$$f=(x_1+x_2+x_3)^2+(x_2+2x_3)^2.$$

令

$$\begin{cases} y_1 = x_1 + x_2 + x_3, \\ y_2 = x_2 + 2x_3, \\ y_3 = x_3, \end{cases}$$

即

$$\begin{cases} x_1 = y_1 - y_2 + y_3, \\ x_2 = y_2 - 2y_3, \\ x_3 = y_3, \end{cases}$$

就把 f 化成标准形(规范形)$f=y_1^2+y_2^2$,所用变换矩阵为

$$\boldsymbol{C} = \begin{pmatrix} 1 & -1 & 1 \\ 0 & 1 & -2 \\ 0 & 0 & 1 \end{pmatrix}, \quad |\boldsymbol{C}| = 1 \neq 0.$$

例 4.18 化二次型 $f=2x_1x_2+2x_1x_3-6x_2x_3$ 成规范形,并求所用的变换矩阵.

解 由于 f 不含平方项,可先用可逆变换让二次型出现平方项,再配方.令

$$\begin{cases} x_1 = y_1 + y_2, \\ x_2 = y_1 - y_2, \\ x_3 = y_3, \end{cases}$$

代入可得 $f=2y_1^2-2y_2^2-4y_1y_3+8y_2y_3$.

再配方,得 $f=2(y_1-y_3)^2-2(y_2-2y_3)^2+6y_3^2$.

令

$$\begin{cases} z_1 = \sqrt{2}(y_1 - y_3), \\ z_2 = \sqrt{2}(y_2 - 2y_3), \\ z_3 = \sqrt{6}y_3, \end{cases}$$

即

$$\begin{cases} y_1 = \dfrac{1}{\sqrt{2}}z_1 + \dfrac{1}{\sqrt{6}}z_3, \\ y_2 = \dfrac{1}{\sqrt{2}}z_2 + \dfrac{2}{\sqrt{6}}z_3, \\ y_3 = \dfrac{1}{\sqrt{6}}z_3, \end{cases}$$

就把 f 化成规范形 $f=z_1^2-z_2^2+z_3^2$,所用变换矩阵为

$$
\boldsymbol{C}=\begin{pmatrix}1&1&0\\1&-1&0\\0&0&1\end{pmatrix}\begin{pmatrix}\frac{1}{\sqrt{2}}&0&\frac{1}{\sqrt{6}}\\0&\frac{1}{\sqrt{2}}&\frac{2}{\sqrt{6}}\\0&0&\frac{1}{\sqrt{6}}\end{pmatrix}=\begin{pmatrix}\frac{1}{\sqrt{2}}&\frac{1}{\sqrt{2}}&\frac{3}{\sqrt{6}}\\\frac{1}{\sqrt{2}}&-\frac{1}{\sqrt{2}}&-\frac{1}{\sqrt{6}}\\0&0&\frac{1}{\sqrt{6}}\end{pmatrix},
$$

$$
|\boldsymbol{C}|=-\frac{1}{\sqrt{6}}\neq 0.
$$

一般地，任何二次型都可用上面两例的方法找到可逆变换，把二次型化成标准形（或规范形）.

4.5 正定二次型

4.5.1 正定二次型的概念

二次型的标准形虽然不是唯一的，但标准形中非零系数个数、正系数个数、负系数个数都是不变的，这就是下面的**惯性定理**.

定理 4.13 设二次型 $f=\boldsymbol{x}^{\mathrm{T}}\boldsymbol{A}\boldsymbol{x}$，秩为 r，若经两个可逆变换

$$
\boldsymbol{x}=\boldsymbol{P}\boldsymbol{y},\quad \boldsymbol{x}=\boldsymbol{Q}\boldsymbol{z}
$$

分别化二次型为标准形

$$
f=k_1y_1^2+k_2y_2^2+\cdots+k_ry_r^2,\quad k_i\neq 0,
$$

和

$$
f=\lambda_1z_1^2+\lambda_2z_2^2+\cdots+\lambda_rz_r^2,\quad \lambda_i\neq 0,
$$

则 $k_1,\cdots,k_r$ 中正数的个数与 $\lambda_1,\cdots,\lambda_r$ 中正数的个数相等.

这里正数的个数称为**正惯性指数**，负数的个数称为**负惯性指数**，分别记作 p，q，显然有 $p+q=r$，且其规范形可确定为

$$
f=y_1^2+y_2^2+\cdots+y_p^2-y_{p+1}^2-\cdots-y_r^2.
$$

比较常用的二次型是标准形的系数为全正（全负）的情形，对此有以下性质.

定义 4.13 设 $f=\boldsymbol{x}^{\mathrm{T}}\boldsymbol{A}\boldsymbol{x}$ 为 n 元实二次型，若对任意一组不全为零的实数 x_1，$x_2,\cdots,x_n$，总有

（1）$f>0$，则称二次型 f 为**正定二次型**，对应的实对称矩阵 $\boldsymbol{A}$ 为**正定矩阵**；

（2）$f<0$，则称二次型 f 为**负定二次型**，对应的实对称矩阵 $\boldsymbol{A}$ 为**负定矩阵**；

（3）f 可正可负，则称二次型 f 为**不定型**.

例如，$f(x_1,x_2,x_3)=x_1^2+x_2^2+x_3^2$ 就是正定二次型，而 $f(x_1,x_2)=x_1^2-x_2^2$ 是

不定型.

4.5.2　正定二次型的判定

给出一个二次型,如何判断它是否正定?对此有下列定理.

定理 4.14　设 $f=\boldsymbol{x}^{\mathrm{T}}\boldsymbol{A}\boldsymbol{x}$ 是 n 元实二次型,则下面 4 个条件等价:

(1) f 为正定二次型,即对任意的非零向量 $\boldsymbol{x}$,有 $f=\boldsymbol{x}^{\mathrm{T}}\boldsymbol{A}\boldsymbol{x}>0$;

(2) $\boldsymbol{A}$ 的特征值全为正;

(3) f 的正惯性指数为 n,即其规范形的 n 个系数全为 1;

(4) $\boldsymbol{A}$ 合同于单位阵 $\boldsymbol{E}$,即存在可逆阵 $\boldsymbol{P}$,使得 $\boldsymbol{A}=\boldsymbol{P}^{\mathrm{T}}\boldsymbol{P}$.

例 4.19　若 $\boldsymbol{A}$ 为正定矩阵,则 $\boldsymbol{A}^{-1}$ 和 $\boldsymbol{A}^*$ 也正定.

证明　显然 $\boldsymbol{A}^{-1}$,$\boldsymbol{A}^*$ 均为对称阵. 因为 $\boldsymbol{A}$ 正定,所以 $\boldsymbol{A}$ 的所有特征值都大于零,故 $\boldsymbol{A}^{-1}$ 的所有特征值为 $\boldsymbol{A}$ 的所有特征值的倒数,也都大于零,所以 $\boldsymbol{A}^{-1}$ 正定.

又因 $|\boldsymbol{A}|>0$,故 $\boldsymbol{A}^*=|\boldsymbol{A}|\boldsymbol{A}^{-1}$ 的特征值全大于零,于是 $\boldsymbol{A}^*$ 也正定.

除了用定理 4.14 判断二次型的正定性以外,还可以通过二次型的矩阵 $\boldsymbol{A}$ 的特性来判断二次型是否正定和负定.

定理 4.15　对称阵 $\boldsymbol{A}$ 为正定的充分必要条件是:$\boldsymbol{A}$ 的各阶**主子式**都为正,即

$$a_{11}>0,\quad \begin{vmatrix} a_{11} & a_{12} \\ a_{21} & a_{22} \end{vmatrix}>0,\quad \cdots,\quad \begin{vmatrix} a_{11} & \cdots & a_{1n} \\ \vdots & & \vdots \\ a_{n1} & \cdots & a_{nn} \end{vmatrix}>0;$$

对称阵 $\boldsymbol{A}$ 为负定的充分必要条件是:奇数阶主子式都为负,而偶数阶主子式都为正,即

$$(-1)^r\begin{vmatrix} a_{11} & \cdots & a_{1r} \\ \vdots & & \vdots \\ a_{r1} & \cdots & a_{rr} \end{vmatrix}>0,\quad r=1,2,\cdots,n.$$

这个定理称为**霍尔维茨定理**.

例 4.20　判断二次型 $f=-5x^2-6y^2-4z^2+4xy+4xz$ 的正定性.

解　f 的矩阵为

$$\boldsymbol{A}=\begin{pmatrix} -5 & 2 & 2 \\ 2 & -6 & 0 \\ 2 & 0 & -4 \end{pmatrix},$$

$$a_{11}=-5<0,\quad \begin{vmatrix} a_{11} & a_{12} \\ a_{21} & a_{22} \end{vmatrix}=\begin{vmatrix} -5 & 2 \\ 2 & -6 \end{vmatrix}=26>0,\quad |\boldsymbol{A}|=-80<0,$$

根据定理 4.15 知 f 为负定.

*4.6 应用举例

4.6.1 特征向量在环境保护中的应用

例 4.21 环境保护和工业发展问题. 为了定量分析工业发展与环境污染的关系,某地区提出如下增长模型:设 x_0 是该地区目前的污染损失,y_0 是该地区的工业产值. 记一个发展周期后的污染损失和工业产值分别为 x_1 和 y_1,它们之间的关系是

$$x_1=\frac{8}{3}x_0-\frac{1}{3}y_0,\quad y_1=-\frac{2}{3}x_0+\frac{7}{3}y_0,$$

写成矩阵形式就是

$$\begin{pmatrix}x_1\\y_1\end{pmatrix}=\begin{pmatrix}\frac{8}{3}&-\frac{1}{3}\\-\frac{2}{3}&\frac{7}{3}\end{pmatrix}\begin{pmatrix}x_0\\y_0\end{pmatrix}$$

或

$$\boldsymbol{\alpha}_1=\boldsymbol{A}\boldsymbol{\alpha}_0,$$

其中

$$\boldsymbol{\alpha}_1=\begin{pmatrix}x_1\\y_1\end{pmatrix},\quad \boldsymbol{\alpha}_0=\begin{pmatrix}x_0\\y_0\end{pmatrix},\quad \boldsymbol{A}=\begin{pmatrix}\frac{8}{3}&-\frac{1}{3}\\-\frac{2}{3}&\frac{7}{3}\end{pmatrix}.$$

记 x_k 和 y_k 为第 k 个周期后的污染损失和工业产值,则此增长模型为

$$\begin{cases}x_k=\frac{8}{3}x_{k-1}-\frac{1}{3}y_{k-1},\\ y_k=-\frac{2}{3}x_{k-1}+\frac{7}{3}y_{k-1},\end{cases}\quad k=1,2,\cdots,$$

即

$$\begin{pmatrix}x_k\\y_k\end{pmatrix}=\begin{pmatrix}\frac{8}{3}&-\frac{1}{3}\\-\frac{2}{3}&\frac{7}{3}\end{pmatrix}\begin{pmatrix}x_{k-1}\\y_{k-1}\end{pmatrix}$$

或

$$\boldsymbol{\alpha}_k=\boldsymbol{A}\boldsymbol{\alpha}_{k-1},\quad k=1,2,\cdots.$$

由此模型及当前的水平 $\boldsymbol{\alpha}_0$ 可以预测若干周期后的发展水平:

$$\boldsymbol{\alpha}_1=\boldsymbol{A}\boldsymbol{\alpha}_0,\quad \boldsymbol{\alpha}_2=\boldsymbol{A}\boldsymbol{\alpha}_1=\boldsymbol{A}^2\boldsymbol{\alpha}_0,\quad \cdots,\quad \boldsymbol{\alpha}_k=\boldsymbol{A}^k\boldsymbol{\alpha}_0.$$

直接计算 $\boldsymbol{A}$ 的各次幂十分繁琐，而利用矩阵特征值和特征向量的有关性质，不但使计算大大简化，而且模型的结构和性质也更为清晰. 为此先计算 $\boldsymbol{A}$ 的特征值.

$\boldsymbol{A}$ 的特征多项式为

$$|\boldsymbol{A}-\lambda\boldsymbol{E}|=\begin{vmatrix}\frac{8}{3}-\lambda & -\frac{1}{3}\\ -\frac{2}{3} & \frac{7}{3}-\lambda\end{vmatrix}=\lambda^2-5\lambda+6,$$

所以 $\boldsymbol{A}$ 的特征值为 $\lambda_1=2,\lambda_2=3$.

对于特征值 $\lambda_1=2$，解齐次线性方程组 $(\boldsymbol{A}-2\boldsymbol{E})\boldsymbol{x}=\boldsymbol{0}$，可得 $\boldsymbol{A}$ 的属于 $\lambda_1=2$ 特征向量为 $\boldsymbol{p}_1=\begin{pmatrix}1\\2\end{pmatrix}$.

对于特征值 $\lambda_2=3$，解齐次线性方程组 $(\boldsymbol{A}-3\boldsymbol{E})\boldsymbol{x}=\boldsymbol{0}$，可得 $\boldsymbol{A}$ 的属于 $\lambda_2=3$ 特征向量为 $\boldsymbol{p}_2=\begin{pmatrix}1\\-1\end{pmatrix}$.

如果当前的水平 $\boldsymbol{\alpha}_0$ 恰好等于 $\boldsymbol{p}_1$，则 $k=n$ 时，有

$$\boldsymbol{\alpha}_n=\boldsymbol{A}^n\boldsymbol{\alpha}_0=\boldsymbol{A}^n\boldsymbol{p}_1=\lambda_1^n\boldsymbol{p}_1=2^n\begin{pmatrix}1\\2\end{pmatrix},$$

即 $x_n=2^n,y_n=2^{n+1}$.

这表明经过 n 个发展周期后，工业产值已达到一个相当高的水平(2^{n+1})，但其中一半被污染损失(2^n)所抵消，造成了资源的严重浪费.

如果当前的水平 $\boldsymbol{\alpha}_0=\begin{pmatrix}11\\19\end{pmatrix}$，则不能直接应用上述方法分析. 此时由于 $\boldsymbol{\alpha}_0=10\boldsymbol{p}_1+\boldsymbol{p}_2$，于是

$$\boldsymbol{\alpha}_n=\boldsymbol{A}^n\boldsymbol{\alpha}_0=10\boldsymbol{A}^n\boldsymbol{p}_1+\boldsymbol{A}^n\boldsymbol{p}_2=10\times2^n\boldsymbol{p}_1+3^n\boldsymbol{p}_2=\begin{pmatrix}10\times2^n+3^n\\20\times2^n-3^n\end{pmatrix}.$$

特别地，当 $n=4$ 时，污染损失 $x_4=241$，工业产值为 $y_4=239$，损失已超过了产值，经济将出现负增长.

由上面的分析可以看出，尽管 $\boldsymbol{A}$ 的特征向量 $\boldsymbol{p}_2$ 没有实际意义(因 $\boldsymbol{p}_2$ 中含负分量)，但任一具有实际意义的向量 $\boldsymbol{\alpha}_0$ 都可以表示为 $\boldsymbol{p}_1,\boldsymbol{p}_2$ 的线性组合，从而在分析过程中，$\boldsymbol{p}_2$ 仍具有重要作用.

4.6.2 特征向量在系统决策中的应用

例 4.22 层次分析法(AHP)中因素权重的确定. 层次分析法是美国学者

T. L. Saaty 教授在 1973 年提出的一种用于系统决策的分析方法，经过多年的发展和普及，已经广泛应用于能源政策分析、科技成果评价、发展战略规划和人才目标考核等众多决策领域.

在层次分析法中，影响决策的各因素权重大小的确定用到了矩阵的特征值和特征向量理论. 现介绍如下：

设有 n 个物体 $B_1, B_2, \cdots, B_n$，重量分别为 $w_1, w_2, \cdots, w_n$. 若两两比较物体的重量，其比值可构成 $n\times n$ 的矩阵 $\boldsymbol{P}$：

$$\boldsymbol{P}=\begin{pmatrix} w_1/w_1 & w_1/w_2 & \cdots & w_1/w_n \\ w_2/w_1 & w_2/w_2 & \cdots & w_2/w_n \\ \vdots & \vdots & & \vdots \\ w_n/w_1 & w_n/w_2 & \cdots & w_n/w_n \end{pmatrix}=(p_{ij})_{n\times n}.$$

显然 $\boldsymbol{P}$ 有如下性质：$p_{ii}=1, p_{ij}=\dfrac{1}{p_{ji}}, p_{ij}=\dfrac{p_{ik}}{p_{jk}}(i,j,k=1,2,\cdots,n)$. 此时称 $\boldsymbol{P}$ 具有**完全一致性**.

现用向量 $\boldsymbol{W}=(w_1, w_2, \cdots, w_n)^{\mathrm{T}}$ 右乘矩阵 $\boldsymbol{P}$ 得

$$\boldsymbol{PW}=\begin{pmatrix} w_1/w_1 & w_1/w_2 & \cdots & w_1/w_n \\ w_2/w_1 & w_2/w_2 & \cdots & w_2/w_n \\ \vdots & \vdots & & \vdots \\ w_n/w_1 & w_n/w_2 & \cdots & w_n/w_n \end{pmatrix}\begin{pmatrix} w_1 \\ w_2 \\ \vdots \\ w_n \end{pmatrix}=\begin{pmatrix} nw_1 \\ nw_2 \\ \vdots \\ nw_n \end{pmatrix}=n\begin{pmatrix} w_1 \\ w_2 \\ \vdots \\ w_n \end{pmatrix}=n\boldsymbol{W},$$

即

$$(\boldsymbol{P}-n\boldsymbol{E})\boldsymbol{W}=\boldsymbol{0}.$$

由矩阵理论可知，$\boldsymbol{W}$ 是 $\boldsymbol{P}$ 的特征向量，而 n 是 $\boldsymbol{P}$ 的特征值.

进一步可以证明，n 为 $\boldsymbol{P}$ 的唯一非零特征值，也是 $\boldsymbol{P}$ 的最大特征值. $\boldsymbol{W}$ 是对应于最大特征值 n 的特征向量.

如果将 n 个物体 $B_1, B_2, \cdots, B_n$ 改为影响某项决策的 n 个因素，$w_i(i=1,2,\cdots,n)$ 为各因素对决策影响的重要程度，即因素的权重，那么通过上述分析，可以计算出权重的大小，并可进一步利用加权平均给出最佳决策.

例如，某市将引进一汽车生产线，现有 A，B，C，D 四个地区可供选择建设厂址. 经调研，在这四个地区设厂将产生不同的直接经济效益、间接经济效益和社会效益. 具体是：A 址将产生直接效益 9900 万，间接效益 2200 万，社会效益 7700 万；B 址将产生直接效益 8800 万，间接效益 3300 万，社会效益 9900 万；C 址将产生直接效益 7700 万，间接效益 4400 万，社会效益 12100 万；D 址将产生直接效益 6600 万，间接效益 5500 万，社会效益 13200 万. 现在要根据这些信息进行决策：在 A，B，C，D 中选择最合适的地区建设厂址.

从以上信息可以看出,影响决策的因素有3个,分别是直接经济效益、间接经济效益和社会效益. 我们可以通过比较来确定各因素的权重大小,进而对A,B,C,D等四项决策进行加权平均算出各自的综合效益,选取综合效益最大者作为最佳厂址.

在层次分析法中,Saaty教授给出的确定因素权重相对大小的一般方法如表4.1所示.

表4.1 因素重要程度比较表(标度1～9)

标度 a_{ij}	含义
1	表示 i 与 j 两个因素相比,具有同等重要性
3	表示 i 与 j 两个因素相比,前者比后者稍微重要
5	表示 i 与 j 两个因素相比,前者比后者明显重要
7	表示 i 与 j 两个因素相比,前者比后者强烈重要
9	表示 i 与 j 两个因素相比,前者比后者极端重要
2,4,6,8	表示上述相邻判断的中间值
倒数	若因素 i 与因素 j 的重要性之比为 a_{ij},那么因素 j 与因素 i 重要性之比为 $a_{ji}=\frac{1}{a_{ij}}$

根据表4.1,将直接经济效益、间接经济效益和社会效益3个因素进行两两比较:

直接经济效益与间接经济效益相比较,前者比后者稍微重要,取标度为3,而直接经济效益与社会效益相比较,其重要程度介于同等重要与稍微重要之间,取标度为2,则由上表可知间接经济效益与直接经济效益相比较其标度为$\frac{1}{3}$,社会效益与直接经济效益相比其标度为$\frac{1}{2}$;同时,以直接经济效益为中间量,算得间接经济效益与社会效益相比较的标度为$\frac{2}{3}$,社会效益与间接经济效益相比较的标度为$\frac{3}{2}$.

于是,权重比较矩阵为

$$\boldsymbol{P}=\begin{pmatrix} w_1/w_1 & w_1/w_2 & w_1/w_3 \\ w_2/w_1 & w_2/w_2 & w_2/w_3 \\ w_3/w_1 & w_3/w_2 & w_3/w_3 \end{pmatrix}=\begin{pmatrix} 1 & 3 & 2 \\ \frac{1}{3} & 1 & \frac{2}{3} \\ \frac{1}{2} & \frac{3}{2} & 1 \end{pmatrix}.$$

此矩阵满足一致性条件 $p_{ii}=1, p_{ij}=\frac{1}{p_{ji}}, p_{ij}=\frac{p_{ik}}{p_{jk}}$,可知其特征值为3,对应的特征向量可取$\boldsymbol{W}=\begin{pmatrix} 1 \\ \frac{1}{3} \\ \frac{1}{2} \end{pmatrix}=\left(1,\frac{1}{3},\frac{1}{2}\right)^{\mathrm{T}}$. 直接经济效益、间接经济效益和社会效益等3个

因素的权重分别为 $1,\frac{1}{3},\frac{1}{2}$，将它们归一化得 3 因素的权重标准比为 $\frac{6}{11}:\frac{2}{11}:\frac{3}{11}$.

最后，以此比值为权，得到各地区的平均效益分别为(单位：万元)

$$\text{A:}\quad 9900\times\frac{6}{11}+2200\times\frac{2}{11}+7700\times\frac{3}{11}=7900,$$

$$\text{B:}\quad 8800\times\frac{6}{11}+3300\times\frac{2}{11}+9900\times\frac{3}{11}=8100,$$

$$\text{C:}\quad 7700\times\frac{6}{11}+4400\times\frac{2}{11}+12100\times\frac{3}{11}=8300,$$

$$\text{D:}\quad 6600\times\frac{6}{11}+5500\times\frac{2}{11}+13200\times\frac{3}{11}=8200.$$

经比较，知 C 地的综合效益最高，故应在 C 地选择建厂.

一般而言，计算因素权重的步骤为：先将各因素两两对比得到相对重要程度矩阵 $\boldsymbol{P}$，再验证 $\boldsymbol{P}$ 的一致性，在完全一致性的条件下，求出 $\boldsymbol{P}$ 的非零特征值 n 和对应的特征向量 $\boldsymbol{W}=(w_1,w_2,\cdots,w_n)^{\mathrm{T}}$，$\boldsymbol{W}$ 的各个分量 $w_i(i=1,2,\cdots,n)$ 就反映了各因素的权重大小. 也可以对 $\boldsymbol{W}$ 进行归一化处理，从而得到更标准的因素权重.

在实际应用中，相对重要程度矩阵 $\boldsymbol{P}$ 经常不满足一致性条件，这时就要对上述方法做进一步的数学处理，这里不再多述，有兴趣的读者可以参看介绍层次分析法的相关书籍.

阅读小资料

特征方程的概念最早隐含地出现在瑞士数学家欧拉(L. Euler，1707～1783)(图 4.1)的著作中，后由柯西明确给出. 柯西证明了实对称矩阵都有实特征值；给出了相似矩阵的概念，并证明了相似矩阵有相同的特征值；研究了代换理论. 1858 年，英国数学家凯莱给出了方阵的特征方程和特征根的一些相关结果. 后来，泰伯(H. Taber，1860～?)引入了矩阵的迹的概念并给出了一些有关的结论. 这些成果对于二次型的理论研究起到了重要的影响.

二次型的系统研究是从 18 世纪开始的，它起源于对二次曲线和二次曲面的分类问题的讨论. 柯西在其著作中给出：当方程是标准型时，二次曲面用二次项的符号进行分类. 这个结果后由英国数学家西尔维斯特归结为惯性定理. 1801 年，高斯在《算术研究》中引进了二次型的正定、负定、半正定、半负定等术语. 而拉格朗日(J. L. Lagrange，1736～1813)(图 4.2)也在二次型的化简等方面做了一定的研究. 在二次型理论演化过程中，德国数学家弗罗贝尼乌斯也作出了重要贡献，他引进了正交矩阵和合同矩阵等概念并讨论了它们的一些重要性质. 1858 年，魏尔斯特拉斯(W. Weierstrass，1815～1897)(图 4.3)比较系统地完成了二次型的理论并将其推广到双线性型.二次型理论在几何、物理等学科中应用广泛.通过坐标的正交变换所得的标准形称为主轴形式,它是解析几何问题的自然推广.

图 4.1 欧拉

图 4.2 拉格朗日

图 4.3 魏尔斯特拉斯

习 题 4

(A)

1. 设 $\boldsymbol{a}=\begin{pmatrix}1\\0\\-2\end{pmatrix}$,$\boldsymbol{b}=\begin{pmatrix}-4\\2\\3\end{pmatrix}$,$\boldsymbol{c}$ 与 $\boldsymbol{a}$ 正交,且 $\boldsymbol{b}=\lambda\boldsymbol{a}+\boldsymbol{c}$.求 λ 和 $\boldsymbol{c}$.

2. 用施密特法把下列向量组正交化:

(1) $(\boldsymbol{a}_1,\boldsymbol{a}_2,\boldsymbol{a}_3)=\begin{pmatrix}1&1&1\\1&2&4\\1&3&9\end{pmatrix}$;

(2) $(\boldsymbol{a}_1,\boldsymbol{a}_2,\boldsymbol{a}_3)=\begin{pmatrix}1&1&-1\\0&-1&1\\-1&0&1\\1&1&0\end{pmatrix}$.

3. 判断下列矩阵是不是正交矩阵,并说明理由:

(1) $\begin{pmatrix}1&-\frac{1}{2}&\frac{1}{3}\\-\frac{1}{2}&1&\frac{1}{2}\\\frac{1}{3}&\frac{1}{2}&-1\end{pmatrix}$; (2) $\begin{pmatrix}\frac{1}{9}&-\frac{8}{9}&-\frac{4}{9}\\-\frac{8}{9}&\frac{1}{9}&-\frac{4}{9}\\-\frac{4}{9}&-\frac{4}{9}&\frac{7}{9}\end{pmatrix}$.

4. 设 $\boldsymbol{A},\boldsymbol{B}$ 都是正交阵.证明:$\boldsymbol{AB}$ 也是正交阵.

5. 求下列矩阵的特征值和特征向量:

(1) $\begin{pmatrix}2&-1&2\\5&-3&3\\-1&0&-2\end{pmatrix}$; (2) $\begin{pmatrix}1&2&3\\2&1&3\\3&3&6\end{pmatrix}$; (3) $\begin{pmatrix}0&0&0&1\\0&0&1&0\\0&1&0&0\\1&0&0&0\end{pmatrix}$.

6. 设 $\boldsymbol{A}$ 为 n 阶可逆矩阵,λ 是 $\boldsymbol{A}$ 的一个特征值. 证明:

(1) λ 也是 $\boldsymbol{A}^{\mathrm{T}}$ 的特征值;

(2) $\dfrac{|\boldsymbol{A}|}{\lambda}$是 $\boldsymbol{A}^*$ 的一个特征值.

7. 设 $\boldsymbol{A}^2-3\boldsymbol{A}+2\boldsymbol{E}=\boldsymbol{0}$. 证明:$\boldsymbol{A}$ 的特征值只能是 1 或 2.

8. 设 $\boldsymbol{A}$ 为正交矩阵,且 $|\boldsymbol{A}|=-1$. 证明:$\lambda=-1$ 是 $\boldsymbol{A}$ 的特征值.

9. 已知 3 阶矩阵 $\boldsymbol{A}$ 的特征值为 1,2,3. 求 $|\boldsymbol{A}^3-5\boldsymbol{A}^2+7\boldsymbol{A}|$.

10. 已知 3 阶矩阵 $\boldsymbol{A}$ 的特征值为 1,2,−3. 求 $|\boldsymbol{A}^*+3\boldsymbol{A}+2\boldsymbol{E}|$.

11. 设 $\boldsymbol{A},\boldsymbol{B}$ 都是 n 阶矩阵,且 $\boldsymbol{A}$ 可逆. 证明:$\boldsymbol{AB}$ 与 $\boldsymbol{BA}$ 相似.

12. 设矩阵 $\boldsymbol{A}=\begin{pmatrix}2&0&1\\3&1&x\\4&0&5\end{pmatrix}$可相似对角化. 求 x.

13. 设 $\boldsymbol{A}=\begin{pmatrix}1&4&2\\0&-3&4\\0&4&3\end{pmatrix}$. 求 $\boldsymbol{A}^{100}$.

14. 试求一个正交的相似变换矩阵,将下列对称阵化为对角阵:

(1) $\begin{pmatrix}2&-2&0\\-2&1&-2\\0&-2&0\end{pmatrix}$; (2) $\begin{pmatrix}6&2&4\\2&3&2\\4&2&6\end{pmatrix}$.

15. 设 3 阶矩阵 $\boldsymbol{A}$ 的特征值为 $\lambda_1=2,\lambda_2=-2,\lambda_3=1$,对应的特征向量依次为

$$\boldsymbol{p}_1=\begin{pmatrix}0\\1\\1\end{pmatrix},\quad \boldsymbol{p}_2=\begin{pmatrix}1\\1\\1\end{pmatrix},\quad \boldsymbol{p}_3=\begin{pmatrix}1\\1\\0\end{pmatrix}.$$

求 $\boldsymbol{A}$.

16. 用矩阵记号表示下列二次型:

(1) $f=x^2+4xy+4y^2+2xz+z^2+4yz$;

(2) $f=x^2+y^2-7z^2-2xy-4xz-4yz$;

(3) $f=x_1^2+x_2^2+x_3^2-2x_1x_2+6x_2x_3$.

17. 写出下列二次型的矩阵:

(1) $f(\boldsymbol{x})=\boldsymbol{x}^{\mathrm{T}}\begin{pmatrix}2&1\\3&1\end{pmatrix}\boldsymbol{x}$; (2) $f(\boldsymbol{x})=\boldsymbol{x}^{\mathrm{T}}\begin{pmatrix}1&2&3\\4&5&6\\7&8&9\end{pmatrix}\boldsymbol{x}$.

18. 求一个正交变换,化下列二次型为标准形:

(1) $f=2x_1^2+3x_2^2+3x_3^2+4x_2x_3$;

(2) $f=x_1^2+x_3^2+2x_1x_2-2x_2x_3$;

(3) $f=x_1^2+x_2^2+x_3^2+x_4^2+2x_1x_2-2x_1x_4-2x_2x_3+2x_3x_4$.

19. 求一个正交变换把二次曲面的方程

$$f=3x^2+5y^2+5z^2+4xy-4xz-10yz=1$$

化成标准方程.

20. 用配方法化下列二次型成规范形，并写出所用的变换矩阵：

(1) $f=x_1^2+3x_2^2+5x_3^2+2x_1x_2-4x_1x_3$；

(2) $f=x_1^2+2x_3^2+2x_1x_3+2x_2x_3$；

(3) $f=2x_1^2+x_2^2+4x_3^2+2x_1x_2-2x_2x_3$.

21. 设 $f=x_1^2+x_2^2+5x_3^2+2ax_1x_2-2x_1x_3+4x_2x_3$ 为正定二次型. 求 a.

22. 判定下列二次型的正定性：

(1) $f=-2x_1^2-6x_2^2-4x_3^2+2x_1x_2+2x_1x_3$；

(2) $f=x_1^2+3x_2^2+9x_3^2-2x_1x_2+4x_1x_3$.

(B)

1. 填空题.

(1) 设 $\lambda_1=0$ 是矩阵 $\boldsymbol{A}=\begin{pmatrix}1&0&1\\0&2&0\\1&0&a\end{pmatrix}$ 的特征值，则 $a=$________，$\boldsymbol{A}$ 的其他特征值为________.

(2) 设 $\boldsymbol{A}=\begin{pmatrix}0&0&1\\1&1&x\\1&0&0\end{pmatrix}$，问 $x=$________时，矩阵 $\boldsymbol{A}$ 能对角化.

(3) 已知三阶实对称矩阵 $\boldsymbol{A}$ 的特征值为 6，3，3，且对应特征值 6 的一个特征向量为 $\boldsymbol{\beta}=\begin{pmatrix}1\\-1\\1\end{pmatrix}$，则实对称矩阵 $\boldsymbol{A}=$________.

(4) 若二次型 $f(x_1,x_2,x_3)=x_1^2+2x_2^2+3x_3^2+2x_1x_2-2x_1x_3+2kx_2x_3$ 为正定二次型，则 k 的取值范围是________.

(5) 已知向量 $\boldsymbol{p}=\begin{pmatrix}1\\k\\1\end{pmatrix}$ 是矩阵 $\boldsymbol{A}=\begin{pmatrix}2&1&1\\1&2&1\\1&1&2\end{pmatrix}$ 的逆矩阵 $\boldsymbol{A}^{-1}$ 的特征向量，则常数 $k=$________.

2. 选择题.

(1) 设 λ 是 n 阶矩阵 $\boldsymbol{A}$ 的特征值，且齐次线性方程组 $(\boldsymbol{A}-\lambda\boldsymbol{E})\boldsymbol{X}=\boldsymbol{0}$ 的基础解系为 $\boldsymbol{\xi}_1$ 和 $\boldsymbol{\xi}_2$，则 $\boldsymbol{A}$ 的对应于特征值 λ 的全部特征向量是(　　).

(A) $\boldsymbol{\xi}_1$ 和 $\boldsymbol{\xi}_2$；　(B) $\boldsymbol{\xi}_1$ 或 $\boldsymbol{\xi}_2$；

(C) $k_1\boldsymbol{\xi}_1+k_2\boldsymbol{\xi}_2$ (k_1,k_2 全不为零)；　(D) $k_1\boldsymbol{\xi}_1+k_2\boldsymbol{\xi}_2$ (k_1,k_2 不全为零).

(2) 设 $\boldsymbol{p}$ 是可逆阵 $\boldsymbol{A}$ 的对应于特征值 $\lambda(\lambda\neq0)$ 的特征向量，则 $\boldsymbol{p}$ 不一定是(　　)的特征向量.

(A) $(\boldsymbol{A}+\boldsymbol{E})^2$；　(B) $-2\boldsymbol{A}$；　(C) $\boldsymbol{A}^{\mathrm{T}}$；　(D) $\boldsymbol{A}^*$.

(3) 如果方阵 $\boldsymbol{A}$ 与对角阵 $\boldsymbol{\Lambda}=\begin{pmatrix}1&&\\&1&\\&&-1\end{pmatrix}$ 相似，则 $\boldsymbol{A}^{10}=$(　　).

(A) $\boldsymbol{E}$；　(B) $\boldsymbol{A}$；　(C) $-\boldsymbol{E}$；　(D) $10\boldsymbol{E}$.

(4) 实对称矩阵 $\boldsymbol{A}$ 正定的充分必要条件是(　　).

(A) $|\boldsymbol{A}|>0$；　　(B) 负惯性指数为零；

(C) 存在 n 阶矩阵 $\boldsymbol{C}$，使 $\boldsymbol{A}=\boldsymbol{C}^{\mathrm{T}}\boldsymbol{C}$；　　(D) $\boldsymbol{A}$ 的各阶主子式均为正数.

(5) 二次型 $f(x_1,x_2,x_3,x_4)=x_1^2+tx_2^2+3x_3^2+2x_1x_2$，当 $t=$(　　)时，f 的秩为 2.

(A) 0；　　(B) 1；　　(C) 2；　　(D) 3.

3. 证明三角不等式：$\|\boldsymbol{x}+\boldsymbol{y}\|\leqslant\|\boldsymbol{x}\|+\|\boldsymbol{y}\|$.

4. 设 $\boldsymbol{x}$ 为 n 维列向量，$\boldsymbol{x}^{\mathrm{T}}\boldsymbol{x}=1$，令 $\boldsymbol{H}=\boldsymbol{E}-2\boldsymbol{x}\boldsymbol{x}^{\mathrm{T}}$. 证明：$\boldsymbol{H}$ 是对称的正交阵.

5. 设 n 阶矩阵 $\boldsymbol{A},\boldsymbol{B}$ 满足 $R(\boldsymbol{A})+R(\boldsymbol{B})<n$. 证明：$\boldsymbol{A}$ 与 $\boldsymbol{B}$ 有公共的特征值和公共的特征向量.

6. 已知 $\boldsymbol{p}=\begin{pmatrix}1\\1\\-1\end{pmatrix}$ 是矩阵 $\boldsymbol{A}=\begin{pmatrix}2&-1&2\\5&a&3\\-1&b&-2\end{pmatrix}$ 的一个特征向量，

(1) 求参数 a,b 及特征向量 $\boldsymbol{p}$ 所对应的特征值；

(2) 问：$\boldsymbol{A}$ 能不能相似对角化？并说明理由.

7. 设矩阵 $\boldsymbol{A}=\begin{pmatrix}1&-2&-4\\-2&x&-2\\-4&-2&1\end{pmatrix}$ 与 $\boldsymbol{\Lambda}=\begin{pmatrix}5&&\\&-4&\\&&y\end{pmatrix}$ 相似. 求 x,y，并求一个正交阵 $\boldsymbol{P}$，使得 $\boldsymbol{P}^{-1}\boldsymbol{A}\boldsymbol{P}=\boldsymbol{\Lambda}$.

8. 设 3 阶对称阵 $\boldsymbol{A}$ 的特征值为 $\lambda_1=1,\lambda_2=-1,\lambda_3=0$，对应于 λ_1,λ_2 的特征向量依次为

$$\boldsymbol{p}_1=\begin{pmatrix}1\\2\\2\end{pmatrix},\quad \boldsymbol{p}_2=\begin{pmatrix}2\\1\\-2\end{pmatrix}.$$

求 $\boldsymbol{A}$.

9. 设 3 阶对称阵 $\boldsymbol{A}$ 的特征值为 $\lambda_1=6,\lambda_2=\lambda_3=3$，对应于 $\lambda_1=6$ 的特征向量为 $\boldsymbol{p}_1=\begin{pmatrix}1\\1\\1\end{pmatrix}$. 求 $\boldsymbol{A}$.

10. (1) 设 $\boldsymbol{A}=\begin{pmatrix}3&-2\\-2&3\end{pmatrix}$. 求 $\varphi(\boldsymbol{A})=\boldsymbol{A}^{10}-5\boldsymbol{A}^9$；

(2) 设 $\boldsymbol{A}=\begin{pmatrix}2&1&2\\1&2&2\\2&2&1\end{pmatrix}$. 求 $\varphi(\boldsymbol{A})=\boldsymbol{A}^{10}-6\boldsymbol{A}^9+5\boldsymbol{A}^8$.

11. 证明：对称阵 $\boldsymbol{A}$ 为正定的充分必要条件是，存在可逆矩阵 $\boldsymbol{Q}$，使 $\boldsymbol{A}=\boldsymbol{Q}^{\mathrm{T}}\boldsymbol{Q}$，即 $\boldsymbol{A}$ 与单位阵 $\boldsymbol{E}$ 合同.

12. 设 $\boldsymbol{a}=(a_1,a_2,\cdots,a_n)^{\mathrm{T}}$，$a_1\neq0$，$\boldsymbol{A}=\boldsymbol{a}\boldsymbol{a}^{\mathrm{T}}$，

(1) 证明：$\lambda=0$ 是 $\boldsymbol{A}$ 的 $n-1$ 重特征值；

(2) 求 $\boldsymbol{A}$ 的非零特征值及 n 个线性无关的特征向量.

*第 5 章

线性空间与线性变换

本书在第 3 章中把实数域上的有序数组称为向量,并讨论了向量的线性运算和向量间的线性关系,还引进了实数域上 n 维向量空间 $\mathbf{R}^n$ 的概念.本章将把这些概念推广到更一般的情形,得到线性空间的概念,同时还将介绍线性空间中的一种基本变换——线性变换.

5.1 线性空间的定义与性质

定义 5.1 设 V 是一个非空集合,$\mathbf{R}$ 为实数域.如果对于任意的 $\boldsymbol{\alpha},\boldsymbol{\beta}\in V$,总有唯一确定的元素 $\boldsymbol{\gamma}\in V$ 与之对应,称为 $\boldsymbol{\alpha}$ 与 $\boldsymbol{\beta}$ 的**和**,记作 $\boldsymbol{\gamma}=\boldsymbol{\alpha}+\boldsymbol{\beta}$;同时对于任意的 $k\in\mathbf{R}$ 与任意的 $\boldsymbol{\alpha}\in V$,总有唯一确定的元素 $\boldsymbol{\delta}\in V$ 与之对应,称为 k 与 $\boldsymbol{\alpha}$ 的**数乘**,记作 $\boldsymbol{\delta}=k\boldsymbol{\alpha}$;并且这两种运算满足以下运算规律:

对一切 $\boldsymbol{\alpha},\boldsymbol{\beta},\boldsymbol{\nu}\in V,k,l\in\mathbf{R}$,有

(1) $\boldsymbol{\alpha}+\boldsymbol{\beta}=\boldsymbol{\beta}+\boldsymbol{\alpha}$;

(2) $(\boldsymbol{\alpha}+\boldsymbol{\beta})+\boldsymbol{\nu}=\boldsymbol{\alpha}+(\boldsymbol{\beta}+\boldsymbol{\nu})$;

(3) 存在元素 $\mathbf{0}$,使得对任何 $\boldsymbol{\alpha}\in V$,都有 $\boldsymbol{\alpha}+\mathbf{0}=\boldsymbol{\alpha}$;

(4) 对任何 $\boldsymbol{\alpha}\in V$,存在 $\boldsymbol{\alpha}$ 的负元素 $\boldsymbol{\beta}$,使得 $\boldsymbol{\alpha}+\boldsymbol{\beta}=\mathbf{0}$;

(5) $1\boldsymbol{\alpha}=\boldsymbol{\alpha}$;

(6) $k(l\boldsymbol{\alpha})=(kl)\boldsymbol{\alpha}$;

(7) $(k+l)\boldsymbol{\alpha}=k\boldsymbol{\alpha}+l\boldsymbol{\alpha}$;

(8) $k(\boldsymbol{\alpha}+\boldsymbol{\beta})=k\boldsymbol{\alpha}+k\boldsymbol{\beta}$,

则称 V 为实数域 $\mathbf{R}$ 上的**线性空间**(或**向量空间**),V 中元素不论其本来的性质如何,统称为(**实**)**向量**,满足上述规律的加法和数乘运算统称为**线性运算**.

显然,n 维向量空间 $\mathbf{R}^n$ 是一类特殊的线性空间.

下面举一些例子.

例 5.1 全体 $m\times n$ 实矩阵组成的集合，记为 $\mathbf{R}^{m\times n}$，对于矩阵的加法及数乘运算，构成实数域上的一个线性空间，称为**矩阵空间**. 它的零元素是 $m\times n$ 零矩阵，任一元素 $\boldsymbol{M}$ 的负元素是 $(-1)\boldsymbol{M}$.

例 5.2 实数域 $\mathbf{R}$ 上次数不超过 n 的多项式全体，记为 $P[x]_n$，对于多项式的加法及数与多项式的乘法构成实数域上的一个线性空间.

例 5.3 实数域 $\mathbf{R}$ 上 n 次多项式的全体

$$Q[x]_n = \{p = a_0 + a_1x + \cdots + a_nx^n \mid a_0, a_1, \cdots, a_n \in \mathbf{R}, a_n \neq 0\},$$

对于多项式的加法及数与多项式的乘法不构成实数域上的一个线性空间. 这是因为对于任意的 $p\in Q[x]_n$，$0p\notin Q[x]_n$，即 $Q[x]_n$ 对运算不封闭.

例 5.4 $[a,b]$上的全体一元连续实函数组成的集合，记为 V，对于函数的加法（对任意的 $x\in[a,b]$，$f,g\in V$，满足 $(f+g)(x)=f(x)+g(x)$）及数与函数的乘法（对任意的 $k\in\mathbf{R}$，$x\in[a,b]$，$f\in V$，$(kf)(x)=kf(x)$）构成实数域上的一个线性空间.

例 5.5 给定 $m\times n$ 实矩阵 $\boldsymbol{A}$，由 n 维向量组成的集合 $N(\boldsymbol{A})=\{\boldsymbol{x}\mid \boldsymbol{Ax}=\boldsymbol{0},\boldsymbol{x}\in\mathbf{R}^n\}$ 和 $R(\boldsymbol{A})=\{\boldsymbol{y}\mid \boldsymbol{y}=\boldsymbol{Ax},\boldsymbol{x}\in\mathbf{R}^n\}$ 对于矩阵的加法及数乘，均构成实数域 $\mathbf{R}$ 上线性空间，分别称为矩阵 $\boldsymbol{A}$ 的**核空间**和**值域空间**.

判定一个集合 V 是否构成线性空间，首先要验证 V 关于给定的两个运算是否封闭，其次要验证运算是否为线性运算.

一般地，同一个集合若赋予不同的线性运算，就构成不同的线性空间. 若赋予的运算不是线性运算，就不构成线性空间.

例 5.6 对 $\mathbf{R}^3$ 中全体向量构成的集合 $V=\{(x_1,x_2,x_3)^{\mathrm{T}}\mid x_1,x_2,x_3\in\mathbf{R}\}$，定义加法 $\oplus$ 和数乘 $\circ$ 运算：

$$\text{对任意的 } \boldsymbol{\alpha},\boldsymbol{\beta}\in V, k\in\mathbf{R}, \boldsymbol{\alpha}\oplus\boldsymbol{\beta}=\boldsymbol{\alpha}-\boldsymbol{\beta}, k\circ\boldsymbol{\alpha}=-k\boldsymbol{\alpha},$$

则 V 对于运算 $\oplus$ 及 $\circ$ 不构成线性空间. 事实上，取 $\boldsymbol{\alpha}=(1,2,1)^{\mathrm{T}}$，$\boldsymbol{\beta}=(0,1,1)^{\mathrm{T}}$，易知 $\boldsymbol{\alpha}-\boldsymbol{\beta}=(1,1,0)^{\mathrm{T}}\neq\boldsymbol{\beta}-\boldsymbol{\alpha}$，故不满足加法交换律，即运算 $\oplus$ 不符合线性运算，因此 V 对于运算 $\oplus$ 及 $\circ$ 不构成线性空间.

下面讨论线性空间的性质.

(1) 线性空间中零元素是唯一的.

证明 设 $\boldsymbol{0}_1,\boldsymbol{0}_2$ 是线性空间 V 中的两个零元素，即对任意 $\boldsymbol{\alpha}\in V$，有

$$\boldsymbol{\alpha}+\boldsymbol{0}_1=\boldsymbol{\alpha}, \quad \boldsymbol{\alpha}+\boldsymbol{0}_2=\boldsymbol{\alpha}.$$

特别有

$$\boldsymbol{0}_2+\boldsymbol{0}_1=\boldsymbol{0}_2, \quad \boldsymbol{0}_1+\boldsymbol{0}_2=\boldsymbol{0}_1,$$

因此

$$\mathbf{0}_1 = \mathbf{0}_1 + \mathbf{0}_2 = \mathbf{0}_2 + \mathbf{0}_1 = \mathbf{0}_2.$$

(2) 线性空间中任一元素的负元素是唯一的. $\boldsymbol{\alpha}$ 的负向量记为 $-\boldsymbol{\alpha}$.

证明 设线性空间 V 中元素 $\boldsymbol{\alpha}$ 有两个负元素 $\boldsymbol{\beta},\boldsymbol{\nu}$,即 $\boldsymbol{\alpha}+\boldsymbol{\beta}=\mathbf{0},\boldsymbol{\alpha}+\boldsymbol{\nu}=\mathbf{0}$,于是

$$\boldsymbol{\beta} = \boldsymbol{\beta} + \mathbf{0} = \boldsymbol{\beta} + (\boldsymbol{\alpha} + \boldsymbol{\nu}) = (\boldsymbol{\beta} + \boldsymbol{\alpha}) + \boldsymbol{\nu} = (\boldsymbol{\alpha} + \boldsymbol{\beta}) + \boldsymbol{\nu} = \mathbf{0} + \boldsymbol{\nu} = \boldsymbol{\nu}.$$

(3) $0\boldsymbol{\alpha}=\mathbf{0}$;$(-1)\boldsymbol{\alpha}=-\boldsymbol{\alpha}$;$k\mathbf{0}=\mathbf{0}$.

证明 因为 $\boldsymbol{\alpha}+0\boldsymbol{\alpha}=1\boldsymbol{\alpha}+0\boldsymbol{\alpha}=(1+0)\boldsymbol{\alpha}=1\boldsymbol{\alpha}=\boldsymbol{\alpha}$,所以 $0\boldsymbol{\alpha}=\mathbf{0}$.

因为 $\boldsymbol{\alpha}+(-1)\boldsymbol{\alpha}=1\boldsymbol{\alpha}+(-1)\boldsymbol{\alpha}=[1+(-1)]\boldsymbol{\alpha}=0\boldsymbol{\alpha}=\mathbf{0}$,所以 $(-1)\boldsymbol{\alpha}=-\boldsymbol{\alpha}$.

另外 $k\mathbf{0}=k(0\boldsymbol{\alpha})=(k0)\boldsymbol{\alpha}=0\boldsymbol{\alpha}=\mathbf{0}$.

(4) 如果 $k\boldsymbol{\alpha}=\mathbf{0}$,则 $k=0$ 或 $\boldsymbol{\alpha}=\mathbf{0}$.

证明 若 $k\neq 0$,则在 $k\boldsymbol{\alpha}=\mathbf{0}$ 两边同乘以 $\frac{1}{k}$,有 $\frac{1}{k}(k\boldsymbol{\alpha})=\frac{1}{k}\mathbf{0}=\mathbf{0}$,又因为

$$\frac{1}{k}(k\boldsymbol{\alpha}) = \left(\frac{1}{k}k\right)\boldsymbol{\alpha} = 1\boldsymbol{\alpha} = \boldsymbol{\alpha},$$

所以 $\boldsymbol{\alpha}=\mathbf{0}$.

5.2 维数、基与坐标

第3章在讨论 n 维向量之间关系时,引入了一些重要概念,如线性组合、线性相关性、最大线性无关组、向量组的秩等.这些概念及相应性质只涉及线性运算,因此都适用于一般的线性空间.

定义 5.2 在线性空间 V 中,如果存在 n 个向量 $\boldsymbol{\alpha}_1,\boldsymbol{\alpha}_2,\cdots,\boldsymbol{\alpha}_n$,满足

(1) $\boldsymbol{\alpha}_1,\boldsymbol{\alpha}_2,\cdots,\boldsymbol{\alpha}_n$ 线性无关;

(2) V 中任一元素 $\boldsymbol{\alpha}$ 总可由 $\boldsymbol{\alpha}_1,\boldsymbol{\alpha}_2,\cdots,\boldsymbol{\alpha}_n$ 线性表示,

那么向量组 $\boldsymbol{\alpha}_1,\boldsymbol{\alpha}_2,\cdots,\boldsymbol{\alpha}_n$ 称为线性空间 V 的一个**基**,n 称为线性空间 V 的**维数**.只含一个零元素的线性空间没有基,规定它的维数为0.

维数为 n 的线性空间称为 n 维**线性空间**,记作 V_n.

这里要指出:线性空间的维数可以是无穷,但本书不讨论无穷维的线性空间.

设 $\boldsymbol{\alpha}_1,\boldsymbol{\alpha}_2,\cdots,\boldsymbol{\alpha}_n$ 为 V_n 的一个基,则对任意 $\boldsymbol{\alpha}\in V_n$,都有唯一的一组有序数 x_1,$x_2,\cdots,x_n$,使得 $\boldsymbol{\alpha}=x_1\boldsymbol{\alpha}_1+x_2\boldsymbol{\alpha}_2+\cdots+x_n\boldsymbol{\alpha}_n$;反之,对任意一组有序数 $x_1,x_2,\cdots$,x_n,都可确定 V_n 中唯一元素 $\boldsymbol{\alpha}=x_1\boldsymbol{\alpha}_1+x_2\boldsymbol{\alpha}_2+\cdots+x_n\boldsymbol{\alpha}_n$,因此 V_n 中元素 $\boldsymbol{\alpha}$ 与有序数组 $x_1,x_2,\cdots,x_n$ 之间存在一一对应的关系,故可以用这组有序数来表示元素 $\boldsymbol{\alpha}$.

定义 5.3 设 $\boldsymbol{\alpha}_1,\boldsymbol{\alpha}_2,\cdots,\boldsymbol{\alpha}_n$ 是线性空间 V_n 的一个基,对于任一元素 $\boldsymbol{\alpha}\in V_n$,有且仅有一组有序数 $x_1,x_2,\cdots,x_n$,使得

$$\boldsymbol{\alpha} = x_1\boldsymbol{\alpha}_1 + x_2\boldsymbol{\alpha}_2 + \cdots + x_n\boldsymbol{\alpha}_n.$$

这组有序数就称为元素 $\boldsymbol{\alpha}$ 在基 $\boldsymbol{\alpha}_1,\boldsymbol{\alpha}_2,\cdots,\boldsymbol{\alpha}_n$ 下的**坐标**，记作 $(x_1,x_2,\cdots,x_n)^{\mathrm{T}}$.

例 5.7 $\boldsymbol{e}_1=(1,0,\cdots,0)^{\mathrm{T}},\boldsymbol{e}_2=(0,1,\cdots,0)^{\mathrm{T}},\cdots,\boldsymbol{e}_n=(0,0,\cdots,1)^{\mathrm{T}}$ 是 n 维线性空间 $\mathbf{R}^n$ 的自然基. 由于对任意的 $\boldsymbol{\alpha}=(a_1,a_2,\cdots,a_n)^{\mathrm{T}}\in\mathbf{R}^n$，有 $\boldsymbol{\alpha}=a_1\boldsymbol{e}_1+a_2\boldsymbol{e}_2+\cdots+a_n\boldsymbol{e}_n$，故 $\boldsymbol{\alpha}$ 在基 $\boldsymbol{e}_1,\boldsymbol{e}_2,\cdots,\boldsymbol{e}_n$ 下的坐标为 $(a_1,a_2,\cdots,a_n)^{\mathrm{T}}$.

线性空间中的基不唯一. 由第 3 章知，$\mathbf{R}^n$ 中任何 n 个线性无关的向量均可构成其一个基，因此 $\boldsymbol{\alpha}_1=(1,1,\cdots,1)^{\mathrm{T}},\boldsymbol{\alpha}_2=(0,1,\cdots,1)^{\mathrm{T}},\cdots,\boldsymbol{\alpha}_n=(0,\cdots 0,1)^{\mathrm{T}}$ 亦为 $\mathbf{R}^n$ 的一个基. 对于 $\boldsymbol{\alpha}=(a_1,a_2,\cdots,a_n)^{\mathrm{T}}\in\mathbf{R}^n$，有

$$\boldsymbol{\alpha}=a_1\boldsymbol{\alpha}_1+(a_2-a_1)\boldsymbol{\alpha}_2+\cdots+(a_n-a_{n-1})\boldsymbol{\alpha}_n,$$

因此 $\boldsymbol{\alpha}$ 在基 $\boldsymbol{\alpha}_1,\boldsymbol{\alpha}_2,\cdots,\boldsymbol{\alpha}_n$ 下的坐标为 $(a_1,a_2-a_1,\cdots,a_n-a_{n-1})^{\mathrm{T}}$.

有了坐标以后，就把抽象的向量 $\boldsymbol{\alpha}$ 与具体的数组向量 $(x_1,x_2,\cdots,x_n)^{\mathrm{T}}$ 联系在一起了，同时也把线性空间 V_n 中抽象的线性运算与具体的数组向量的线性运算联系起来.

设 $\boldsymbol{\alpha}_1,\boldsymbol{\alpha}_2,\cdots,\boldsymbol{\alpha}_n$ 为线性空间 V_n 中的一个基，$\boldsymbol{\alpha},\boldsymbol{\beta}\in V_n$. 令

$$\boldsymbol{\alpha}=x_1\boldsymbol{\alpha}_1+x_2\boldsymbol{\alpha}_2+\cdots+x_n\boldsymbol{\alpha}_n,\quad \boldsymbol{\beta}=y_1\boldsymbol{\alpha}_1+y_2\boldsymbol{\alpha}_2+\cdots+y_n\boldsymbol{\alpha}_n,$$

于是

$$\begin{aligned}\boldsymbol{\alpha}+\boldsymbol{\beta}&=(x_1+y_1)\boldsymbol{\alpha}_1+(x_2+y_2)\boldsymbol{\alpha}_2+\cdots+(x_n+y_n)\boldsymbol{\alpha}_n,\\ k\boldsymbol{\alpha}&=(kx_1)\boldsymbol{\alpha}_1+(kx_2)\boldsymbol{\alpha}_2+\cdots+(kx_n)\boldsymbol{\alpha}_n.\end{aligned}$$

可见，n 维向量空间 V_n 在给定一个基后，V_n 中的向量与 $\mathbf{R}^n$ 中的向量之间有一一对应的关系，且这个对应关系具有以下特点：

设 $\boldsymbol{\alpha}\leftrightarrow(x_1,x_2,\cdots,x_n)^{\mathrm{T}},\boldsymbol{\beta}\leftrightarrow(y_1,y_2,\cdots,y_n)^{\mathrm{T}}$，则

(1) $\boldsymbol{\alpha}+\boldsymbol{\beta}\leftrightarrow(x_1,x_2,\cdots,x_n)^{\mathrm{T}}+(y_1,y_2,\cdots,y_n)^{\mathrm{T}}$；

(2) $k\boldsymbol{\alpha}\leftrightarrow k(x_1,x_2,\cdots,x_n)^{\mathrm{T}}$.

这表明，上述对应关系保持线性运算的对应. 也就是说 V_n 与 $\mathbf{R}^n$ 这两个线性空间具有相同的结构，称 V_n 与 $\mathbf{R}^n$ 同构.

一般地，如果两个线性空间满足下面的条件：

(1) 它们的元素之间存在一一对应关系；

(2) 这种对应关系保持线性运算的对应，

则称这两个线性空间是**同构**的.

同构是线性空间之间一种重要关系. 显然任何 n 维线性空间都与 $\mathbf{R}^n$ 同构，即维数相等的线性空间都同构，从而线性空间的结构就完全由它的维数决定.

5.3 基变换与坐标变换

一个线性空间的基不唯一，同一个向量在不同的基下也有不同的坐标，那么同

一向量在不同基下的坐标之间又有什么关系呢？

设 $\boldsymbol{\alpha}_1,\boldsymbol{\alpha}_2,\cdots,\boldsymbol{\alpha}_n$ 和 $\boldsymbol{\beta}_1,\boldsymbol{\beta}_2,\cdots,\boldsymbol{\beta}_n$ 是线性空间 V_n 中两个基，且满足

$$\begin{cases}\boldsymbol{\beta}_1 = p_{11}\boldsymbol{\alpha}_1 + p_{21}\boldsymbol{\alpha}_2 + \cdots + p_{n1}\boldsymbol{\alpha}_n,\\ \boldsymbol{\beta}_2 = p_{12}\boldsymbol{\alpha}_1 + p_{22}\boldsymbol{\alpha}_2 + \cdots + p_{n2}\boldsymbol{\alpha}_n,\\ \qquad\cdots\cdots\\ \boldsymbol{\beta}_n = p_{1n}\boldsymbol{\alpha}_1 + p_{2n}\boldsymbol{\alpha}_2 + \cdots + p_{nn}\boldsymbol{\alpha}_n,\end{cases} \tag{5.3.1}$$

或写成

$$(\boldsymbol{\beta}_1,\boldsymbol{\beta}_2,\cdots,\boldsymbol{\beta}_n) = (\boldsymbol{\alpha}_1,\boldsymbol{\alpha}_2,\cdots,\boldsymbol{\alpha}_n)\boldsymbol{P}, \tag{5.3.2}$$

其中 $\boldsymbol{P}=\begin{pmatrix} p_{11} & p_{12} & \cdots & p_{1n}\\ p_{21} & p_{22} & \cdots & p_{2n}\\ \vdots & \vdots & & \vdots\\ p_{n1} & p_{n2} & \cdots & p_{nn}\end{pmatrix}$，则(5.3.1)或(5.3.2)称为**基变换公式**，矩阵 $\boldsymbol{P}$ 称为由基 $\boldsymbol{\alpha}_1,\boldsymbol{\alpha}_2,\cdots,\boldsymbol{\alpha}_n$ 到基 $\boldsymbol{\beta}_1,\boldsymbol{\beta}_2,\cdots,\boldsymbol{\beta}_n$ 的**过渡矩阵**.

由于 $\boldsymbol{\beta}_1,\boldsymbol{\beta}_2,\cdots,\boldsymbol{\beta}_n$ 线性无关，可知过渡矩阵 $\boldsymbol{P}$ 是可逆的.

定理 5.1 设 V_n 中元素 $\boldsymbol{\alpha}$ 在基 $\boldsymbol{\alpha}_1,\boldsymbol{\alpha}_2,\cdots,\boldsymbol{\alpha}_n$ 下的坐标为 $(x_1,x_2,\cdots,x_n)^{\mathrm{T}}$，在基 $\boldsymbol{\beta}_1,\boldsymbol{\beta}_2,\cdots,\boldsymbol{\beta}_n$ 下的坐标为 $(y_1,y_2,\cdots,y_n)^{\mathrm{T}}$，$\boldsymbol{P}$ 是由基 $\boldsymbol{\alpha}_1,\boldsymbol{\alpha}_2,\cdots,\boldsymbol{\alpha}_n$ 到基 $\boldsymbol{\beta}_1,\boldsymbol{\beta}_2,\cdots,\boldsymbol{\beta}_n$ 的过渡矩阵，则有坐标变换公式

$$\begin{pmatrix} x_1\\ x_2\\ \vdots\\ x_n\end{pmatrix} = \boldsymbol{P}\begin{pmatrix} y_1\\ y_2\\ \vdots\\ y_n\end{pmatrix}$$

或

$$\begin{pmatrix} y_1\\ y_2\\ \vdots\\ y_n\end{pmatrix} = \boldsymbol{P}^{-1}\begin{pmatrix} x_1\\ x_2\\ \vdots\\ x_n\end{pmatrix}.$$

证明 由假设，

$$\boldsymbol{\alpha} = (\boldsymbol{\alpha}_1,\boldsymbol{\alpha}_2,\cdots,\boldsymbol{\alpha}_n)\begin{pmatrix} x_1\\ x_2\\ \vdots\\ x_n\end{pmatrix} = (\boldsymbol{\beta}_1,\boldsymbol{\beta}_2,\cdots,\boldsymbol{\beta}_n)\begin{pmatrix} y_1\\ y_2\\ \vdots\\ y_n\end{pmatrix} = (\boldsymbol{\alpha}_1,\boldsymbol{\alpha}_2,\cdots,\boldsymbol{\alpha}_n)\boldsymbol{P}\begin{pmatrix} y_1\\ y_2\\ \vdots\\ y_n\end{pmatrix}.$$

由于 $\boldsymbol{\alpha}_1,\boldsymbol{\alpha}_2,\cdots,\boldsymbol{\alpha}_n$ 线性无关，所以定理 5.1 成立.

这个定理的逆命题也成立，即若线性空间中任一元素在两个基下的坐标满足定理 5.1 中的坐标变换公式，则这两个基一定满足基变换公式(5.3.1).

例 5.8 在 $\mathbf{R}^3$ 中取两个基

$$\boldsymbol{\alpha}_1=(-1,2,1)^{\mathrm{T}},\quad \boldsymbol{\alpha}_2=(2,0,3)^{\mathrm{T}},\quad \boldsymbol{\alpha}_3=(3,1,1)^{\mathrm{T}};$$
$$\boldsymbol{\beta}_1=(3,1,-2)^{\mathrm{T}},\quad \boldsymbol{\beta}_2=(0,2,1)^{\mathrm{T}},\quad \boldsymbol{\beta}_3=(-1,1,4)^{\mathrm{T}}.$$

试求坐标变换公式.

解 设 $\boldsymbol{e}_1,\boldsymbol{e}_2,\boldsymbol{e}_3$ 是 $\mathbf{R}^3$ 的自然基，则

$$(\boldsymbol{\beta}_1,\boldsymbol{\beta}_2,\boldsymbol{\beta}_3)=(\boldsymbol{e}_1,\boldsymbol{e}_2,\boldsymbol{e}_3)\boldsymbol{B},\quad (\boldsymbol{e}_1,\boldsymbol{e}_2,\boldsymbol{e}_3)=(\boldsymbol{\beta}_1,\boldsymbol{\beta}_2,\boldsymbol{\beta}_3)\boldsymbol{B}^{-1},$$
$$(\boldsymbol{\alpha}_1,\boldsymbol{\alpha}_2,\boldsymbol{\alpha}_3)=(\boldsymbol{e}_1,\boldsymbol{e}_2,\boldsymbol{e}_3)\boldsymbol{A}=(\boldsymbol{\beta}_1,\boldsymbol{\beta}_2,\boldsymbol{\beta}_3)\boldsymbol{B}^{-1}\boldsymbol{A},$$

其中

$$\boldsymbol{A}=\begin{pmatrix}-1&2&3\\2&0&1\\1&3&1\end{pmatrix},\quad \boldsymbol{B}=\begin{pmatrix}3&0&-1\\1&2&1\\-2&1&4\end{pmatrix}.$$

设任意向量 $\boldsymbol{\alpha}$ 在基 $\boldsymbol{\alpha}_1,\boldsymbol{\alpha}_2,\boldsymbol{\alpha}_3$ 下的坐标为 $(x_1,x_2,x_3)^{\mathrm{T}}$，则

$$\boldsymbol{\alpha}=(\boldsymbol{\alpha}_1,\boldsymbol{\alpha}_2,\boldsymbol{\alpha}_3)\begin{pmatrix}x_1\\x_2\\x_3\end{pmatrix}=(\boldsymbol{\beta}_1,\boldsymbol{\beta}_2,\boldsymbol{\beta}_3)\boldsymbol{B}^{-1}\boldsymbol{A}\begin{pmatrix}x_1\\x_2\\x_3\end{pmatrix},$$

故 $\boldsymbol{\alpha}$ 在基 $\boldsymbol{\beta}_1,\boldsymbol{\beta}_2,\boldsymbol{\beta}_3$ 下的坐标为

$$\begin{pmatrix}y_1\\y_2\\y_3\end{pmatrix}=\boldsymbol{B}^{-1}\boldsymbol{A}\begin{pmatrix}x_1\\x_2\\x_3\end{pmatrix}=\begin{pmatrix}-\frac{7}{16}&\frac{5}{4}&\frac{11}{8}\\\frac{11}{8}&-\frac{3}{2}&-\frac{3}{4}\\-\frac{5}{16}&\frac{7}{4}&\frac{9}{8}\end{pmatrix}\begin{pmatrix}x_1\\x_2\\x_3\end{pmatrix}.$$

例 5.9 设 $\mathbf{R}^3$ 中两个基分别为

$$\boldsymbol{\alpha}_1=(0,0,1)^{\mathrm{T}},\quad \boldsymbol{\alpha}_2=(0,1,1)^{\mathrm{T}},\quad \boldsymbol{\alpha}_3=(1,1,1)^{\mathrm{T}};$$
$$\boldsymbol{\beta}_1=(-1,0,1)^{\mathrm{T}},\quad \boldsymbol{\beta}_2=(0,1,2)^{\mathrm{T}},\quad \boldsymbol{\beta}_3=(-2,1,0)^{\mathrm{T}}.$$

(1) 求由基 $\boldsymbol{\alpha}_1,\boldsymbol{\alpha}_2,\boldsymbol{\alpha}_3$ 到基 $\boldsymbol{\beta}_1,\boldsymbol{\beta}_2,\boldsymbol{\beta}_3$ 的过渡矩阵；

(2) 若向量 $\boldsymbol{\alpha}$ 在基 $\boldsymbol{\alpha}_1,\boldsymbol{\alpha}_2,\boldsymbol{\alpha}_3$ 下坐标为 $(3,-2,1)^{\mathrm{T}}$，求 $\boldsymbol{\alpha}$ 在基 $\boldsymbol{\beta}_1,\boldsymbol{\beta}_2,\boldsymbol{\beta}_3$ 下的坐标；

(3) 求在两个基下有相同坐标的向量.

解 (1) 设 $(\boldsymbol{\beta}_1,\boldsymbol{\beta}_2,\boldsymbol{\beta}_3)=(\boldsymbol{\alpha}_1,\boldsymbol{\alpha}_2,\boldsymbol{\alpha}_3)\boldsymbol{P}$，则

$$P=(\boldsymbol{\alpha}_1,\boldsymbol{\alpha}_2,\boldsymbol{\alpha}_3)^{-1}(\boldsymbol{\beta}_1,\boldsymbol{\beta}_2,\boldsymbol{\beta}_3)=\begin{pmatrix}0&0&1\\0&1&1\\1&1&1\end{pmatrix}^{-1}\begin{pmatrix}-1&0&-2\\0&1&1\\1&2&0\end{pmatrix}$$

$$=-\begin{pmatrix}0&1&-1\\1&-1&0\\-1&0&0\end{pmatrix}\begin{pmatrix}-1&0&-2\\0&1&1\\1&2&0\end{pmatrix}=\begin{pmatrix}1&1&-1\\1&1&3\\-1&0&-2\end{pmatrix}.$$

(2) 由坐标变换公式,有

$$(y_1,y_2,y_3)^{\mathrm{T}}=\boldsymbol{P}^{-1}(x_1,x_2,x_3)^{\mathrm{T}}=-\frac{1}{4}\begin{pmatrix}-2&2&4\\-1&-3&-4\\1&-1&0\end{pmatrix}\begin{pmatrix}3\\-2\\1\end{pmatrix}=\begin{pmatrix}\frac{3}{2}\\ \frac{1}{4}\\ -\frac{5}{4}\end{pmatrix}.$$

(3) 设 $\boldsymbol{x}=(x_1,x_2,x_3)^{\mathrm{T}}$ 是在这两个基下坐标相同的向量. 由坐标变换公式,有 $\boldsymbol{x}=\boldsymbol{P}\boldsymbol{x}$,从而得到 $(\boldsymbol{P}-\boldsymbol{E})\boldsymbol{x}=\mathbf{0}$. 由

$$\boldsymbol{P}-\boldsymbol{E}=\begin{pmatrix}0&1&-1\\1&0&3\\-1&0&-3\end{pmatrix}\to\begin{pmatrix}1&0&3\\0&1&-1\\0&0&0\end{pmatrix},$$

可得同解方程组 $\begin{cases}x_1=-3x_3,\\x_2=x_3.\end{cases}$ 取 $x_3=1$,得基础解系 $\xi=\begin{pmatrix}-3\\1\\1\end{pmatrix}$,其通解 $\boldsymbol{X}=c\begin{pmatrix}-3\\1\\1\end{pmatrix}$ (c 为任意常数)即为在这两个基下有相同坐标的所有向量.

5.4 线性变换

本节研究线性空间中元素之间的联系,这种联系通过从线性空间到它自身的映射来实现,其特点是保持向量的加法和数乘运算关系不变.

定义 5.4 设 V_n 是实数域 $\mathbf{R}$ 上的 n 维线性空间,$\boldsymbol{T}$ 是 V_n 到自身的映射. 如果 $\boldsymbol{T}$ 满足

(1) 对任意的 $\boldsymbol{\alpha},\boldsymbol{\beta}\in V_n$,有 $\boldsymbol{T}(\boldsymbol{\alpha}+\boldsymbol{\beta})=\boldsymbol{T}(\boldsymbol{\alpha})+\boldsymbol{T}(\boldsymbol{\beta})$;

(2) 对任意的 $\boldsymbol{\alpha}\in V_n$,$k\in\mathbf{R}$,有 $\boldsymbol{T}(k\boldsymbol{\alpha})=k\boldsymbol{T}(\boldsymbol{\alpha})$,

则称映射 $\boldsymbol{T}$ 为线性空间 V_n 上的**线性映射**,也称**线性变换**.

例 5.10 设 V 是 $\mathbf{R}$ 上的线性空间,$\lambda\in\mathbf{R}$. 定义映射 $\boldsymbol{T}$:$\boldsymbol{T}(\boldsymbol{\alpha})=\lambda\boldsymbol{\alpha}$,则对任意的 $\boldsymbol{\alpha},\boldsymbol{\beta}\in V_n$,$k\in\mathbf{R}$,有

$$\boldsymbol{T}(\boldsymbol{\alpha}+\boldsymbol{\beta})=\lambda(\boldsymbol{\alpha}+\boldsymbol{\beta})=\lambda\boldsymbol{\alpha}+\lambda\boldsymbol{\beta}=\boldsymbol{T}(\boldsymbol{\alpha})+\boldsymbol{T}(\boldsymbol{\beta});\quad \boldsymbol{T}(k\boldsymbol{\alpha})=\lambda k\boldsymbol{\alpha}=k\boldsymbol{T}(\boldsymbol{\alpha}).$$

因此映射 $\boldsymbol{T}$ 是线性变换,通常称为**数乘变换**. 几何上反映的是向量伸缩变化. 特别地,当 $\lambda=1$ 时,该变换称为 V 上的**恒等变换**;$\lambda=0$ 时,该变换称为 V 上的**零变换**.

例 5.11 在线性空间 $P[x]_n$ 中,求导运算 $\boldsymbol{D}$ 是一个线性变换. 事实上,对任意的 $f(x),g(x)\in P[x]_n$,$k_1,k_2\in\mathbf{R}$,有 $\boldsymbol{D}(k_1f(x)+k_2g(x))=k_1\boldsymbol{D}(f(x))+k_2\boldsymbol{D}(g(x))$.

例 5.12 在平面解析几何中,按逆时针方向将向量旋转 θ 角的公式为

$$\begin{pmatrix}u\\v\end{pmatrix}=\begin{pmatrix}\cos\theta & -\sin\theta\\ \sin\theta & \cos\theta\end{pmatrix}\begin{pmatrix}x\\y\end{pmatrix}.$$

可以看成是 $\mathbf{R}^2$ 中将坐标为 $\begin{pmatrix}x\\y\end{pmatrix}$ 的向量转变为坐标为 $\begin{pmatrix}u\\v\end{pmatrix}$ 的向量的一个变换 $\boldsymbol{T}$. 容易验证,$\boldsymbol{T}$ 是一个线性变换,称为**旋转变换**.

线性变换 $\boldsymbol{T}$ 具有下述基本性质:

(1) $\boldsymbol{T}(\mathbf{0})=\mathbf{0}$,$\boldsymbol{T}(-\boldsymbol{\alpha})=-\boldsymbol{T}(\boldsymbol{\alpha})$;

(2) $\boldsymbol{T}(k_1\boldsymbol{\alpha}_1+k_2\boldsymbol{\alpha}_2+\cdots+k_s\boldsymbol{\alpha}_s)=k_1\boldsymbol{T}(\boldsymbol{\alpha}_1)+k_2\boldsymbol{T}(\boldsymbol{\alpha}_2)+\cdots+k_s\boldsymbol{T}(\boldsymbol{\alpha}_s)$;

(3) 若 $\boldsymbol{\alpha}_1,\boldsymbol{\alpha}_2,\cdots,\boldsymbol{\alpha}_s$ 线性相关,则 $\boldsymbol{T}(\boldsymbol{\alpha}_1),\boldsymbol{T}(\boldsymbol{\alpha}_2),\cdots,\boldsymbol{T}(\boldsymbol{\alpha}_s)$ 也线性相关.

以上性质请读者自行证明. 必须注意的是,性质(3)的逆命题不成立. 最简单的例子就是零变换.

(4) 线性变换 $\boldsymbol{T}$ 的象集 $\boldsymbol{T}(V)=\{\boldsymbol{T}(\boldsymbol{\alpha})\mid\boldsymbol{\alpha}\in V\}$ 是一个线性空间,称为线性变换 $\boldsymbol{T}$ 的**值域**.

证明 对任意的 $k_1,k_2\in\mathbf{R}$,$\boldsymbol{\beta}_1,\boldsymbol{\beta}_2\in\boldsymbol{T}(V)$,存在 $\boldsymbol{\alpha}_1,\boldsymbol{\alpha}_2\in V$,使得 $\boldsymbol{T}(\boldsymbol{\alpha}_1)=\boldsymbol{\beta}_1$,$\boldsymbol{T}(\boldsymbol{\alpha}_2)=\boldsymbol{\beta}_2$,且 $k_1\boldsymbol{\alpha}_1+k_2\boldsymbol{\alpha}_2\in V$,故 $k_1\boldsymbol{\beta}_1+k_2\boldsymbol{\beta}_2=k_1\boldsymbol{T}(\boldsymbol{\alpha}_1)+k_2\boldsymbol{T}(\boldsymbol{\alpha}_2)=\boldsymbol{T}(k_1\boldsymbol{\alpha}_1+k_2\boldsymbol{\alpha}_2)\in\boldsymbol{T}(V)$,所以 $\boldsymbol{T}(V)$ 是一个线性空间.

(5) 使 $\boldsymbol{T}(\boldsymbol{\alpha})=\mathbf{0}$ 的向量 $\boldsymbol{\alpha}$ 的全体 $S_{\boldsymbol{T}}=\{\boldsymbol{\alpha}\mid\boldsymbol{T}(\boldsymbol{\alpha})=\mathbf{0},\boldsymbol{\alpha}\in V\}$ 也是一个线性空间,称为线性变换 $\boldsymbol{T}$ 的**核**.

证明 对任意的 $k_1,k_2\in\mathbf{R}$,$\boldsymbol{\alpha}_1,\boldsymbol{\alpha}_2\in S_{\boldsymbol{T}}$,有

$$\boldsymbol{T}(k_1\boldsymbol{\alpha}_1+k_2\boldsymbol{\alpha}_2)=k_1\boldsymbol{T}(\boldsymbol{\alpha}_1)+k_2\boldsymbol{T}(\boldsymbol{\alpha}_2)=\mathbf{0},$$

所以 $k_1\boldsymbol{\alpha}_1+k_2\boldsymbol{\alpha}_2\in S_{\boldsymbol{T}}$,故 $S_{\boldsymbol{T}}$ 是一个线性空间.

例 5.13 设 n 阶矩阵 $\boldsymbol{A}=(\boldsymbol{\alpha}_1,\boldsymbol{\alpha}_2,\cdots,\boldsymbol{\alpha}_n)$,其中 $\boldsymbol{\alpha}_i\in\mathbf{R}^n$. 在 $\mathbf{R}^n$ 中定义变换 $\boldsymbol{T}$ 为

$$\boldsymbol{T}(\boldsymbol{x})=\boldsymbol{A}\boldsymbol{x},\quad x\in\mathbf{R}^n.$$

易证 $\boldsymbol{T}$ 为 $\mathbf{R}^n$ 上的线性变换,且 $\boldsymbol{T}$ 的核 $S_{\boldsymbol{T}}$ 就是 n 元齐次线性方程组 $\boldsymbol{A}\boldsymbol{X}=\mathbf{0}$ 的解空间.

又记 $\boldsymbol{x}=(x_1,x_2,\cdots,x_n)^{\mathrm{T}}$,则有 $\boldsymbol{T}(x)=\boldsymbol{A}\boldsymbol{x}=x_1\boldsymbol{\alpha}_1+x_2\boldsymbol{\alpha}_2+\cdots+x_n\boldsymbol{\alpha}_n$,因此

$$\boldsymbol{T}(\mathbf{R}^n)=\{\boldsymbol{T}(\boldsymbol{x})\mid\boldsymbol{x}\in\mathbf{R}^n\}=\{x_1\boldsymbol{\alpha}_1+x_2\boldsymbol{\alpha}_2+\cdots+x_n\boldsymbol{\alpha}_n\mid x_1,x_2,\cdots,x_n\in\mathbf{R}\},$$

即 $\boldsymbol{T}$ 的值域就是由 $\boldsymbol{\alpha}_1,\boldsymbol{\alpha}_2,\cdots,\boldsymbol{\alpha}_n$ 生成的线性空间.

5.5 线性变换的矩阵表示

定义 5.5 设 $\boldsymbol{T}$ 是线性空间 V_n 中的线性变换. 在 V_n 中取定一个基 $\boldsymbol{\alpha}_1,\boldsymbol{\alpha}_2,\cdots,\boldsymbol{\alpha}_n$,则 $\boldsymbol{T}(\boldsymbol{\alpha}_i)(i=1,2,\cdots,n)$ 可由基 $\boldsymbol{\alpha}_1,\boldsymbol{\alpha}_2,\cdots,\boldsymbol{\alpha}_n$ 唯一表示,即

$$\begin{cases} \boldsymbol{T}(\boldsymbol{\alpha}_1)=a_{11}\boldsymbol{\alpha}_1+a_{21}\boldsymbol{\alpha}_2+\cdots+a_{n1}\boldsymbol{\alpha}_n, \\ \boldsymbol{T}(\boldsymbol{\alpha}_2)=a_{12}\boldsymbol{\alpha}_1+a_{22}\boldsymbol{\alpha}_2+\cdots+a_{n2}\boldsymbol{\alpha}_n, \\ \quad\cdots\cdots \\ \boldsymbol{T}(\boldsymbol{\alpha}_n)=a_{1n}\boldsymbol{\alpha}_1+a_{2n}\boldsymbol{\alpha}_2+\cdots+a_{nn}\boldsymbol{\alpha}_n. \end{cases}$$

记 $\boldsymbol{T}(\boldsymbol{\alpha}_1,\boldsymbol{\alpha}_2,\cdots,\boldsymbol{\alpha}_n)=(\boldsymbol{T}(\boldsymbol{\alpha}_1),\boldsymbol{T}(\boldsymbol{\alpha}_2),\cdots,\boldsymbol{T}(\boldsymbol{\alpha}_n))$,上式可表示为

$$\boldsymbol{T}(\boldsymbol{\alpha}_1,\boldsymbol{\alpha}_2,\cdots,\boldsymbol{\alpha}_n)=(\boldsymbol{\alpha}_1,\boldsymbol{\alpha}_2,\cdots,\boldsymbol{\alpha}_n)\boldsymbol{A},$$

其中 $\boldsymbol{A}=\begin{pmatrix} a_{11} & a_{12} & \cdots & a_{1n} \\ a_{21} & a_{22} & \cdots & a_{2n} \\ \vdots & \vdots & & \vdots \\ a_{n1} & a_{n2} & \cdots & a_{nn} \end{pmatrix}$,称 $\boldsymbol{A}$ 为线性变换 $\boldsymbol{T}$ **在基** $\boldsymbol{\alpha}_1,\boldsymbol{\alpha}_2,\cdots,\boldsymbol{\alpha}_n$ **下的矩阵**.

设向量 $\boldsymbol{\alpha}$ 在基 $\boldsymbol{\alpha}_1,\boldsymbol{\alpha}_2,\cdots,\boldsymbol{\alpha}_n$ 下的坐标为 $\boldsymbol{x}=(x_1,x_2,\cdots,x_n)^{\mathrm{T}}$,则有

$$\boldsymbol{\alpha}=x_1\boldsymbol{\alpha}_1+x_2\boldsymbol{\alpha}_2+\cdots+x_n\boldsymbol{\alpha}_n,$$

因而

$$\begin{aligned} \boldsymbol{T}(\boldsymbol{\alpha}) &= x_1\boldsymbol{T}(\boldsymbol{\alpha}_1)+x_2\boldsymbol{T}(\boldsymbol{\alpha}_2)+\cdots+x_n\boldsymbol{T}(\boldsymbol{\alpha}_n) \\ &= (\boldsymbol{T}(\boldsymbol{\alpha}_1),\boldsymbol{T}(\boldsymbol{\alpha}_2),\cdots,\boldsymbol{T}(\boldsymbol{\alpha}_n))\begin{pmatrix} x_1 \\ x_2 \\ \vdots \\ x_n \end{pmatrix}=(\boldsymbol{\alpha}_1,\boldsymbol{\alpha}_2,\cdots,\boldsymbol{\alpha}_n)\boldsymbol{A}\boldsymbol{x}, \end{aligned}$$

所以 $\boldsymbol{T}(\boldsymbol{\alpha})$在基 $\boldsymbol{\alpha}_1,\boldsymbol{\alpha}_2,\cdots,\boldsymbol{\alpha}_n$ 下的的坐标 $\boldsymbol{y}=(y_1,y_2,\cdots,y_n)^{\mathrm{T}}$ 为

$$\boldsymbol{y}=\boldsymbol{A}\boldsymbol{x}.$$

由此可见,在 V_n 中取定一个基后,线性变换与矩阵之间有着一一对应的关系. 例如,零变换对应零矩阵,恒等变换对应单位矩阵.

例 5.14 $\boldsymbol{T}$ 表示将 $\mathbf{R}^3$ 中向量投影到 xOy 平面上的线性变换,即对任意的$\boldsymbol{\alpha}=(x_1,x_2,x_3)^{\mathrm{T}}$,有 $\boldsymbol{T}(\boldsymbol{\alpha})=(x_1,x_2,0)^{\mathrm{T}}$.

(1) 求 $\boldsymbol{T}$ 在基 $\boldsymbol{\alpha}_1=(1,0,0)^{\mathrm{T}},\boldsymbol{\alpha}_2=(0,1,0)^{\mathrm{T}},\boldsymbol{\alpha}_3=(0,0,1)^{\mathrm{T}}$ 下的矩阵 $\boldsymbol{A}$;

(2) 求 $\boldsymbol{T}$ 在基 $\boldsymbol{\beta}_1=(2,-1,0)^{\mathrm{T}},\boldsymbol{\beta}_2=(0,1,-2)^{\mathrm{T}},\boldsymbol{\beta}_3=(1,0,1)^{\mathrm{T}}$ 下的矩阵 $\boldsymbol{B}$.

解 (1) 由于 $\boldsymbol{T}(\boldsymbol{\alpha}_1)=\boldsymbol{\alpha}_1,\boldsymbol{T}(\boldsymbol{\alpha}_2)=\boldsymbol{\alpha}_2,\boldsymbol{T}(\boldsymbol{\alpha}_3)=\boldsymbol{0}$,因此

$$T(\boldsymbol{\alpha}_1,\boldsymbol{\alpha}_2,\boldsymbol{\alpha}_3)=(\boldsymbol{\alpha}_1,\boldsymbol{\alpha}_2,\boldsymbol{\alpha}_3)\begin{pmatrix}1&0&0\\0&1&0\\0&0&0\end{pmatrix},$$

故 $\boldsymbol{A}=\begin{pmatrix}1&0&0\\0&1&0\\0&0&0\end{pmatrix}$.

(2) 由于 $\boldsymbol{T}(\boldsymbol{\beta}_1)=(2,-1,0)^{\mathrm{T}}$, $\boldsymbol{T}(\boldsymbol{\beta}_2)=(0,1,0)^{\mathrm{T}}$, $\boldsymbol{T}(\boldsymbol{\beta}_3)=(1,0,0)^{\mathrm{T}}$, 故可得

$$\begin{pmatrix}2&0&1\\-1&1&0\\0&0&0\end{pmatrix}=\begin{pmatrix}2&0&1\\-1&1&0\\0&-2&1\end{pmatrix}\boldsymbol{B},$$

因此 $\boldsymbol{B}=\begin{pmatrix}2&0&1\\-1&1&0\\0&-2&1\end{pmatrix}^{-1}\begin{pmatrix}2&0&1\\-1&1&0\\0&0&0\end{pmatrix}=\begin{pmatrix}1&-\frac{1}{2}&\frac{1}{4}\\0&\frac{1}{2}&\frac{1}{4}\\0&1&\frac{1}{2}\end{pmatrix}$.

由上例可知,同一线性变换在不同基下的矩阵可能不同,那么这些矩阵之间有着什么联系呢?

定理 5.2 取定线性空间 V_n 中两个基

$$\boldsymbol{\alpha}_1,\boldsymbol{\alpha}_2,\cdots,\boldsymbol{\alpha}_n;$$
$$\boldsymbol{\beta}_1,\boldsymbol{\beta}_2,\cdots,\boldsymbol{\beta}_n,$$

且由基 $\boldsymbol{\alpha}_1,\boldsymbol{\alpha}_2,\cdots,\boldsymbol{\alpha}_n$ 到基 $\boldsymbol{\beta}_1,\boldsymbol{\beta}_2,\cdots,\boldsymbol{\beta}_n$ 的过渡矩阵为 $\boldsymbol{P}$. 设 $\boldsymbol{T}$ 为 V_n 中线性变换, $\boldsymbol{T}$ 在这两个基下的矩阵分别为 $\boldsymbol{A}$ 和 $\boldsymbol{B}$, 那么 $\boldsymbol{B}=\boldsymbol{P}^{-1}\boldsymbol{AP}$.

证明 根据假设, $(\boldsymbol{\beta}_1,\boldsymbol{\beta}_2,\cdots,\boldsymbol{\beta}_n)=(\boldsymbol{\alpha}_1,\boldsymbol{\alpha}_2,\cdots,\boldsymbol{\alpha}_n)\boldsymbol{P}$,

$$\boldsymbol{T}(\boldsymbol{\alpha}_1,\boldsymbol{\alpha}_2,\cdots,\boldsymbol{\alpha}_n)=(\boldsymbol{\alpha}_1,\boldsymbol{\alpha}_2,\cdots,\boldsymbol{\alpha}_n)\boldsymbol{A},$$
$$\boldsymbol{T}(\boldsymbol{\beta}_1,\boldsymbol{\beta}_2,\cdots,\boldsymbol{\beta}_n)=(\boldsymbol{\beta}_1,\boldsymbol{\beta}_2,\cdots,\boldsymbol{\beta}_n)\boldsymbol{B},$$

因而

$$\begin{aligned}(\boldsymbol{\beta}_1,\boldsymbol{\beta}_2,\cdots,\boldsymbol{\beta}_n)\boldsymbol{B}&=\boldsymbol{T}((\boldsymbol{\alpha}_1,\boldsymbol{\alpha}_2,\cdots,\boldsymbol{\alpha}_n)\boldsymbol{P})\\&=(\boldsymbol{T}(\boldsymbol{\alpha}_1,\boldsymbol{\alpha}_2,\cdots,\boldsymbol{\alpha}_n))\boldsymbol{P}=(\boldsymbol{\alpha}_1,\boldsymbol{\alpha}_2,\cdots,\boldsymbol{\alpha}_n)\boldsymbol{AP}\\&=(\boldsymbol{\beta}_1,\boldsymbol{\beta}_2,\cdots,\boldsymbol{\beta}_n)\boldsymbol{P}^{-1}\boldsymbol{AP},\end{aligned}$$

故 $\boldsymbol{B}=\boldsymbol{P}^{-1}\boldsymbol{AP}$.

例 5.15 在线性空间 $P[x]_4$ 中,求导运算 $\boldsymbol{D}$ 是一个线性变换. 求 $\boldsymbol{D}$ 在基 1, $1+x$, $1+x+x^2$, $1+x+x^2+x^3$ 下的矩阵.

解 由于 $\boldsymbol{D}(1)=0$, $\boldsymbol{D}(x)=1$, $\boldsymbol{D}(x^2)=2x$, $\boldsymbol{D}(x^3)=3x^2$, 故

$$D(1,x,x^2,x^3)=(1,x,x^2,x^3)\begin{pmatrix}0&1&0&0\\0&0&2&0\\0&0&0&3\\0&0&0&0\end{pmatrix}.$$

因此 $\boldsymbol{D}$ 在基 $1,x,x^2,x^3$ 下的矩阵为

$$\boldsymbol{A}=\begin{pmatrix}0&1&0&0\\0&0&2&0\\0&0&0&3\\0&0&0&0\end{pmatrix}.$$

又因由基 $1,x,x^2,x^3$ 到基 $1,1+x,1+x+x^2,1+x+x^2+x^3$ 的过渡矩阵 $\boldsymbol{P}=\begin{pmatrix}1&1&1&1\\0&1&1&1\\0&0&1&1\\0&0&0&1\end{pmatrix}$，其逆矩阵 $\boldsymbol{P}^{-1}=\begin{pmatrix}1&-1&0&0\\0&1&-1&0\\0&0&1&-1\\0&0&0&1\end{pmatrix}$，故由定理5.2知，$\boldsymbol{D}$ 在基 $1,1+x,1+x+x^2,1+x+x^2+x^3$ 下的矩阵为

$$\boldsymbol{B}=\boldsymbol{P}^{-1}\boldsymbol{A}\boldsymbol{P}=\begin{pmatrix}1&-1&0&0\\0&1&-1&0\\0&0&1&-1\\0&0&0&1\end{pmatrix}\begin{pmatrix}0&1&0&0\\0&0&2&0\\0&0&0&3\\0&0&0&0\end{pmatrix}\begin{pmatrix}1&1&1&1\\0&1&1&1\\0&0&1&1\\0&0&0&1\end{pmatrix}$$

$$=\begin{pmatrix}0&1&-1&-1\\0&0&2&-1\\0&0&0&3\\0&0&0&0\end{pmatrix}.$$

阅读小资料

由于法国数学家费马(P. Fermat，1601～1665)(图5.1)和笛卡儿(R. Descartes，1596～1650)(图5.2)的出色工作，线性代数基本上出现于17世纪，但到18世纪末，线性代数的研究领域还只限于平面与空间，直到19世纪上半叶才完成了到 n 维向量空间的过渡. 1888年，意大利数学家皮亚诺(G. Peano，1858～1932)(图5.3)以公理化的方式定义了有限或无限维向量(线性)空间. 当把线性空间的系数域改用一般的环来代替时，就得到了环上的模的概念，因此模是线性空间的推广. 人们借助于模论统一了19世纪代数学领域的一些研究成果. 20世纪40年代发展起来的同调代数更是以模为其主要的研究对象，从而对环论的发展又起到了很好

的促进作用.线性空间及其相关理论现已成为现代数学不可缺少的重要研究领域，并被广泛地应用于其他学科的研究中.

图 5.1 费马

图 5.2 笛卡儿

图 5.3 皮亚诺

习 题 5

(A)

1. 验证以下集合对于所指定的加法和数乘运算是否构成线性空间：

(1) 实数域上全体 n 阶对角矩阵构成的集合，对于矩阵的加法和数乘运算；

(2) 三维几何空间中过原点的一个平面上的全体向量，对于通常的向量的加法和数乘运算；

(3) 平面 Π 上全体向量按通常的向量加法和如下定义的数乘运算：$k\boldsymbol{\alpha}=\mathbf{0}$，对任意的 $\boldsymbol{\alpha}\in\Pi$，$k\in\mathbf{R}$；

(4) 对 $\mathbf{R}^2$ 中全体向量构成的集合 $V=\{(x_1,x_2)\mid x_1,x_2\in\mathbf{R}\}$，按如下规定的加法与数乘运算：$(a,b)\oplus(c,d)=(a+c,b+d+ac)$，$k\circ(a,b)=\left(ka,kb+\dfrac{k(k-1)}{2}a^2\right)$；

(5) 微分方程 $y''+2y'-3y=0$ 的全体解，在实数域 $\mathbf{R}$ 上按函数的加法及数与函数的乘法运算；

(6) 微分方程 $y''+3y'+2y=4$ 的全体解，在实数域 $\mathbf{R}$ 上按函数的加法及数与函数的乘法运算.

2. 已知 $\boldsymbol{\varepsilon}_1=(1,1,1)$，$\boldsymbol{\varepsilon}_2=(1,2,4)$，$\boldsymbol{\varepsilon}_3=(1,3,9)$是线性空间 $\mathbf{R}^3$ 的一个基.求：

(1) 向量 $\boldsymbol{\xi}=(1,1,3)$在基 $\boldsymbol{\varepsilon}_1,\boldsymbol{\varepsilon}_2,\boldsymbol{\varepsilon}_3$ 下的坐标；

(2) 向量 $\boldsymbol{\xi}$ 在基 $\boldsymbol{\eta}_1=\boldsymbol{\varepsilon}_1$，$\boldsymbol{\eta}_2=\boldsymbol{\varepsilon}_1+\boldsymbol{\varepsilon}_2$，$\boldsymbol{\eta}_3=2\boldsymbol{\varepsilon}_1+\boldsymbol{\varepsilon}_2+\boldsymbol{\varepsilon}_3$ 下的坐标.

3. (1) 证明：$x+1$，$x-1$，$(x-2)(x-1)$为 $P[x]_2$ 的一个基；

(2) 求多项式 $1+3x+2x^2$ 在基 $x+1$，$x-1$，$(x-2)(x-1)$下的坐标；

(3) 若多项式 $f(x)$在基 $x+1$，$x-1$，$(x-2)(x-1)$下的坐标为$(2,-1,2)$，求 $f(x)$.

4. 在 $\mathbf{R}^3$ 中取两个基 Ⅰ：$\boldsymbol{\alpha}_1,\boldsymbol{\alpha}_2,\boldsymbol{\alpha}_3$；Ⅱ：$\boldsymbol{\beta}_1=\boldsymbol{\alpha}_1+\boldsymbol{\alpha}_2+\boldsymbol{\alpha}_3$，$\boldsymbol{\beta}_2=\boldsymbol{\alpha}_2+\boldsymbol{\alpha}_3$，$\boldsymbol{\beta}_3=\boldsymbol{\alpha}_3$.

(1) 求由基 $\boldsymbol{\beta}_1,\boldsymbol{\beta}_2,\boldsymbol{\beta}_3$ 到基 $\boldsymbol{\alpha}_1,\boldsymbol{\alpha}_2,\boldsymbol{\alpha}_3$ 的过渡矩阵；

(2) 求在两个基下有相同坐标的向量.

5. 判别下列所定义的变换，哪些是线性变换，哪些不是线性变换：

(1) 在线性空间 V 中，对任意的 $\boldsymbol{\alpha}\in V$，$\boldsymbol{T}(\boldsymbol{\alpha})=\boldsymbol{\alpha}+\boldsymbol{\beta}$，其中 $\boldsymbol{\beta}$ 是 V 中一个固定非零向量；

(2) 在 $\mathbf{R}^3$ 中,对任意的 $\boldsymbol{\alpha}=(x_1,x_2,x_3)^{\mathrm{T}}$,$\boldsymbol{T}(\boldsymbol{\alpha})=(2x_1-x_3,x_2+x_3,-x_3)^{\mathrm{T}}$;

(3) 在 $\mathbf{R}^3$ 中,对任意的 $\boldsymbol{\alpha}=(x_1,x_2,x_3)^{\mathrm{T}}$,$\boldsymbol{T}(\boldsymbol{\alpha})=(x_1^2,x_2+x_3,x_3^2)^{\mathrm{T}}$;

(4) 在由$[a,b]$上的全体连续实函数所组成的线性空间 $C[a,b]$中定义变换如下:对任意的 $f(x)\in C[a,b]$,有 $\boldsymbol{T}(f(x))=\int_a^x f(t)\mathrm{d}t$.

6. 在 $\mathbf{R}^3$ 中定义线性变换:对任意的 $\boldsymbol{\alpha}=(x_1,x_2,x_3)^{\mathrm{T}}\in\mathbf{R}^3$,有

$$\boldsymbol{T}(\boldsymbol{\alpha})=(2x_1-x_2,x_2+x_3,x_1)^{\mathrm{T}}.$$

求 $\boldsymbol{T}$ 在基 $\boldsymbol{\alpha}_1=(1,0,0)^{\mathrm{T}},\boldsymbol{\alpha}_2=(0,1,0)^{\mathrm{T}},\boldsymbol{\alpha}_3=(0,0,1)^{\mathrm{T}}$ 下的矩阵.

7. 对任意的 $\boldsymbol{X}\in\mathbf{R}^{2\times2}$,定义 $\boldsymbol{T}(\boldsymbol{X})=\boldsymbol{AX}-\boldsymbol{XA}$,其中 $\boldsymbol{A}=\begin{pmatrix}a&b\\c&d\end{pmatrix}$是 $\mathbf{R}^{2\times2}$ 中一个给定的矩阵.

(1) 证明 $\boldsymbol{T}$ 为线性变换;

(2) 求 $\boldsymbol{T}$ 在基 $\boldsymbol{E}_{11}=\begin{pmatrix}1&0\\0&0\end{pmatrix},\boldsymbol{E}_{12}=\begin{pmatrix}0&1\\0&0\end{pmatrix},\boldsymbol{E}_{21}=\begin{pmatrix}0&0\\1&0\end{pmatrix},\boldsymbol{E}_{22}=\begin{pmatrix}0&0\\0&1\end{pmatrix}$下的矩阵.

8. 已知 $\boldsymbol{\varepsilon}_1,\boldsymbol{\varepsilon}_2,\boldsymbol{\varepsilon}_3$ 是三维线性空间 V 的一个基,线性变换 $\boldsymbol{T}$ 在这个基下的矩阵为 $\begin{pmatrix}-2&0&0\\2&0&2\\3&1&1\end{pmatrix}$. 求 $\boldsymbol{T}$ 在基 $\boldsymbol{\eta}_1=2\boldsymbol{\varepsilon}_2+\boldsymbol{\varepsilon}_3,\boldsymbol{\eta}_2=\boldsymbol{\varepsilon}_2+\boldsymbol{\varepsilon}_3,\boldsymbol{\eta}_3=\boldsymbol{\varepsilon}_1-\boldsymbol{\varepsilon}_3$ 下的矩阵.

(B)

1. 设 $\mathbf{R}^4$ 中两个基分别为

$$\begin{aligned}
\boldsymbol{\alpha}_1&=(1,2,-1,1)^{\mathrm{T}}, & \boldsymbol{\alpha}_2&=(1,1,0,0)^{\mathrm{T}},\\
\boldsymbol{\alpha}_3&=(1,-1,2,1)^{\mathrm{T}}, & \boldsymbol{\alpha}_4&=(0,1,1,-1)^{\mathrm{T}};\\
\boldsymbol{\beta}_1&=(1,2,3,4)^{\mathrm{T}}, & \boldsymbol{\beta}_2&=(-2,1,-4,3)^{\mathrm{T}},\\
\boldsymbol{\beta}_3&=(3,-4,-1,2)^{\mathrm{T}}, & \boldsymbol{\beta}_4&=(4,3,-2,-1)^{\mathrm{T}}.
\end{aligned}$$

求由基 $\boldsymbol{\alpha}_1,\boldsymbol{\alpha}_2,\boldsymbol{\alpha}_3,\boldsymbol{\alpha}_4$ 到基 $\boldsymbol{\beta}_1,\boldsymbol{\beta}_2,\boldsymbol{\beta}_3,\boldsymbol{\beta}_4$ 的过渡矩阵,并写出相应的坐标变换公式.

2. 设 $\boldsymbol{T}$ 是 $\mathbf{R}^3$ 上的线性变换,$\boldsymbol{\alpha}_1=(-1,0,-2)^{\mathrm{T}},\boldsymbol{\alpha}_2=(0,1,1)^{\mathrm{T}},\boldsymbol{\alpha}_3=(3,-1,-6)^{\mathrm{T}}$ 为 $\mathbf{R}^3$ 的一个基,且 $\boldsymbol{T}(\boldsymbol{\alpha}_1)=(-1,0,1)^{\mathrm{T}},\boldsymbol{T}(\boldsymbol{\alpha}_2)=(0,-1,2)^{\mathrm{T}},\boldsymbol{T}(\boldsymbol{\alpha}_3)=(-1,-1,3)^{\mathrm{T}}$.

(1) 求 $\boldsymbol{T}$ 在基 $\boldsymbol{\alpha}_1,\boldsymbol{\alpha}_2,\boldsymbol{\alpha}_3$ 下的矩阵;

(2) 若 $\boldsymbol{\alpha}$ 在基 $\boldsymbol{\alpha}_1,\boldsymbol{\alpha}_2,\boldsymbol{\alpha}_3$ 下的坐标为$(5,1,1)^{\mathrm{T}}$,求 $\boldsymbol{T}(\boldsymbol{\alpha})$在基 $\boldsymbol{\alpha}_1,\boldsymbol{\alpha}_2,\boldsymbol{\alpha}_3$ 下的坐标.

3. 函数 $\varepsilon_1=1,\varepsilon_2=\sin x,\varepsilon_3=\cos x,\varepsilon_4=\sin 2x,\varepsilon_5=\cos 2x$ 的所有实系数线性组合构成实数域上一个 5 维线性空间. 求微分变换 $\boldsymbol{D}$ 在基 $\varepsilon_i(i=1,\cdots,5)$下的矩阵.

4. 设 $\boldsymbol{\alpha}_1,\boldsymbol{\alpha}_2,\boldsymbol{\alpha}_3,\boldsymbol{\alpha}_4$ 是 4 维线性空间 V 的一个基,已知线性变换 $\boldsymbol{T}$ 在这个基下的矩阵为

$$\begin{pmatrix}1&0&2&1\\-1&2&1&3\\1&2&5&5\\2&-2&1&-2\end{pmatrix},$$

求 $\boldsymbol{T}$ 的核的一个基及值域的一个基.

5. 二阶对称矩阵集合 $S_3=\left\{\begin{pmatrix}x & y\\ y & z\end{pmatrix}\middle| x,y,z\in\mathbf{R}\right\}$，对于矩阵的加法与数乘运算构成一个三维线性空间，$\boldsymbol{\alpha}_1=\begin{pmatrix}1 & 0\\ 0 & 0\end{pmatrix}$，$\boldsymbol{\alpha}_2=\begin{pmatrix}0 & 1\\ 1 & 0\end{pmatrix}$，$\boldsymbol{\alpha}_3=\begin{pmatrix}0 & 0\\ 0 & 1\end{pmatrix}$为其一个基，定义 S_3 上的线性变换 $\boldsymbol{T}$ 如下：对任意的 $\boldsymbol{A}\in S_3$，$\boldsymbol{T}(\boldsymbol{A})=\begin{pmatrix}1 & 0\\ 1 & 1\end{pmatrix}\boldsymbol{A}\begin{pmatrix}1 & 1\\ 0 & 1\end{pmatrix}$（称为**合同变换**）. 试求出 $\boldsymbol{T}$ 在基 $\boldsymbol{\alpha}_1,\boldsymbol{\alpha}_2,\boldsymbol{\alpha}_3$ 下的矩阵.

6. 设 $\boldsymbol{T}$ 是一个三维线性空间 V 上的线性变换，它在基 $\boldsymbol{\alpha}_1,\boldsymbol{\alpha}_2,\boldsymbol{\alpha}_3$ 下的矩阵为

$$\begin{pmatrix}1 & -1 & 1\\ 1 & 3 & -1\\ 1 & 1 & 1\end{pmatrix}.$$

问：是否存在 V 的一个基 $\boldsymbol{\beta}_1,\boldsymbol{\beta}_2,\boldsymbol{\beta}_3$，使得 $\boldsymbol{T}$ 在基 $\boldsymbol{\beta}_1,\boldsymbol{\beta}_2,\boldsymbol{\beta}_3$ 下的矩阵为对角矩阵？若存在，求出 $\boldsymbol{\beta}_1,\boldsymbol{\beta}_2,\boldsymbol{\beta}_3$ 及相应的对角矩阵.

习题答案

习 题 1

(A)

1. (1) 10； (2) 1； (3) -1； (4) $3abc-a^3-b^3-c^3$.

2. (1) 24； (2) $abcd+ab+ad+cd+1$.

3. (1) $-2(a+b)(a^2-ab+b^2)$； (2) 0； (3) 0； (4) -16； (5) $x^3(4+x)$.

4. (1) $-7,9$； (2) 0.

6. (1) 1； (2) 2.

7. (1) $(-1)^{n+1}n!$； (2) $(-1)^{n-1}\dfrac{n(n+1)}{2}(n-1)!$； (3) $(-1)^{n+1}y^n+x^n$.

8. (1) $(a+b+c)(b-a)(c-a)(c-b)$； (2) 12.

9. (1) $x_1=3,x_2=1,x_3=1$； (2) $x=1,y=5,z=-5,w=-2$.

10. $k=4$ 或 $k=-1$.

11. $\lambda\neq1$ 且 $\lambda\neq-2$， $x_1=\dfrac{-(\lambda+1)}{\lambda+2}$， $x_2=\dfrac{1}{\lambda+2}$， $x_3=\dfrac{(\lambda+1)^2}{\lambda+2}$.

12. $f(x)=7-5x^2+2x^3$.

(B)

1. (1) $(a+b+c)(b-a)(c-a)(c-b)$； (2) 160； (3) 2,3,4； (4) $\lambda\neq1$ 且 $\lambda\neq-2$； (5) 4.

2. (1) (A)； (2) (A)； (3) (C)； (4) (D)； (5) (B).

3. (1) -48； (2) $(ay-bx)(cf-ed)$； (3) $(-m)^{n-1}\left(\sum\limits_{i=1}^{n}x_i-m\right)$； (4) $\prod\limits_{n\geqslant i>j\geqslant1}(a_i-a_j)$.

5. (1) $b\neq0$ 且 $a\neq1$； (2) $b=0$ 或 $a=1$ 且 $b\neq\dfrac{1}{2}$； (3) $a=1$ 且 $b=\dfrac{1}{2}$.

6. $x_i=a_i,i=1,2,\cdots,n$.

习 题 2

(A)

1. $\begin{pmatrix}-11 & 0 & 5 & 5\\ -10 & 15 & -6 & 1\\ 10 & -4 & 19 & 6\end{pmatrix}$.

2. (1) $\begin{pmatrix}3 & 3\\ 7 & 5\end{pmatrix}$； (2) $\begin{pmatrix}-1 & 6 & 2\\ 1 & 6 & 1\end{pmatrix}$.

3. $\boldsymbol{A}=\begin{pmatrix}1 & -1 & 2\\ 2 & -2 & 4\\ 3 & -3 & 6\end{pmatrix}$，$\boldsymbol{B}=5=(5)$，$\boldsymbol{A}^4=5^3\boldsymbol{A}$. 提示：巧用矩阵乘法的结合律.

4. $\boldsymbol{AB}=\begin{pmatrix}8 & -7 & -6\\ -3 & 0 & -3\\ 5 & -7 & -9\end{pmatrix}$, $(\boldsymbol{AB})^{\mathrm{T}}=\begin{pmatrix}8 & -3 & 5\\ -7 & 0 & -7\\ -6 & -3 & -9\end{pmatrix}$.

5. (1) $\begin{pmatrix}\lambda^3 & 3\lambda^2 & 3\lambda\\ 0 & \lambda^3 & 3\lambda^2\\ 0 & 0 & \lambda^3\end{pmatrix}$; (2) $\begin{pmatrix}1 & 0 & k\\ 0 & 2^k & 0\\ 0 & 0 & 1\end{pmatrix}$.

9. $\begin{pmatrix}1 & 0 & 0 & 0\\ 0 & 1 & 0 & 0\\ 0 & 0 & 0 & 0\end{pmatrix}$.

10. $\begin{pmatrix}1/2 & \sqrt{3}/2\\ -\sqrt{3}/2 & 1/2\end{pmatrix}$.

11. (1) $\begin{pmatrix}5/3 & -2/3 & -1/3\\ -1/3 & 1/3 & 2/3\\ 1/3 & -1/3 & 1/3\end{pmatrix}$; (2) $\begin{pmatrix} & & & 1/a_n\\ & & \iddots & \\ & 1/a_2 & & \\ 1/a_1 & & & \end{pmatrix}$.

12. 125/4.

13. $\begin{cases}x_1=9,\\ x_2=-1,\\ x_3=-6.\end{cases}$

14. (1) $\begin{pmatrix}1 & 0\\ -1 & 2\end{pmatrix}$; (2) $\begin{pmatrix}-2 & 1\\ 10 & -4\\ -10 & 4\end{pmatrix}$.

15. (1) $\begin{pmatrix}-2 & 2 & 6\\ 2 & 0 & -3\\ 2 & -1 & -3\end{pmatrix}$; (2) $\begin{pmatrix}3 & -8 & -6\\ 2 & -9 & -6\\ -2 & 12 & 9\end{pmatrix}$; (3) $\begin{pmatrix}3 & 6\\ -4 & 1\\ 3 & -2\end{pmatrix}$.

16. (1) $\begin{pmatrix}6 & 0 & 0\\ 0 & 2 & 0\\ 0 & 0 & 1\end{pmatrix}$; (2) $\begin{pmatrix}2 & 0 & 0\\ 0 & -4 & 0\\ 0 & 0 & 2\end{pmatrix}$; (3) $\frac{1}{4}\begin{pmatrix}1 & 1 & 0\\ 0 & 1 & 1\\ 1 & 0 & 1\end{pmatrix}$.

17. (1) $\boldsymbol{A}^{-1}=\frac{\boldsymbol{A}-2\boldsymbol{E}}{4}$, $(2\boldsymbol{A}-\boldsymbol{E})^{-1}=\frac{2\boldsymbol{A}-3\boldsymbol{E}}{19}$; (2) $(\boldsymbol{A}+\boldsymbol{E})^{-1}=-\frac{1}{2}(\boldsymbol{A}^2-\boldsymbol{A}-\boldsymbol{E})$.

18. $\boldsymbol{B}^{-1}=(\boldsymbol{A}+\boldsymbol{E})\boldsymbol{A}^{-1}$.

20. (1) $\boldsymbol{R}(\boldsymbol{A})=2$,其中一个最高阶非零子式为$\begin{vmatrix}1 & 0\\ 0 & 1\end{vmatrix}=1$;

(2) $R(\boldsymbol{A})=4$,其中一个最高阶非零子式为$|\boldsymbol{B}|=-36$.

21. $\lambda=0$.

23. (1) $\begin{pmatrix}2-2^n & 2^n-1\\ 2-2^{n+1} & 2^{n+1}-1\end{pmatrix}$; (2) $\begin{pmatrix}12 & -12\\ 24 & -24\end{pmatrix}$.

24. $M^{-1}=\begin{pmatrix} A^{-1} & O \\ -B^{-1}CA^{-1} & B^{-1} \end{pmatrix}$, $A^{-1}=\begin{pmatrix} \frac{1}{2} & 0 & 0 \\ 1 & -1 & 0 \\ -\frac{5}{2} & 2 & 1 \end{pmatrix}$.

(B)

1. (1) 0； (2) 40； (3) 0.5, −32, 4, 16； (4) r； (5) $a(n!)^2$.

2. (1) (C)； (2) (A)； (3) (B)； (4) (B)； (5) (C).

3. $\begin{pmatrix} -4 & 0 & 0 \\ 0 & 2 & -6 \\ 0 & -4 & 10 \end{pmatrix}$.

7. 提示：$R(AB)\leqslant R(A)\leqslant n<m$.

8. 提示：$AA^{T}=|A|E$，再用反证法.

9. 提示：$(kA)^*$ 中的元素比 A^* 中的元素扩大 k^{n-1}.

习　题　3

(A)

1. $a_1+a_2=\begin{pmatrix} 3 \\ 5 \\ 0 \end{pmatrix}$, $2a_1-a_2+3a_3=\begin{pmatrix} -9 \\ 13 \\ 9 \end{pmatrix}$.

2. (1) 线性相关； (2) 线性无关.

3. $k=-1$ 或 2.

4. 提示：$b_1-b_2+b_3-b_4=0$.

6. (1) 向量组的秩为 2，最大无关组为 a_1, a_2 或 a_2, a_3；

   (2) 向量组的秩为 2，一个最大无关组为 a_1, a_2.

7. $a=2, b=5$.

8. (1) $\begin{pmatrix} x_1 \\ x_2 \\ x_3 \\ x_4 \end{pmatrix}=c\begin{pmatrix} \frac{4}{3} \\ -3 \\ \frac{4}{3} \\ 1 \end{pmatrix}$（$c$ 为任意实数）； (2) $\begin{pmatrix} x_1 \\ x_2 \\ x_3 \\ x_4 \end{pmatrix}=c_1\begin{pmatrix} \frac{3}{17} \\ \frac{19}{17} \\ 1 \\ 0 \end{pmatrix}+c_2\begin{pmatrix} -\frac{13}{17} \\ -\frac{20}{17} \\ 0 \\ 1 \end{pmatrix}$（$c_1, c_2$ 为任意实数）.

9. (1) 方程组无解； (2) $\begin{pmatrix} x_1 \\ x_2 \\ x_3 \\ x_4 \end{pmatrix}=c_1\begin{pmatrix} \frac{1}{7} \\ \frac{5}{7} \\ 1 \\ 0 \end{pmatrix}+c_2\begin{pmatrix} \frac{1}{7} \\ -\frac{9}{7} \\ 0 \\ 1 \end{pmatrix}+\begin{pmatrix} \frac{6}{7} \\ -\frac{5}{7} \\ 0 \\ 0 \end{pmatrix}$（$c_1, c_2$ 为任意实数）.

10. (1) $\lambda\neq 1, -2$； (2) $\lambda=-2$；

(3) $\lambda=1$，且通解为 $\begin{pmatrix}x_1\\x_2\\x_3\end{pmatrix}=c_1\begin{pmatrix}-1\\1\\0\end{pmatrix}+c_2\begin{pmatrix}-1\\0\\1\end{pmatrix}+\begin{pmatrix}1\\0\\0\end{pmatrix}$（$c_1,c_2$ 为任意实数）.

11. 提示：$R(\boldsymbol{A})=R(\boldsymbol{B})=R(\boldsymbol{A},\boldsymbol{B})=2$.

12. $\xi_1=\begin{pmatrix}1\\7\\0\\19\end{pmatrix},\xi_2=\begin{pmatrix}0\\0\\1\\2\end{pmatrix}$.

13. (1) Ⅰ：$\xi_1=\begin{pmatrix}-1\\1\\0\\1\end{pmatrix},\xi_2=\begin{pmatrix}0\\0\\1\\0\end{pmatrix}$；Ⅱ：$\xi_1=\begin{pmatrix}1\\1\\0\\-1\end{pmatrix},\xi_2=\begin{pmatrix}-1\\0\\1\\1\end{pmatrix}$；

(2) $\begin{pmatrix}x_1\\x_2\\x_3\\x_4\end{pmatrix}=c\begin{pmatrix}-1\\1\\2\\1\end{pmatrix}$（$c$ 为任意实数）.

14. (1) $\boldsymbol{x}=c\begin{pmatrix}-1\\1\\1\\0\end{pmatrix}+\begin{pmatrix}-8\\13\\0\\2\end{pmatrix}$（$c$ 为任意常数）；

(2) $\boldsymbol{x}=c_1\begin{pmatrix}-9\\1\\7\\0\end{pmatrix}+c_2\begin{pmatrix}-4\\0\\\frac{7}{2}\\1\end{pmatrix}+\begin{pmatrix}-17\\0\\14\\0\end{pmatrix}$（$c_1,c_2$ 为任意实数）.

15. 基础解系中含有一个向量.

17. V_1 是向量空间，V_2 不是向量空间.

18. 提示：证明向量组线性无关.

19. 提示：证明两个向量组等价.

(B)

1. (1) 1； (2) 3； (3) 1； (4) 1； (5) $c\begin{pmatrix}2\\0\\1\\0\end{pmatrix}+\begin{pmatrix}2\\0\\0\\9\end{pmatrix}$（$c$ 为任意实数）.

2. (1) (D)； (2) (C)； (3) (D)； (4) (D)； (5) (B).

4. $\boldsymbol{a}_1,\boldsymbol{a}_2,\boldsymbol{a}_3$ 是一个最大无关组，$\boldsymbol{a}_4=\boldsymbol{a}_1+3\boldsymbol{a}_2-\boldsymbol{a}_3$，$\boldsymbol{a}_5=-\boldsymbol{a}_2+\boldsymbol{a}_3$.

5. $\begin{cases}x_1-2x_3+2x_4=0,\\x_2+3x_3-4x_4=0.\end{cases}$

6. 提示：利用系数矩阵的可逆性.

7. $\begin{pmatrix} x_1 \\ x_2 \\ x_3 \\ x_4 \end{pmatrix} = c\begin{pmatrix} 3 \\ 4 \\ 5 \\ 6 \end{pmatrix} + \begin{pmatrix} 2 \\ 3 \\ 4 \\ 5 \end{pmatrix}$（$c$ 为任意实数）.

8. $\boldsymbol{P}=\boldsymbol{A}^{-1}\boldsymbol{B}=\begin{pmatrix} 2 & 3 & 4 \\ 0 & -1 & 0 \\ -1 & 0 & -1 \end{pmatrix}$.

9. 当 $k\neq 1$ 时，最大无关组为 $\boldsymbol{a}_1,\boldsymbol{a}_2,\boldsymbol{a}_3,\boldsymbol{a}_4$；当 $k=1,b\neq -3$ 时，最大无关组为 $\boldsymbol{a}_1,\boldsymbol{a}_2,\boldsymbol{a}_3,\boldsymbol{a}_5$；当 $k=1,b=-3$ 时，最大无关组为 $\boldsymbol{a}_1,\boldsymbol{a}_2,\boldsymbol{a}_3$.

习　题　4

(A)

1. $\lambda=-2, c=(-2,2,-1)^{\mathrm{T}}$.

2. (1) $\boldsymbol{b}_1=\begin{pmatrix} 1 \\ 1 \\ 1 \end{pmatrix}, \boldsymbol{b}_2=\begin{pmatrix} -1 \\ 0 \\ 1 \end{pmatrix}, \boldsymbol{b}_3=\dfrac{1}{3}\begin{pmatrix} 1 \\ -2 \\ 1 \end{pmatrix}$；

(2) $\boldsymbol{b}_1=\begin{pmatrix} 1 \\ 0 \\ -1 \\ 1 \end{pmatrix}, \boldsymbol{b}_2=\dfrac{1}{3}\begin{pmatrix} 1 \\ -3 \\ 2 \\ 1 \end{pmatrix}, \boldsymbol{b}_3=\dfrac{1}{5}\begin{pmatrix} -1 \\ 3 \\ 3 \\ 4 \end{pmatrix}$.

3. (1) 不是； (2) 是.

4. 提示：由定义证明.

5. (1) $\lambda=-1$ 为三重根，$\boldsymbol{p}=\begin{pmatrix} 1 \\ 1 \\ -1 \end{pmatrix}$；

(2) $\lambda_1=-1, \lambda_2=9, \lambda_3=0$；$\boldsymbol{p}_1=\begin{pmatrix} 1 \\ -1 \\ 0 \end{pmatrix}, \boldsymbol{p}_2=\begin{pmatrix} 1 \\ 1 \\ 2 \end{pmatrix}, \boldsymbol{p}_3=\begin{pmatrix} 1 \\ 1 \\ -1 \end{pmatrix}$；

(3) $\lambda_1=\lambda_2=1, \lambda_3=\lambda_4=-1$；对应于 $\lambda_1=\lambda_2=1$ 的特征向量为 $k_1\boldsymbol{p}_1+k_2\boldsymbol{p}_2$（$k_1,k_2$ 不同时为 0）；对应于 $\lambda_3=\lambda_4=-1$ 的特征向量为 $k_3\boldsymbol{p}_3+k_4\boldsymbol{p}_4$（$k_3,k_4$ 不同时为 0），其中

$$(\boldsymbol{p}_1,\boldsymbol{p}_2,\boldsymbol{p}_3,\boldsymbol{p}_4)=\begin{pmatrix} 1 & 0 & 0 & -1 \\ 0 & 1 & -1 & 0 \\ 0 & 1 & 1 & 0 \\ 1 & 0 & 0 & 1 \end{pmatrix}.$$

6. 提示：由定义证明.

8. 提示：$|\boldsymbol{A}+\boldsymbol{E}|=|\boldsymbol{A}+\boldsymbol{A}\boldsymbol{A}^{\mathrm{T}}|=|\boldsymbol{A}(\boldsymbol{E}+\boldsymbol{A}^{\mathrm{T}})|=|\boldsymbol{A}||(\boldsymbol{E}+\boldsymbol{A})^{\mathrm{T}}|=-|\boldsymbol{E}+\boldsymbol{A}|$，故 $|\boldsymbol{A}+\boldsymbol{E}|=0$.

9. 18.

10. 25.

11. 提示:令相似变换矩阵 $\boldsymbol{P}=\boldsymbol{A}$.

12. $x=3$.

13. 将 $\boldsymbol{A}$ 相似对角化后再求 $\boldsymbol{A}^{100}=\begin{pmatrix}1 & 0 & 5^{100}-1\\0 & 5^{100} & 0\\0 & 0 & 5^{100}\end{pmatrix}$.

14. (1) $\boldsymbol{P}=\frac{1}{3}\begin{pmatrix}1 & 2 & 2\\2 & 1 & -2\\2 & -2 & 1\end{pmatrix}$, $\boldsymbol{P}^{-1}\boldsymbol{AP}=\begin{pmatrix}-2 & & \\ & 1 & \\ & & 4\end{pmatrix}$;

(2) $\boldsymbol{P}=\begin{pmatrix}\frac{2}{3} & \frac{1}{\sqrt{5}} & -\frac{4}{3\sqrt{5}}\\ \frac{1}{3} & -\frac{2}{\sqrt{5}} & -\frac{2}{3\sqrt{5}}\\ \frac{2}{3} & 0 & \frac{\sqrt{5}}{3}\end{pmatrix}$, $\boldsymbol{P}^{-1}\boldsymbol{AP}=\begin{pmatrix}11 & & \\ & 2 & \\ & & 2\end{pmatrix}$.

15. $\boldsymbol{A}=\begin{pmatrix}-2 & 3 & -3\\-4 & 5 & -3\\-4 & 4 & -2\end{pmatrix}$.

16. (1) $f=(x,y,z)\begin{pmatrix}1 & 2 & 1\\2 & 4 & 2\\1 & 2 & 1\end{pmatrix}\begin{pmatrix}x\\y\\z\end{pmatrix}$;

(2) $f=(x,y,z)\begin{pmatrix}1 & -1 & -2\\-1 & 1 & -2\\-2 & -2 & -7\end{pmatrix}\begin{pmatrix}x\\y\\z\end{pmatrix}$;

(3) $f=(x_1,x_2,x_3)\begin{pmatrix}1 & -1 & 0\\-1 & 1 & 3\\0 & 3 & 1\end{pmatrix}\begin{pmatrix}x_1\\x_2\\x_3\end{pmatrix}$.

17. (1) $f=\begin{pmatrix}2 & 2\\2 & 1\end{pmatrix}$; (2) $f=\begin{pmatrix}1 & 3 & 5\\3 & 5 & 7\\5 & 7 & 9\end{pmatrix}$.

18. (1) $\begin{pmatrix}x_1\\x_2\\x_3\end{pmatrix}=\begin{pmatrix}1 & 0 & 0\\0 & \frac{1}{\sqrt{2}} & \frac{1}{\sqrt{2}}\\0 & \frac{1}{\sqrt{2}} & -\frac{1}{\sqrt{2}}\end{pmatrix}\begin{pmatrix}y_1\\y_2\\y_3\end{pmatrix}$, $f=2y_1^2+5y_2^2+y_3^2$;

(2) $\begin{pmatrix}x_1\\x_2\\x_3\end{pmatrix}=\begin{pmatrix}\frac{1}{\sqrt{3}} & \frac{1}{\sqrt{2}} & -\frac{1}{\sqrt{6}}\\ \frac{1}{\sqrt{3}} & 0 & \frac{2}{\sqrt{6}}\\ -\frac{1}{\sqrt{3}} & \frac{1}{\sqrt{2}} & \frac{1}{\sqrt{6}}\end{pmatrix}\begin{pmatrix}y_1\\y_2\\y_3\end{pmatrix}$, $f=2y_1^2+y_2^2-y_3^2$;

(3) $\begin{pmatrix} x_1 \\ x_2 \\ x_3 \\ x_4 \end{pmatrix} = \begin{pmatrix} \frac{1}{2} & \frac{1}{2} & \frac{1}{\sqrt{2}} & 0 \\ -\frac{1}{2} & \frac{1}{2} & 0 & \frac{1}{\sqrt{2}} \\ -\frac{1}{2} & -\frac{1}{2} & \frac{1}{\sqrt{2}} & 0 \\ \frac{1}{2} & -\frac{1}{2} & 0 & \frac{1}{\sqrt{2}} \end{pmatrix} \begin{pmatrix} y_1 \\ y_2 \\ y_3 \\ y_4 \end{pmatrix}$, $f=-y_1^2+3y_2^2+y_3^2+y_4^2$.

19. $\begin{pmatrix} x \\ y \\ z \end{pmatrix} = \begin{pmatrix} \frac{4}{3\sqrt{2}} & \frac{1}{3} & 0 \\ -\frac{1}{3\sqrt{2}} & \frac{2}{3} & \frac{1}{\sqrt{2}} \\ \frac{1}{3\sqrt{2}} & -\frac{2}{3} & \frac{1}{\sqrt{2}} \end{pmatrix} \begin{pmatrix} u \\ v \\ w \end{pmatrix}$, $2u^2+11v^2=1$.

21. $-\frac{4}{5}<a<0$.

22. (1) 负定； (2) 正定.

(B)

1. (1) $a=1, \lambda_{2,3}=2$； (2) -1； (3) $\begin{pmatrix} 4 & -1 & 1 \\ -1 & 4 & -1 \\ 1 & -1 & 4 \end{pmatrix}$； (4) $-\sqrt{2}-1<k<\sqrt{2}-1$；

(5) -2 或 1.

2. (1) (D)； (2) (C)； (3) (A)； (4) (D)； (5) (B).

3. 提示:利用施瓦茨不等式证明.

4. 提示:先证 $\boldsymbol{H}$ 对称,即 $\boldsymbol{H}=\boldsymbol{H}^{\mathrm{T}}$,再证 $\boldsymbol{H}$ 正交,即 $\boldsymbol{H}^{\mathrm{T}}\boldsymbol{H}=\boldsymbol{E}$.

6. (1) $a=-3, b=0, \lambda=-1$； (2) 不能.

7. $x=4, y=5, \boldsymbol{P}=\begin{pmatrix} \frac{1}{\sqrt{2}} & \frac{2}{3} & \frac{1}{3\sqrt{2}} \\ 0 & \frac{1}{3} & -\frac{4}{3\sqrt{2}} \\ -\frac{1}{\sqrt{2}} & \frac{2}{3} & \frac{1}{3\sqrt{2}} \end{pmatrix}$.

8. $\boldsymbol{A}=\frac{1}{3}\begin{pmatrix} -1 & 0 & 2 \\ 0 & 1 & 2 \\ 2 & 2 & 0 \end{pmatrix}$.

9. $\boldsymbol{A}=\begin{pmatrix} 4 & 1 & 1 \\ 1 & 4 & 1 \\ 1 & 1 & 4 \end{pmatrix}$.

10. (1) $-2\begin{pmatrix} 1 & 1 \\ 1 & 1 \end{pmatrix}$； (2) $2\begin{pmatrix} 1 & 1 & -2 \\ 1 & 1 & -2 \\ -2 & -2 & 4 \end{pmatrix}$.

习　题　5

(A)

1. (1),(2),(4),(5)是线性空间；(3),(6)不是线性空间.

2. (1) $\begin{pmatrix}2\\-2\\1\end{pmatrix}$；(2) $\begin{pmatrix}3\\-3\\1\end{pmatrix}$.

3. (2) $\begin{pmatrix}3\\6\\2\end{pmatrix}$；(3) $7-5x+2x^2$.

4. (1) $\begin{pmatrix}1&0&0\\-1&1&0\\0&-1&1\end{pmatrix}$；(2) $c\boldsymbol{\alpha}_3$(c为任意实数).

5. (2),(4)是线性变换；(1),(3)不是线性变换.

6. $\begin{pmatrix}2&-1&0\\0&1&1\\1&0&0\end{pmatrix}$.

7. (2) $\begin{pmatrix}0&-c&b&0\\-b&a-d&0&b\\c&0&d-a&-c\\0&c&-b&0\end{pmatrix}$.

8. $\begin{pmatrix}-1&0&0\\4&2&0\\0&0&-2\end{pmatrix}$.

(B)

1. $\boldsymbol{P}=\begin{pmatrix}\frac{11}{3}&\frac{17}{6}&-\frac{7}{3}&-\frac{3}{2}\\-5&-\frac{9}{2}&5&\frac{13}{2}\\\frac{7}{3}&-\frac{1}{3}&\frac{1}{3}&-1\\2&-\frac{1}{2}&-4&-\frac{3}{2}\end{pmatrix}$；$\begin{pmatrix}x_1\\x_2\\x_3\\x_4\end{pmatrix}=\boldsymbol{P}\begin{pmatrix}y_1\\y_2\\y_3\\y_4\end{pmatrix}$.

2. (1) $\begin{pmatrix}\frac{2}{11}&-\frac{9}{11}&-\frac{7}{11}\\-\frac{3}{11}&-\frac{14}{11}&-\frac{17}{11}\\-\frac{3}{11}&-\frac{3}{11}&-\frac{6}{11}\end{pmatrix}$；(2) $\left(-\frac{6}{11},-\frac{46}{11},-\frac{24}{11}\right)^{\mathrm{T}}$.

3. $\begin{pmatrix} 0 & 0 & 0 & 0 & 0 \\ 0 & 0 & -1 & 0 & 0 \\ 0 & 1 & 0 & 0 & 0 \\ 0 & 0 & 0 & 0 & -2 \\ 0 & 0 & 0 & 2 & 0 \end{pmatrix}$.

4. $-2\boldsymbol{\alpha}_1-\frac{3}{2}\boldsymbol{\alpha}_2+\boldsymbol{\alpha}_3$，$-\boldsymbol{\alpha}_1-2\boldsymbol{\alpha}_2+\boldsymbol{\alpha}_4$ 是核的一个基，

$\boldsymbol{\alpha}_1-\boldsymbol{\alpha}_2+\boldsymbol{\alpha}_3+2\boldsymbol{\alpha}_4$，$\boldsymbol{\alpha}_2+\boldsymbol{\alpha}_3-\boldsymbol{\alpha}_4$ 是值域的一个基.

5. $\boldsymbol{A}=\begin{pmatrix} 1 & 0 & 0 \\ 1 & 1 & 0 \\ 1 & 2 & 1 \end{pmatrix}$.

6. $\boldsymbol{\beta}_1=-\boldsymbol{\alpha}_1+\boldsymbol{\alpha}_2$，$\boldsymbol{\beta}_2=\boldsymbol{\alpha}_1+\boldsymbol{\alpha}_3$，$\boldsymbol{\beta}_3=-\boldsymbol{\alpha}_1+\boldsymbol{\alpha}_2+\boldsymbol{\alpha}_3$；$\begin{pmatrix} 2 & 0 & 0 \\ 0 & 2 & 0 \\ 0 & 0 & 1 \end{pmatrix}$.

参 考 文 献

陈建龙,周建华,韩瑞珠,周后型.2007.线性代数.北京:科学出版社.

陈维新.2004.线性代数专题剖析.北京:学苑出版社.

陈维新.2007.线性代数简明教程.北京:科学出版社.

费伟劲.2007.线性代数.上海:复旦大学出版社.

冯卫国,李世栋,乐经良,王纪林.2000.线性代数.北京:科学出版社.

上海财经大学应用数学系.2008.高等代数.上海:复旦大学出版社.

同济大学应用数学系.2003.工程数学——线性代数.4版.北京:高等教育出版社.

同济大学应用数学系.2007.工程数学——线性代数.5版.北京:高等教育出版社.

王纪林.2003.线性代数.北京:科学出版社.

徐鹤卿,张国印.2009.线性代数.南京:南京大学出版社.

徐仲,陆全.2005.线性代数(同济·第四版)导教·导学·导考.西安:西北工业大学出版社.

杨刚等.2004.线性代数学习指导与习题精解.北京:北京理工大学出版社.

杨万才.2008.线性代数.北京:科学出版社.

张小向,陈建龙.2008.线性代数学习指导.北京:科学出版社.

Lay D C.2005.线性代数及其应用.刘深泉等译.北京:机械工业出版社.